Dieter Blum   UdSSR   Entdeckungsreise in ein reiches Land

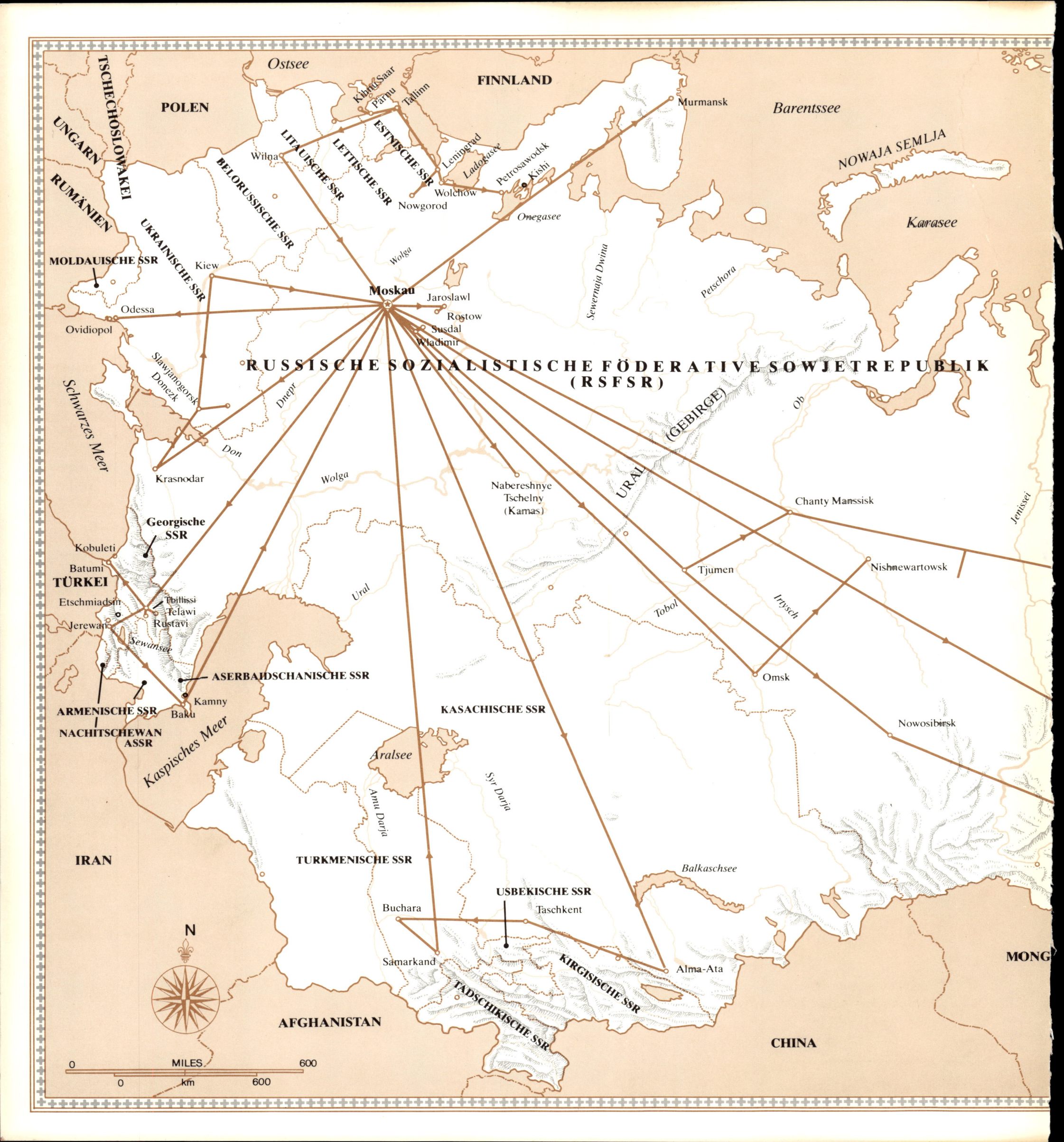

RUSSISCHE SOZIALISTISCHE FÖDERATIVE SOWJETREPUBLIK (RSFSR)

Eu-G-III-1-196

In der Zeit von März 1977 bis Mai 1979 legte der Fotograf Dieter Blum während seiner neun Reisen durch die Sowjetunion eine Strecke von mehr als 125 000 km zurück.

Reiserouten ———

Dieter Blum
Entdeckungsreise
in ein reiches Land

UdSSR

Econ

Vorwort von Nikolaj N. Michajlow
Text von Natalja Shemjatenkowa
Technische Angaben von Dieter Blum
Übersetzt aus dem Russischen ins Deutsche
von Bernd Rullkötter
Deutsche Redaktion: Vera-Christine Schröder

1. Auflage 1980
Copyright © 1980 by Econ Verlag GmbH, Düsseldorf und Wien.
Alle Rechte der Verbreitung, auch durch Funk, Film, Fernsehen, photomechanische Wiedergabe, Tonträger jeder Art und auszugsweisen Nachdruck oder Einspeicherung und Rückgewinnung in Datenverarbeitungsanlagen aller Art, sind vorbehalten.
Copyright der Fotos by Dieter Blum.
Copyright für die UdSSR und alle übrigen sozialistischen Länder by Agentstwo Petshati Nowosti (APN), Moskau.
Copyright für die USA und alle englischsprachigen Länder by Harry N. Abrams, Inc., New York.
Printed in Japan
ISBN 3430113857

Inhaltsverzeichnis

Vorwort
Ein Land der Vielfalt und Einheit — 7

I. Kapitel
Weite und Schönheit des Landes — 21

II. Kapitel
Die natürlichen Reichtümer des Landes und ihre Nutzung — 69

III. Kapitel
Sozialer Fortschritt und Wohlstand des Volkes — 93

IV. Kapitel
Der sowjetische Mensch — 117

V. Kapitel
Kunst, Kultur und Brauchtum — 153

Nachwort und technische Angaben — 193

Danksagung und zum Autor — 194

Nikolaj N. Michajlow
Ein Land der Vielfalt und Einheit

Nikolaj Nikolajewitsch Michajlow (geb. 1905) ist ein russischer Schriftsteller, Geograph und Reisender. Seine dreißig Bücher über die UdSSR und über seine Reisen um den Erdball haben rund dreihundert Ausgaben in achtundvierzig Sprachen nicht nur in der Sowjetunion, sondern auch in anderen Ländern erlebt. Der Autor ist zweimal mit dem Staatspreis ausgezeichnet worden.

Am frühen Abend begann ich, diese Einführung zu einem Bildband von Dieter Blum zu schreiben.
Draußen ist Vollmond, und ich blicke eine Weile zum Fenster hinaus.
Beim Betrachten des runden, vollen Mondes mußte ich an die endlose Weite meiner schönen Heimat denken. Mein ganzes Leben lang habe ich sie in allen Richtungen durchreisen können.
Und ich sage mir: »Diese kleine Scheibe am Himmel, diese goldene Scheibe ist ja nicht einmal so groß wie mein Heimatland! Ja, sie ist kleiner als das Territorium Rußlands.«
Dieser Gedanke wurde schon vor vielen Jahren gedacht!
Alexander von Humboldt nahm ihn in seinem »Kosmos« auf.
Die UdSSR nimmt 22,4 Millionen Quadratkilometer ein, die Hälfte Europas und ein Drittel Asiens.

Zeugnisse

Das Leben meines Landes ist auch mein Leben. Seine Freuden und Leiden, seine Werke sind auch meine. Ich bin ein Teil meines Volkes.
Oft staune ich über viele Parallelen meines Lebens und der Geschichte des Staates. Die Geschichte des neuen Rußlands – also gut, genauer gesagt: die Vorgeschichte begann mit der Revolution des Jahres 1905. Der Höhepunkt dieser Revolution war der bewaffnete Dezemberaufstand in Moskau, der Stadt, in der ich geboren wurde, aufwuchs und noch immer wohne. Dieser Moskauer Aufstand wiederum erlebte seinen Höhepunkt in der Nacht vom 22. zum 23. Dezember, als der Streik der Arbeiter zum Kampf mit der Waffe in der Hand wurde. In jener Nacht bauten die Arbeiter Barrikaden, und es gab mörderische Feuergefechte zwischen den Gruppen der Arbeiter und der zaristischen Polizei und Armee. Es war eine schreckliche Nacht in Moskau. In dieser Nacht wurde ich geboren – im Haus einer Moskauer Straße mit dem Namen Sadowniki.
Die Hebamme mußte gerufen werden. Anscheinend war sie eine mutige Frau, denn sie kam über die Straßen und Brücken, wo das Gefecht, zunächst mit Gewehren, dann mit Artillerie, entbrannt war. Mitten in der Nacht erdröhnte die Stadt. Feuer brachen aus. Auf den Barrikaden aus Droschkenleisten, zerbrochenen Zäunen, Fässern, Rädern und Brettern starben Menschen. Und ein Junge wurde geboren . . .
Da mein Leben parallel zur neueren Geschichte des Landes verlief, erinnere ich mich an diese Geschichte, an alles – die schweren Tage und die Tage relativer Ruhe.
Ich erinnere mich an den Beginn des Ersten Weltkrieges. Neun war ich damals. Jener Sommer war heiß, die Wälder brannten. Ehefrauen und Mütter schluchzten auf den Bahnhöfen; man lud Ehemänner und Söhne in Güterwagen und transportierte sie zum Sterben an die Front – niemand wußte wofür. Mein Vater und mein Onkel trugen Uniform. Ich steckte kleine Wimpel auf die Wandkarte: Die Frontlinie bewegte sich ständig über die Russische Ebene nach Osten.
Ich erinnere mich, wie alles zu bröckeln begann. Die Züge fuhren nur noch mit Mühe: In den Lokomotivkesseln brannte nicht Kohle – ihre Förderung war stark zurückgegangen –, sondern Holz, das aus den Schornsteinen Funkengarben sprühen ließ. Die Fabriken produzierten immer weniger und schlechter.
Ich erinnere mich, wie meine Mutter und ich auf der Pokrowka-Straße nach Brot Schlange standen.

Die Bauern selbst waren Weizenhalme auf dem Schlachtfeld. Dort wurde geerntet. Wer aber säte das Korn für den Hunger der Welt?

Ich erinnere mich an den Geschützdonner der Oktobertage des Jahres 1917. Unser Moskauer Haus stand genau an der Schußbahn einer bolschewistischen Batterie, die Granaten auf den Kreml feuerte. Unsere Fensterscheiben bebten und klirrten.

Ich erinnere mich an die Blockade zur Zeit des Bürgerkrieges. Die Weiße Armee des Generals Denikin war von Süden her vormarschiert und hatte beinahe die Stadt Tula erreicht – nicht mehr als 200 Kilometer von Moskau entfernt. Ständig hatte ich Hunger. Ich weiß, was eine runde, harte »Kolobaschka« (Brotlaib) ist. Die Brotlieferung aus dem Süden war eingestellt worden, und pro Tag wurde ein »Achtel« (52 Gramm) ausgegeben, das zur Hälfte aus Ölkuchen bestand. Moskau war im Winter vom Schnee zugedeckt. Ich erinnere mich an einen Pferdekadaver, der einfach liegenblieb – niemandem war danach, ihn fortzuschaffen. Man verbrannte Zaunlatten und alle überflüssigen Möbel in selbstgebastelten kleinen Eisenöfen und hüllte sich auch zu Hause in Pelze und Decken ein. Der Index der Industrieproduktion fiel von 100 im Jahre 1913 auf 13.

Ich erinnere mich: Die Rote Armee, schlecht gekleidet, halb verhungert, schlug die Feinde, die sich von allen Seiten auf sie stürzten, unter Aufbietung aller Kräfte zurück.

Bald darauf starb Lenin, erst 53 Jahre alt. Es war im Winter Anfang 1924; ich hatte die Schule noch nicht abgeschlossen. Damals herrschte unbarmherziger Frost. Unter Abertausenden von Menschen, die gekommen waren, um sich von Lenin zu verabschieden, verbrachte ich die Nacht schlangestehend in der Säulenhalle des damaligen Ochotnyj Rjad (des heutigen Marx-Prospektes, in der Nähe des Hotels »National«). In der Halle schritten wir über Tannenzweige. Von der Galerie her tönte ein Trauermarsch. Ich erinnere mich an Lenins Gesicht.

Als er beigesetzt wurde, war ich auf dem Roten Platz. Frostdampf hing über den Köpfen der Menschen. Sirenen von Fabriken und Lokomotiven heulten auf. Das Mausoleum war noch aus Holz.

Ich erinnere mich, mit welcher Mühe das Land wieder auf die Beine kam. Ich sah das erste sowjetische Automobil, den ersten Trecker.

1932. Ich bin Dozent für Wirtschaftsgeographie an der Moskauer Universität. In den Ferien reise ich durch das Land. Ich bin dabei, als die Arbeiter mit einem Brecheisen zum erstenmal das Stichloch des zweiten Hochofens von Magnitogorsk im Süden des Urals durchstoßen. Wenn ich mich recht erinnere, war damals nur ein einziges Haus aus Stein, alle übrigen waren Holzbaracken. Heute hat Magnitogorsk schon mehr als 300000 Einwohner und sogar ein »Märchentheater« für Kinder.

Ebenfalls im Jahre 1932 sprudelt vor meinen Augen nach langer und mühseliger geologischer Suche in der Nähe des baschkirischen Dorfes Ischimbajewo eine Erdölfontäne aus Bohrloch Nr. 702. Der ganze Bohrturm wurde von schwarzem Öl übersprüht. Damals waren die Bohrtürme noch aus Holz, und die Arbeiter wohnten in Behausungen aus Ästen und Erdhütten. Es war das erste Erdöl, das im sowjetischen Osten gefunden wurde. Danach schoben sich die erforschten Vorkommen weiter nach Osten vor – jenseits des Urals nach Sibirien hinein. Inzwischen liefert der Norden Westsibiriens beinahe die Hälfte des sowjetischen Erdöls. Kürzlich besuchte ich eine neue Förderstätte am Polarkreis. In den morastigen Boden wurden Betonpfähle von sechs Metern Stärke getrieben; auf ihnen errichtete man vielgeschossige Häuser. Ich verglich dieses Ereignis mit denen des Jahres 1932, mit dem ersten Fünfjahresplan: Jetzt klapperten die Absätze von Lackschuhen über eine saubere Betonstraße . . .

Anfang 1933 sah ich das gerade in Betrieb genommene »Dnjeproges« (Dnjepr-Kraftwerk). Das damals gewaltigste Hydrokraftwerk Europas war in den schweren Jahren – von 1927 bis 1932 – am Dnjepr gebaut worden. Man hatte den amerikanischen Ingenieur Cooper als Berater eingeladen. Nach der Inbetriebnahme des Werkes wurde er mit einem sowjetischen Orden ausgezeichnet. Ich traf im Winter dort ein. Über gefrorenen Schmutz kletterte ich auf den 750 Meter langen Staudamm und schritt bis zu seinem Ende, ans rechte Ufer. In die geöffneten Schleusen des Betonmonolithen stürzte sich brüllend der wütende, doch gezähmte

Fluß. Im Pulthäuschen fand ich nur einen einzigen Menschen: Der wachhabende Ingenieur saß vor einer Marmorwand, an der verschiedenfarbige Signallämpchen leuchteten – die ganze Kraft des Flusses war in seiner Hand. Ich betrat den Turbinensaal, wo die Aggregate – ich weiß nicht mehr, wie viele – aneinandergereiht waren. Ich erinnere mich nur an Kupferplättchen, die man an ihnen angebracht hatte. Es war wie ein Diagramm: Auf den ersten Aggregaten stand »General Electric Co.«, »General Electric Co.«, doch auf den folgenden »Elektroenergiewerk, Leningrad«, »Elektroenergiewerk, Leningrad« . . .

Mittlerweile sind am Dnjepr sechs riesige Hydrokraftwerke errichtet worden.

Ich war dabei, als mitten in einem Fichtenwäldchen die erste Fabrikhalle des Maschinenbauwerkes »Uralmasch« in Swerdlowsk in Betrieb genommen wurde. Heute baut man dort automatisierte Bloomings, Bohrvorrichtungen (eine von ihnen hat schon eine Tiefe von neun Kilometern erreicht – das Ziel sind fünfzehn Kilometer), Bagger mit einer Schürftiefe von 100 Metern und einem Schaufelvolumen von 100 Kubikmetern. Ein solcher Bagger ersetzt 15000 Erdarbeiter.

Ich war dabei, als die ersten unterirdischen Marmorpaläste der Moskauer Untergrundbahn gebaut wurden (jetzt gibt es Untergrundbahnen in Leningrad, Kiew, Taschkent, Tiflis (Tbilissi), Baku, Charkow).

Ich war dabei, als Teeplantagen in Georgien angelegt wurden (heute pflücken Maschinen, die so gefühlvoll wie menschliche Finger sind, den größten Teil der Teeblätter von den Sträuchern).

Dann kam das Jahr 1941 und mit ihm der grausamste Krieg unserer Geschichte. Mehr als 20 Millionen sowjetische Menschen kamen um, fast 30 Prozent des nationalen Reichtums gingen verloren.

Ich sah das verwüstete, verbrannte Skelett von Stalingrad. In dieser zerstörten Stadt, die heute Wolgograd heißt, leben nun schon zweimal so viele Einwohner wie vor dem Krieg, und der Umfang der industriellen Produktion übertrifft die Vorkriegsleistung um mehr als das Zehnfache.

Wieder wird intensiv gebaut. Insbesondere entsteht ein Hydrokraftwerk nach dem anderen an der Wolga (im Moment wird das achte und letzte Kraftwerk der Wolgareihe bei Tscheboksary vollendet). Der größte Strom Europas ist in eine Kette tiefer Stauseen verwandelt worden.

Im Jahre 1950 kam ich nach Stalingrad. Man zeigte mir in der Nähe der Stadt ein leeres Feld mit einer einsamen Windmühle. »Hier wird ein Hydrokraftwerk mit einer Leistung von mehr als zweieinhalb Millionen Kilowatt stehen.«

Ich trat über das duftende trockene Steppengras ans Ufer. Nichts war zu sehen außer Bergen von Matratzen, die für die künftigen Erbauer herbeigeschafft worden waren.

Etwas abseits wurde mit Maschinen und Spaten das Bett des Kanals gegraben, der die Wolga – sie mündet ins Kaspische Meer – mit dem Don – er mündet ins Asowsche Meer – verbinden sollte. Dörfer wurden gebaut. Mir fiel auf, daß die Fenster der Häuser fast alle in eine Richtung wiesen, doch dort war nichts, außer dem leeren Feld.

Man erklärte mir: »Mit Ausblick auf den zukünftigen Stausee.«

Diese Menschen lebten für die Zukunft.

Nicht weit davon überraschten mich in der nackten Steppe zwei hohe Türme. »Das sind die Brückenpfeiler für den künstlichen Fluß, den es noch nicht gibt. Aber es wird ihn geben«, erfuhr ich.

Das Hydrokraftwerk ist längst an der Stelle gebaut worden, wo die Matratzen herumlagen. Auch der Kanal ist seit langem fertig. Mit ihm wurde ein einheitliches Wassertransportsystem für den europäischen Teil der UdSSR geschaffen. Moskau, das weiter landeinwärts liegt als jede andere Hauptstadt der Erde, wurde ein »Hafen für sechs Meere«: die Ostsee, das Weiße Meer, die Barentssee, das Schwarze, Asowsche und Kaspische Meer . . .

Auf dem Feld mit der Windmühle steht heute die Stadt Wolschskij mit mehr als 200000 Einwohnern. Später fuhr ich mit dem Zug, getrieben von einer Elektrolok, durch Sibirien und überquerte die Angara auf der hohen Staumauer des Wasserkraftwerkes von Bratsk – es leistet mehr als vier Millionen Kilowatt. Ein neues »Meer« zwischen unendlichen Nadelwäldern, Fabriken, Gebäudevierteln – und unter der Staumauer ein reißender Wasserfall. Danach besichtigte ich den Bau des Krasnojarsker

Wasserkraftwerkes am sibirischen Jenissei. Ich erlebte, wie der Fluß, der mit einer Geschwindigkeit von sieben Metern pro Sekunde durch die Berge braust, abgedeckt wurde: Lastwagen mit Kippvorrichtung fuhren heran und schütteten Steinklumpen ins Wasser ... Das Kraftwerk arbeitet seit langem und leistet 6 Millionen Kilowatt.
Heute wird im östlichen Teil Sibiriens parallel zur bestehenden Transsibirischen Eisenbahn – doch weiter nördlich – die Baikal-Amur-Magistrale (BAM) angelegt. Sie wird einen zweiten direkten Zugang zum Pazifischen Ozean ermöglichen.
Die BAM ist insgesamt 3145 Kilometer lang, was der Entfernung zwischen Stockholm und Gibraltar oder zwischen New Orleans und San Francisco entspricht.
An der sowjetischen Pazifikküste bin ich, ein Moskauer, sechsmal gewesen. Ich träume davon, wenn die Baikal-Amur-Magistrale fertiggestellt ist, auf ihr zum siebentenmal dorthin zu fahren. Das hoffe ich noch zu erleben.

Landeskunde

Es versteht sich, daß das Studium eines so ungeheuren und vielgestaltigen Landes gewaltige, jahrhundertelange Anstrengungen erforderte.
Man soll nicht annehmen, daß es im alten Rußland keine guten, wenn nicht sogar hervorragenden Forschungsgeographen gegeben hätte. Der sechste Teil des bewohnten Festlandes war nicht nur erschlossen, sondern auch erforscht worden – allerdings äußerst uneinheitlich. An den unzugänglichsten Orten glänzten bis in die zwanziger und dreißiger Jahre unseres Jahrhunderts auf der Karte »weiße Flecken«.
Inzwischen sind sie beseitigt worden.
Die russischen Gelehrten ließen sich übrigens nicht von den Grenzen ihres Landes einengen. Schon vor eineinhalb Jahrhunderten erschienen im Pazifik russische Bezeichnungen, welche die Entdeckungen russischer Seefahrer markierten: zum Beispiel unter den Marshallinseln, heute unter der Oberhoheit der USA, die Suworow- und die Kutusowinsel, die nach Nationalhelden Rußlands benannt wurden. Ein Russe entdeckte auch das unglückselige Bikini-Atoll, auf dem die Amerikaner Atombomben explodieren ließen. Das Floß »Kon-Tiki« des Norwegers Thor Heyerdahl beendete im Jahre 1947 seine berühmte Fahrt durch den Pazifik am Barclay-de-Tolly-Atoll, das seinerzeit von einem Russen entdeckt worden war. Später wurden viele russische Bezeichnungen von örtlichen Namen abgelöst.
In Rußland hat man nicht vergessen, daß auch ausländische Wissenschaftler an der Erforschung seiner Räume teilnahmen. Vor nicht allzu langer Zeit wurde zum Beispiel von den sowjetischen Kommandeurinseln (in der Beringstraße) aus, wo der Seefahrer Vitus Bering im 18. Jahrhundert starb, eine der noch erhaltenen Kanonen seiner Fregatte als Zeichen des Gedenkens an den bemerkenswerten Dänen, der sich um die Wissenschaft Rußlands und der Welt verdient machte, in seine Heimat geschickt.
Schon im 13. Jahrhundert durchquerte der Venezianer Marco Polo die südlichen Randgebiete (den Pamir) der heutigen UdSSR, und am Ende der zwanziger Jahre unseres Jahrhunderts überflog der Italiener Umberto Nobile mit einem Luftschiff den sowjetischen Teil der Arktis, um zum Nordpol zu gelangen.
Als ich Mitte der fünfziger Jahre am Nordpol auf einer Eisscholle trieb, arbeiteten dort, irgendwo im Nördlichen Eismeer, amerikanische Wissenschaftler.
Nicht vergessen ist auch die längst vergangene tragische Heldentat der jungen Französin Julietta Jean-Sossin, die sich, als Braut des russischen Forschers Wladimir Rusanow, zu dem Versuch entschloß, mit ihm zusammen an Bord des Schiffes »Herkules« den nördlichen Meeresweg an den arktischen Küsten Sibiriens entlang zurückzulegen, wobei die gesamte Expedition umkam.
In der Stadt Kysyl im Süden Sibiriens fand ich einen Obelisken mit der Aufschrift »Der Mittelpunkt Asiens«. Die Messung wurde von einem Engländer vorgenommen.
Auch die Deutschen vollbrachten bedeutende Leistungen. Zum Beispiel arbeitete der Reisende und Naturforscher Peter Simon Pallas, ein Berliner, in der zweiten Hälfte des 18. Jahrhunderts auf Einladung der Russischen Akademie der Wissenschaften vierzig Jahre lang bahnbrechend an der Erfor-

schung des südlichen Rußlands. Zur gleichen Zeit und zum gleichen Zweck lud man den aus Tübingen gebürtigen Samuel Gottlieb Gmelin ein. Das Gedenken an sie bewahren bis heute zwei zum Zeichen der Dankbarkeit nach ihnen benannte Siedlungen in der Nähe von Wolgograd, wo sie ihre Reisen unternahmen: Pallassowka und Gmelinka. Pallassowka ist gewachsen und hat den Status einer Stadt erhalten.

Auch aus dem baltischen Gebiet stammende Deutsche trugen zu der Arbeit bei; man nannte sie »Ostseedeutsche« oder manchmal »russische Deutsche«. Iwan Krusenstern unternahm zu Beginn des vergangenen Jahrhunderts (zusammen mit dem Russen Jurij Lisjanskij) die erste russische Weltumsegelung (im sowjetischen Fernen Osten trägt eine Meeresenge den Namen »Krusenstern-Straße«). Faddej Bellingshausen entdeckte im Jahre 1820 (mit dem Russen Michail Lasarew) den Südpolarkontinent. Eine der sowjetischen Forschungsstationen in der Antarktis heißt »Bellingshausen«, und ich schaffte es, ganz in ihre Nähe zu kommen.

Glücklich bin ich darüber, daß ich in jungen Jahren eifrig an der Beseitigung »weißer Flecken« im schwer zugänglichen Zentrum der Berge Mittelasiens mitwirken konnte. Interessant ist, daß ich auf meinen Reisen auch mit Deutschen zu tun hatte. Zu Beginn des Jahrhunderts konnte der deutsche Wissenschaftler Gottfried Merzbacher, der sich um die Erforschung des Tien-schan (ich habe seine Bücher »In den Bergen des Zentral-Tien-schan« und »Die Physiographie des Tien-schan« gelesen) verdient gemacht, nicht zum nördlichen Vorgebirge des Chan-Tengri vordringen, der in jenen Jahren als höchster Punkt des Tien-schan-Systems galt. Daran hinderte ihn der von ihm entdeckte größte Gletschersee des Landes, den sowjetische Wissenschaftler »Merzbacher-See« nannten.

Die Gruppe, der ich angehörte, verwandte mehr als ein Jahr auf den Versuch, zum erstenmal zu dem nicht erforschten Gletscher im Vorgebirge des Chan-Tengri vorzustoßen. Wir versuchten, den Merzbacher-See zu umgehen, wozu auf dem Kamm eines hohen, namenlosen Gipfels eine senkrechte, glatte Eiswand von der Höhe eines Zwanzig-Etagen-Hauses genommen werden mußte. Für dieses Unterfangen büßte ich mit einer Gefangenschaft bei den »Basmatschen« – Räuber, die in den Bergen ihr Unwesen trieben – und einem nächtlichen Sturz in eine bodenlose Eisspalte. In meiner jugendlichen Eitelkeit hielt ich den Schrecken und das Risiko dadurch für aufgewogen, daß alle Teilnehmer der Entdeckungsexpedition ihre »eigene« Bergspitze in der Nähe des Chan-Tengri erhielten. Dort gibt es nun auch den dreigipfligen Pik Nikolaj Michajlow von 5340 Metern Höhe.

Davor, im Jahre 1928, war ich mit einer internationalen sowjetisch-deutschen Expedition im Pamir. Im Inneren des »Daches der Welt«, hinter einer Barriere von Gebirgskämmen und Gletschern, verbarg sich ein umfangreiches unerforschtes, noch von niemandem besuchtes Gebiet, von vielen Legenden umwoben. Dort versteckten sich – niemand wußte, ob sie tatsächlich oder nur in der Mythologie existierten – die Gebirgspässe Tanymas und Kaschalajak. Es gingen sogar Gerüchte über einen geheimnisvollen Stamm um, der in der Gegend lebte und jeden Eindringling umbrachte – offenbar eine Art »Schneemenschen«. Von dort senkte sich der Fedtschenko-Gletscher in unbekannter Länge hinab; im Jahre 1878 war nur sein unteres Ende, die »Zunge«, entdeckt worden. Die Expedition sollte dieses geographische Rätsel lösen, was ihr gelang.

Nach einer lebensgefährlichen Überquerung des Flusses Tanymas erreichte ich zu Pferde das vorderste Lager der Expedition, das sich schon auf einem »weißen Fleck« befand. Die Karte gab keinen Aufschluß mehr. Das Zeltlager hieß »Pylnyj« (staubbedeckt). Dort traf ich seinen Chef, den deutschen Professor W. Rickmers, und die jungen deutschen Bergsteiger Wien, Alwein und Schneider. Ich kann mich gut an sie erinnern – sie hämmerten unter schallendem Lachen einen Schlitten zusammen und schrieben darauf: »Werkstatt ›Rickmers & Co.‹, Tanymas«.

Die russischen Lagerbewohner waren der Meteorologe Zimmermann und der Koch Jegor.

In jugendlichem Übermut bat ich Rickmers, nach oben vordringen zu dürfen, weitere 15 Kilometer in die Tiefe der schneebedeckten Berge, wo sich der Topograph Iwan Dorofejew (er ist heute 80 Jahre alt und lebt in Simferopol) und der deutsche Geodät Richard Finsterwalder, der Sohn des berühmten deutschen Feldvermessers, mit den »weißen Flecken« abmühten. Ich kletterte über Eisspalten und drei Gletscher, fand das Zelt Dorofejews – und erfuhr, daß es ihm gerade gelungen war, die Spitze des Fedtschenko-Gletschers zu erreichen und zu vermessen. Wie sich herausgestellt hatte, betrug die Länge dieses größten aller nichtpolaren Gletscher der Welt 77 Kilometer.

Dorofejew sagte: »Außer uns beiden weiß noch niemand davon. Kehren Sie um, und melden Sie Herrn Rickmers die unerwartete Entdeckung. Bringen Sie ihm auch diesen Schmetterling. Ich habe ihn, so unglaublich es klingt, hier über den Wolken gefangen.«

Ich kehrte zurück und brachte Rickmers die frohe Botschaft. Er rief: »O mein Gott, das ist kolossal!« Dann holte er einen Notizblock hervor. »Tragen Sie sich hier zur Erinnerung ein.«

Ich schrieb: »N. N. Michajlow, Student aus Moskau.«

Vielleicht ist dieser Notizblock noch heute, nach einem halben Jahrhundert, irgendwo in den Archiven von München vorhanden.

Im letzten halben Jahrhundert ist viel für die Erforschung der Antarktis geleistet worden. Am Ende der dreißiger Jahre überquerten die sowjetischen Piloten Valerij Tschkalow und Michail Gromow zum erstenmal mit Flugzeugen die gesamte Antarktis und gelangten über den Nordpol nach Amerika. Heute, da Passagierfluglinien insbesondere von Kopenhagen über Anchorage in Alaska nach Tokio führen, kann man sich schwer vorstellen, welche Großtat sie damals vollbrachten.

In denselben Jahren wurde am Nordpol die erste sowjetische driftende Station errichtet. Es war das erste Mal, daß jemand nach dem Amerikaner Robert Peary (im Jahre 1909) den Pol erreichte. Bei dieser Gelegenheit wurden die Wissenschaftler mit Flugzeugen dorthin befördert. Die Forscher, mit Iwan Papanin an der Spitze, verbrachten 274 Tage auf einer Eisscholle und legten mit ihr rund eineinhalbtausend Kilometer zurück.

Seitdem sind in der Arktis in Polnähe driftende Forschungsstationen tätig.

Schon am Ende des vergangenen Jahrhunderts verkündete der russische Seefahrer Stepan Makarow, der Erbauer des ersten Eisbrechers der Welt, die Parole: »Brechen wir zum Pol durch!« Inzwischen ist diese Idee verwirklicht. Am 17. August 1977 erreichte der sowjetische atomgetriebene Eisbrecher »Arktika« den Pol, nachdem er schwerste Eismassen überwunden hatte.

Natürlich träumte ich von Kindheit an von diesem sagenhaften Punkt, doch es schien völlig ausgeschlossen, daß ich ihn je sehen würde ... Aber im Jahre 1954 erfüllte sich mein Traum: Ich flog zum Nordpol, zu der driftenden Station »SP-3«. Man transportierte gerade irgendwelche wissenschaftlichen Geräte dorthin.

In jenen Jahren war die Technik noch weit von ihrem jetzigen Niveau entfernt, und die Landung auf einer treibenden Eisscholle war nicht ohne Risiko. Der Pilot Viktor Perow erklärte:

»Ein Sturm hat die Eisscholle gespalten. Die Landebahn ist nur noch ganz kurz und von Eisklumpen bedeckt. Es wird nicht ganz ungefährlich.«

Wir starteten trotzdem.

Ich hatte zwar keine Angst, aber ... Der Angestellte des bei Moskau gelegenen Flugplatzes für Polarluftfahrt stellte mir eine Karte aus. Sie war natürlich kostenlos – es handelte sich schließlich um eine Dienstreise –, schloß jedoch eine gewisse Versicherungssumme ein.

Deshalb fragte er: »Wessen Namen soll ich eintragen?« Ich begriff, welche Unruhe, welche Sorge wir der geliebten Frau zumuten ...

Wir flogen genau am Meridian entlang nach Norden. Schon erschien unter uns das Eismeer. Aus der Höhe sehe ich ein endloses flaches Gebiet. Es ist weiß oder – wenn die Sonne scheint – rötlich. Die Eisfelder sind von Fäden durchzogen, die geschwollenen Adern ähneln: Es sind Packeisketten, die sich beim Zusammenstoß von Schollen gebildet haben. Auf dem weißen Hintergrund des Eises die schwarzen Schattierungen des Wassers an den Bruchstellen. Wenn die Sonne hervortritt, schimmert das Wasser bläulich. Schmale Spalten sind mit zerbrochenem Eis gefüllt. Auf den Eisschollen zeigen sich gefrorene, aber noch nicht von Schnee bedeckte Stellen. Sie sind hellblau bis violett gefärbt – wie Tintenflecken auf einem Tischtuch.

Nichts Lebendiges ist zu entdecken – nichts, was von Veränderungen, vom Lauf der Zeit, von Anfang und Ende gezeugt hätte. Das Mosaik der weißen Eisschollen im rauhen Schoß des Eismeers läßt mich an ein längst vergessenes Kindermärchen denken: Im Schloß der Schneekönigin im erstarrten Norden legt Kai aus Eisstücken das Wort »Ewigkeit« zusammen.

Der Pilot ruft aus der Kabine: »Wir landen in zehn Minuten.«

Das Flugzeug geht nieder. Das weiße Eis wird noch weißer, das blaue noch blauer, die Schwärze der freien Wasserflächen ist unheimlich. In einem Schneefeld erkenne ich die schwarzen Kreise von Zelten. Die Eisscholle ist nur klein.

Wir gehen steil hinunter. Die Motoren keuchen. In mir krampft sich alles zusammen.

Die kurze, schmale Landebahn. An einer Seite ist sie mit Flaggen abgesteckt, an der anderen klafft ein eisfreier Abgrund. Das schwarze Wasser fliegt direkt auf uns zu, die Tragfläche schwebt über ihm. Vor uns liegt ein Packeisfeld. Krach! Eisstücke schmettern gegen den Flugzeugrumpf. Wir werden nach vorn und in die Höhe geschleudert. Taue zerreißen, und Kisten stürzen nach vorn. Krach! Krach! Stopp! . . .

Die Wirtschaft in Zahlen

Das wichtigste Ereignis des Landes: Das früher rückständige zaristische Rußland wurde zu einer Industriemacht auf neuer sozialer Grundlage.

Ich nehme einen Sammelband mit Ziffern über die Volkswirtschaft der UdSSR in die Hand. Er war gerade rechtzeitig vom Zentralen Statistikamt der Sowjetunion herausgegeben worden, als ich Anfang 1979 diese Zeilen schrieb.

Ich notiere mir:

Im Jahre 1913 (dieses Jahr vor dem Ersten Weltkrieg war eines der ergiebigsten für die Ökonomie Rußlands) hatte das Land einen Anteil von nur etwas mehr als vier Prozent der industriellen Weltproduktion, während es heute rund zwanzig Prozent erzeugt.

Im Jahre 1913 betrug die industrielle Produktion Rußlands im Vergleich zu den USA, dem reichsten Land der Welt, 12,5 Prozent, während sie im Jahre 1977 mehr als 80 Prozent ausmachte.

Von 1913 bis 1977 hat sich die industrielle Produktion des Landes um das 145fache vergrößert. Mit anderen Worten: In industrieller Hinsicht umfaßt die UdSSR 145 Zarenreiche.

Aber hier ist eine Erläuterung am Platze. Die Vergrößerung der Industrie, ausgedrückt durch die Ziffer »145mal«, wäre bedeutungslos, wenn der Vergleich nur von einer winzigen Grundlage ausginge. Welchen Sinn hätte es schließlich, einen Vergleich mit Null anzustellen? Das zaristische Rußland war zwar rückständig und in erster Linie ein Agrarland, aber es besaß eine Industrie. Die Rückständigkeit des alten Rußlands muß berücksichtigt werden, doch man darf sie nicht überschätzen. In der Erdölförderung zum Beispiel stand Rußland am Anfang unseres Jahrhunderts einmal an erster Stelle in der Welt. Die Beförderung von Eisenbahnpassagieren war die beste Europas; die vorzüglichen Lokomotiven und Wagen stammten aus der eigenen Produktion, die Bahndämme waren ausgezeichnet. Was das industrielle Volumen betrifft, so stand Rußland auf dem fünften Platz in der Welt – das ist immerhin etwas (heute nimmt die UdSSR nach den USA den zweiten Platz ein). Die mehrmals erwähnte Vergrößerung um »145mal« ist also kein statistischer Sophismus, sondern eine reale, begründete und eindrucksvolle Ziffer.

Unsere gegenwärtige Technik steht in manchen Fällen den am höchsten entwickelten Ländern des Westens nicht nach (zum Beispiel lag der Verwertungskoeffizient von Hochöfen im Jahre 1977 bei 0,561 – das ist der höchste der Welt), in anderen Fällen bedarf sie jedoch noch der Verbesserung, weshalb die UdSSR sich internationale Erfahrungen so sorgsam zunutze macht.

In der Sowjetunion werden, um ein anderes Beispiel zu nennen, nicht nur Raumschiffe gebaut, sondern hier wurde auch der »Lunochod« hergestellt, der sich zu Forschungszwecken über die Mondoberfläche bewegen kann. (Ich schaue wieder aus dem Fenster zum Mond hinauf. Die Amerikaner haben ihn betreten, doch ein Fahrzeug, das von der Erde aus über den Mond gesteuert werden kann, ist auch keine Kleinigkeit.)

Gegenwärtig liefert die UdSSR der Baustelle »Sobradinho« in Brasilien Turbinen für ein Wasserkraftwerk. Es liegt auf der Hand, daß die Brasilianer diese Turbinen anderswo kaufen würden, wenn sie nicht Weltniveau besäßen. An die Länder Westeuropas, einschließlich der Bundesrepublik Deutschland, werden nicht nur Rohstoffe (Erdöl, Gas, Holz, Erze), sondern auch Industriegüter verkauft: zum Beispiel Schiffe, Fotoapparate und Personenwagen vom Typ »Lada«. Frankreich hat von der Sowjetunion eine einzigartige Großpresse gekauft. Vor einem halben Jahrhundert wäre etwas Derartiges noch phantastisch erschienen.

Hier sei ein Beispiel angeführt, das mit persönlichen Eindrücken verbunden ist. Man erinnere sich an den dritten Absatz der biblischen Schöpfungsgeschichte: »Es werde Licht!« Meine Zeilen sollen sich nicht auf die alttestamentarischen Schriften beziehen. Ich habe diese Worte nur ihrer hohen Ausdruckskraft wegen zitiert. Übrigens ist Alexander Puschkins Wort nicht weniger ausdrucksstark: »Weiche, Finsternis!« Schon in jungen Jahren brachte ich die Energieentwicklung des Landes immer irgendwie mit meinen Eindrücken vom Licht in Verbindung.

In meiner Kindheit gab es in Moskau natürlich schon große Gebäude mit Elektrizität und Fahrstühlen. Aber Moskau war – wie ganz Rußland – seltsam und widerspruchsvoll. In dem Haus, das meine Familie bewohnte – es stand am »Sadowoje Kolzo«, der heute im wesentlichen zum Stadtzentrum gehört –, vergingen die Abende beim Schein einer Kerosinlampe mit grünem Lampenschirm. Aber nachts, wenn ich aufwachte, sah ich im Halbdunkel das schwach flimmernde Licht eines Öllämpchens, das meine Großmutter vor der »Boschniza« – einem schmalen Eckschrank, der innen, hinter einer Glasscheibe, mit Heiligenbildern behängt war – angezündet hatte.

Mit sechs Jahren besuchte ich eine Weihnachtsfeier in einem öffentlichen Gebäude – heute das bekannte Unionshaus am Marx-Prospekt – und zog aus einer sich drehenden durchsichtigen Trommel das Glückslos der Lotterie. Ich gewann eine kleine Vase. Sie ist mit den Jahren abhanden gekommen, aber etwas anderes ist mir geblieben: die bewegende Erinnerung an die Helligkeit der Lüster. An elektrisches Licht waren wir damals in Rußland noch nicht gewöhnt.

All diese Erlebnisse werden heute durch einen einzigen kurzen Vergleich ausgelöscht: Die gesamte Leistungsfähigkeit aller Elektrizitätswerke Rußlands im Jahre 1913 betrug 1,1 Millionen Kilowatt, während jetzt in das Wärmekraftwerk bei Kostroma an der Wolga ein in Leningrad hergestellter Energieblock von 1,2 Millionen Kilowatt Stärke eingebaut wurde. Eine einzige Turbine leistet also so viel wie früher das ganze Land. Die Leistungsfähigkeit aller sowjetischen Elektrizitätswerke lag im Jahre 1978 bei knapp 250 Millionen Kilowatt.

Und wie sieht es mit der Landwirtschaft aus?

Die Sowjetunion beschritt in der Landwirtschaft als erster Staat einen völlig neuen Weg. Nachdem die jahrhundertelange Ordnung des dörflichen Lebens zerbrochen war, mußte sich das Fehlen jeder historischen und sozialen Erfahrung zwangsläufig bemerkbar machen.

Auch jetzt sind noch nicht alle Probleme in diesem Bereich gelöst. Noch kann die Landwirtschaft die gewachsenen Bedürfnisse der Bevölkerung nicht vollkommen befriedigen.

Folgende allgemeine Bilanz läßt sich ziehen: Von 1913 bis 1977 vergrößerte sich die Saatfläche von 118 auf 218 Millionen Hektar, das heißt auf beinahe das Doppelte. Die beackerte Fläche ist also viermal so groß wie das Gebiet der gesamten Bundesrepublik Deutschland. Von 1954 bis 1960 wurden im Osten des Landes 42 Millionen Hektar früher ungenutzten, sogenannten Neu- und Brachlandes erschlossen – das ist mehr als das gesamte Territorium Italiens. Im Jahre 1978 gelang es, die größte Getreideernte in der Geschichte des Landes einzubringen: 235 Millionen Tonnen.

Von 1913 bis 1977 wuchs beispielsweise die Ertragfähigkeit von Baumwollsträuchern auf fast das Dreifache (die Sowjetunion nimmt den ersten Platz unter den baumwollerzeugenden Ländern ein). Doch die Ertragfähigkeit der Getreidefelder hat sich noch nicht einmal auf das Dop-

pelte vergrößert. Insgesamt wächst die Produktivität der Landwirtschaft langsamer als wünschenswert. Daher ist es verständlich, daß in der UdSSR die weitere Entwicklung der Landwirtschaft Vorrang hat.
Ein Beispiel soll dieses Thema illustrieren:
In Rußland lebte und wirkte der Arzt und Politiker Andrej Schingarew. Vor der Oktoberrevolution war er Landwirtschaftsminister und Finanzminister der Provisorischen Regierung. Da er am Leben der Bauern starken Anteil nahm, untersuchte er zu Beginn unseres Jahrhunderts ihre Arbeits- und Lebensbedingungen. Seine Erkenntnisse fanden ihren Niederschlag in seinem Buch »Das aussterbende Dorf«, welches im Jahre 1901 erschien.
Darin wird das Dorf Nowo-Schiwotinnoje, 27 Kilometer von Woronesch entfernt, beschrieben, seine Bewohner, ihre Häuser, ihre Arbeit, kurz ihr trauriges, mitleiderregendes Leben. Schingarew suchte die Dorfbewohner in ihren elenden Katen auf und fand fast immer Schmutz und Ungeziefer, vor allem Küchenschaben. Eigenartigerweise gab es aber auch Hütten, die ungezieferfrei waren. Verwundert fragte Schingarew nach der Ursache und erhielt als Antwort: »Alles hat unsere Armut aufgezehrt, nicht einmal für die Küchenschaben ist etwas übriggeblieben.«
Was wohl aus Nowo-Schiwotinnoje geworden sein mag?
Mir fiel ein, daß ich in der vielbändigen Ausgabe »Die Sowjetunion«, die in den sechziger und siebziger Jahren herausgegeben wurde, einmal nachschlagen könnte. Auf Seite 738 des Bandes »Zentralrußland« fand ich dann folgende Notiz:
». . . während die Großväter und Väter der jetzigen Angehörigen von ›Rossija‹ (so heißt die Kollektivwirtschaft des Dorfes Nowo-Schiwotinnoje) im zaristischen Rußland vor Unterernährung dahinvegetierten und Hungers starben, so kann die Kolchose jetzt drei Viertel ihres Bruttoertrages an landwirtschaftlichen Produkten verkaufen.
Anstelle der verfallenen, mit Stroh gedeckten Lehmhütten wurden Steinhäuser mit Ziegel- oder Eisendächern gebaut. Nowo-Schiwotinnoje hat sein eigenes Elektrizitätswerk, eine Schule, ein Versammlungsgebäude . . .«

Und es hat auch eine Musikschule!
Diese großen Veränderungen, die sich in der Kollektivwirtschaft »Rossija« vollzogen haben, sind für die übergroße Mehrheit der kleinen und größeren Dörfer im sowjetischen Rußland charakteristisch und selbstverständlich.

Wer durch die UdSSR reist, kann sich davon überzeugen, wie sich die nationalen Kennzeichen von Gebiet zu Gebiet verändern. Zum Beispiel sind die alten Kirchen Moskaus von runden, goldenen Kuppeln gekrönt, während die Kuppeln in Tbilissi (Tiflis) konisch geformt sind; in Riga und Tallin (Reval) erheben sich spitze gotische Türme, in Wilnjus (Wilna) dagegen findet man barocke Portale mit abgerundeten Voluten. Die moderne Architektur ist natürlich universaler, aber auch an neuen Gebäuden lassen sich gewisse nationale Kennzeichen entdecken. In Kiew etwa findet man an den Wänden ukrainische Verzierungen, und in Baku stößt man auf Bögen und andere Details der »maurischen« Baukunst, wie die orientalische Architektur früher genannt wurde.
In Taschkent sieht der Besucher Männer, die bunte Kleidung und kleine Käppchen (»Tjubetejka«) angelegt haben und zum rhythmischen Klang eines Tamburins tanzen; im Kaukasus wird ihm die stürmische »Lesginka« gezeigt, die von den Bergbewohnern in ihrer Nationaltracht – mit dem Dolch im Gürtel – leidenschaftlich getanzt wird. Auch die Besonderheiten der Nationalgerichte sollte man nicht auslassen.
Auf den Straßen ist ein Gewirr von Sprachen zu hören. Zeitungen und Bücher erscheinen in diesen unterschiedlichen Sprachen.
Die Kleidung wird heute, wie überall in der Welt, stark vereinheitlicht, sie nimmt die moderne städtische Form an. Aber trotzdem kann uns eine Ukrainerin in einem bestickten Rock begegnen, ein Usbeke in einem gestreiften Kittel, ein Turkmene mit einer riesigen Pelzmütze, ein Kaukasier in einer zottigen »Burka« aus Schafwolle oder ein Bewohner des rauhen Nordens im Pelz.
Aber all diese Völkerschaften sind im Grunde ein einziges, das *sowjetische Volk* das in einem einheitlichen sozialen Gefüge lebt.

Hundert Völker

Ich schreibe hier oft von den Russen – das ist verzeihlich, weil ich selbst Russe bin. Doch die Russen stellen nur etwas mehr als die Hälfte der sowjetischen Bevölkerung. Insgesamt gibt es in der UdSSR mehr als 100 Nationalitäten.
Zur Zarenzeit war das russische Volk nicht nur eines der größten, sondern auch eines der höchstentwickelten und kultiviertesten – relativ gesprochen. Jedoch leben in unserem Lande Völker, die über eine weitaus ältere Kultur verfügen als die Russen. Aber diese Kulturen wurden schon vor Jahrhunderten vom Ansturm der Feinde erdrückt. Im sowjetischen Mittelasien zum Beispiel haben Archäologen bei Aschchabad Spuren von seßhaften Bewohnern und Bewässerungskanälen gefunden, die sechs Jahrtausende alt sind. Dort drangen Eroberer ein, denen, wie es in einem alten Manuskript heißt, »die Zähne vor Gier knirschten«: die Perser des Königs Kyros, der dort im Kampf fiel, und die Griechen Alexanders des Großen. In manchen Siedlungen am Iskanderkul-See (»Iskander« ist eine Abwandlung von »Alexander«) bezeichnen die Menschen sich selbst als »Mazedonier« – sie müssen die Nachfahren dieser Griechen sein. Weiterhin kamen Araber, die den Islam mit Gewalt verbreiten wollten; einige wenige, die ihre eigene Sprache fast ganz vergessen haben, sind hier und dort noch in den Dörfern um Samarkand vertreten. Auch die Mongolen Tschingis-Khans, der »Geißel Gottes«, jagten durch das Land und verwüsteten alles, was auf ihrem Weg lag.
In der Usbekischen Republik befindet sich die Oase von Choresm. Anscheinend wurde dort zumindest ein Teil der berühmten Avesta geschrieben, des heiligen Kanons der Feueranbeter und Verehrer Zarathustras. Dort lebten und wirkten auch so bedeutende Gelehrte wie Al-Choresmi, der im 9. Jahrhundert die Algebra begründete. Von ihm lernte Europa – durch Vermittlung der Araber – die Lösung quadratischer Gleichungen. Sein Name ging in der arabischen und lateinischen Übersetzung in den Begriff »Algorithmus« ein, der in der modernen Wissenschaft so verbreitet ist.
Auch die uralte Kultur Armeniens, im sowjetischen Transkaukasien, muß hervorgehoben werden. Bei den Ausgrabungen der Festung Tejschebaini auf dem Hügel Karmir-Blur, am Südrand von Jerewan, wurden in Krügen schwarz gewordene Weizenkörner gefunden – sie hatten fast 3000 Jahre lang unter der Erde gelegen. Man stieß auf Weintraubenkerne jener Sorten, die heute noch in Armenien gedeihen. Schon im 4. Jahrhundert schuf Mesrop Maschtotz ein armenisches Schrifttum; im Gegensatz zu östlichen Bräuchen wurden die Worte von links nach rechts gelesen.
Welche Kontraste! In demselben Russischen Reich, in Sibirien, lebten Völker, die überhaupt keine Schrift besaßen! Sie wurde erst in unseren Tagen von Wissenschaftlern ausgearbeitet, doch inzwischen besitzen diese Völker im ganzen Land berühmte Schriftsteller, die auch im Ausland übersetzt werden. Zu ihnen gehört zum Beispiel Wladimir Sangi von der Insel Sachalin. Im Norden Sibiriens gab es Völker, bei denen sich Pfeil und Bogen sowie steinerne Speerspitzen als Gebrauchsgegenstände erhalten hatten. Zur gleichen Zeit arbeiteten im Donezbecken, dem zaristischen Ruhrgebiet oder Pennsylvanien, russische und ukrainische Meister an modernen Maschinen, die von kapitalistischen Unternehmen entwickelt wurden.
Und welche Unterschiede in der zahlenmäßigen Zusammensetzung! Das russische Volk ist mit mehr als 100 Millionen eines der größten der Erde, doch in den Bergen des Kaukasus gibt es die Völkerschaft der Artschi, die nur ein einziges Dorf umfaßt, und die ginuchische Sprache wird von lediglich 200 Menschen gesprochen.
Die neue Ordnung forderte die Gleichheit aller Völker, ohne ethnische Unterschiede. Die sowjetische Gesetzgebung legte die juristische Gleichheit der Nationalitäten von Anfang an fest, doch damit war die faktische Gleichheit noch nicht durchgesetzt. Damit sie vollständig sein konnte, mußten die rückständigen Völker zu den fortschrittlichen aufschließen. Und das war nicht leicht.
Man begann also, in den Fünfjahresplänen für die Randbereiche nationaler Minderheiten Investitionen bereitzustellen, die das Aufbautempo dort, verglichen mit den zentralen russischen Gebieten, erhöhten. Das unterschiedliche Tempo nivellierte den Unterschied des Ausbildungsstandes. Zu den anderen Völkern in den Randbereichen wurden

viele russische Ingenieure, Wissenschaftler und qualifizierte Arbeiter geschickt. Die Hochschulen der russischen Städte, in erster Linie die Universitäten von Moskau und Leningrad, nahmen junge Männer und Frauen aus Tadschikistan, Kirgisien, Baschkirien und Jakutien auf. Das russische Volk beeilte sich, dazu beizutragen, daß die anderen Nationen des Landes sich mit ihm auf eine Stufe stellen konnten. Es war wohl das erstemal in der Geschichte, daß ein Volk freiwillig auf seine aus der Vergangenheit überkommenen Vorteile verzichtete und seine Kräfte, seine Zeit und Arbeit für andere Nationen opferte.

Nachdem ich mein Studium an der Moskauer Universität absolviert hatte, blieb ich nicht in meiner Heimatstadt, bei meiner Familie, sondern fuhr nach Mittelasien, um den Usbeken, Kirgisen, Kasachen und anderen nach besten Kräften das zu vermitteln, was ich selbst in Moskau gelernt hatte. Es war ein ganz normaler, selbstverständlicher Schritt.

Schon während des ersten Fünfjahresplans errichteten die Baschkiren, denen industrielle Arbeit völlig unbekannt gewesen war, im Vorgebirge des Urals mit Hilfe russischer Ingenieure eine Motorenfabrik. Die Turkmenen bohrten in der Wüste Kara-Kum nach Erdöl. Die Burjäten begannen östlich des Baikalsees Lokomotiven zu bauen und Erz zu verarbeiten. Die Kasachen am Balchaschsee machten sich daran, Kupfer zu schmelzen. Die Usbekinnen zogen den »Tschatschwan«, ein häresens schwarzes Gitter, vom Gesicht und gingen zur Arbeit in die neuen Textilkombinate.

Aus dem Sattel des Nomaden an eine komplizierte Maschine, vom rituellen Geheul des Schamanen zur Kunst des Ingenieurs. Aus Hirten, Tierfängern und Ackerbauern wurden Stahlkocher, Elektrotechniker und Chemiker; und auf kulturellem Gebiet wurden schon aus ihren Kindern Schriftsteller, Komponisten, Wissenschaftler. In der ganzen Welt kennen viele den kirgisischen Schriftsteller Tschingis Ajtmatow. Er schreibt seine Werke sowohl auf kirgisisch wie auf russisch.

Heute ist der frühere Randbereich schon dazu fähig, die russischen Zentralgebiete zu unterstützen. Zum Beispiel wurde im fernen Taschkent mit russischer Hilfe ein Werk zur Herstellung von Textilmaschinen gebaut, und die erste Kosmonautin, Valentina Nikolajewna Tereschkowa, arbeitete vor ihrem Raumflug in Jaroslawl, unweit von Moskau, an einer Maschine aus Taschkent, die nicht nur von russischen, sondern auch von usbekischen Händen gefertigt worden war.

Heute besitzen alle Republiken der UdSSR eine eigene Industrie.

»UdSSR« ist eine Abkürzung, und sie bedeutet »Union der Sozialistischen Sowjetrepubliken«. Zur UdSSR gehören 15 Unionsrepubliken. Manche von ihnen schließen zusätzlich autonome Republiken und Bezirke mit spezifischen Rechten ein. Diese Unterteilung erfolgt auf nationaler Grundlage.

Alle Republiken verbindet ihre soziale Einheit. Dazu kommt die wirtschaftliche Einheit – die Arbeitsteilung und die Zugehörigkeit zu einem gemeinsamen volkswirtschaftlichen Komplex.

Die größte Republik ist die Russische. Sie umfaßt von allen fünfzehn die meisten Nationalitäten und wurde deshalb mit dem Zusatz »föderativ« belegt (in ihr machen Russen 83 Prozent der Bevölkerung aus, doch leben auch in anderen Unionsrepubliken viele Russen). Ihrer Fläche nach ist sie die größte Unionsrepublik: Sie nimmt drei Viertel der Sowjetunion ein (also fast das Zweifache des Gebietes der USA). Die Russische Sozialistische Föderative Sowjetrepublik ist ebenfalls die ökonomisch stärkste: Sie bringt einen beträchtlichen Teil der industriellen Produktion und etwa die Hälfte des landwirtschaftlichen Ertrages der Sowjetunion hervor.

In ihren Grenzen liegt Moskau, die Hauptstadt der UdSSR und gleichzeitig der Russischen Republik. Mit acht Millionen Einwohnern ist sie die größte Stadt des Landes; sie verfügt über eine komplexe Industrie, eine repräsentative Kultur und wird im Jahre 1980 die Olympischen Spiele ausrichten. Moskau war das Glanzstück des alten Rußlands (allein an Kirchen gab es dort, wie man sich anschaulich auszudrücken pflegte, »vierzig Vierziger«). Aufgrund seiner radikalen und anhaltenden Erneuerung ist es mehr als eine Stadt, ein Symbol der sowjetischen Lebensweise.

Eine Union von Republiken

In den Grenzen der Russischen Föderation fließt auch die Wolga – der russische Rhein oder Mississippi.

Hier liegt ebenfalls der erzreiche Ural.

Auch Sibirien, dessen Endlosigkeit auf einem Globus deutlicher wird als auf einer flachen Karte, ist ein Teil der Russischen Föderation. Und schließlich gehört der malerische Ferne Osten auch dazu. Jetzt aber wollen wir die Russische Republik hinter uns lassen und uns zunächst an der westlichen Grenze der UdSSR entlang nach Süden und dann an der südlichen Grenze entlang nach Osten begeben. Für mich ist es die zweite und daher schon vertraute »Weltreise«.

Im Nordwesten der UdSSR befinden sich die drei baltischen Republiken – die Estnische (mit der Hauptstadt Tallin), die Lettische (Riga) und die Litauische (Wilnjus). Ein grauer Meereshorizont, Bernsteinvorkommen, Fichten auf Sanddünen, Milchkühe, sorgfältig gepflegt von geschickten und fleißigen Händen, neue Fabriken und Gebäude, feuchte Straßen, an den Reeden das rhythmische Schaukeln von Masten. Es sind Republiken von hoher Kultur.

Weiter nach Süden. Dort liegt die Weißrussische Republik (mit der Hauptstadt Minsk). Sie ist bekannt für die Produktion von Traktoren und leistungsfähigen Lastwagen mit dem Emblem eines Wisents: In dem Naturschutzwald »Beloweschskaja Puschtscha« wird eine große Herde von Wisenten, den letzten wilden Büffeln Europas, gehalten.

Die altertümliche Architektur der Städte löst sich in den Neubauten auf.

Der südliche Wald geht in die Steppe über. In den Dörfern werden Blockhütten von getünchten Bauernhäusern abgelöst; viele Gebäude sind aus Stein. Hinter den Flechtzäunen runde, golden schimmernde Sonnenblumen ... Dies ist die Ukrainische Republik, der Südwesten der Union. Eine sehr wohlhabende Gegend: Verschiedene Großindustrien bestehen hier neben hochentwickelter Landwirtschaft (Weizen, Zuckerrüben, Viehzucht). Zu den natürlichen Reichtümern gesellt sich die Begabung eines arbeitsamen, poetischen, fröhlichen Volkes. Zur Ukraine gehören die schöne Hauptstadt Kiew, das werktätige Charkow, das lebhafte Odessa und die Krim.

Die Gegenüberstellung von zwei Ziffern ist aufschlußreich: Die Ukraine nimmt weniger als drei Prozent der sowjetischen Fläche ein, doch ihr Anteil am gesamten Nationaleinkommen liegt bei rund 18 Prozent.

Die Moldauische Republik (mit der Hauptstadt Kischinew) – das Gebiet der Gärten und Weinberge – schließt sich an. In der recht kleinen Moldau-Republik besteht die höchste Bevölkerungsdichte aller Unionsrepubliken.

Die Ukraine grenzt ans Nordufer des Schwarzen Meeres, an dessen anderer, östlicher Seite, im Süden der Sowjetunion, Transkaukasien mit der Georgischen (Tbilissi), der Aserbeidschanischen (Baku) und der Armenischen Republik liegt (Jerewan). In diesem Gebiet, das zur antiken Welt gehörte, war Prometheus der Legende nach an einen Felsen geschmiedet. Hier suchten die Argonauten das »Goldene Vlies«.

Der georgische Dichter Schota Rustavelli verkündete früher als Dante und andere große Schöpfer der europäischen Renaissance die Ideen des Humanismus. Bei den Georgiern bestand schon vor 15 Jahrhunderten ein hochentwickeltes Schrifttum. Heute kommen in der UdSSR im Jahr mehr als 3000 Bücher in georgischer, aserbeidschanischer und armenischer Sprache heraus, pro Tag also fast zehn Werke.

Transkaukasien liegt zwischen dem Schwarzen und dem Kaspischen Meer. Östlich des Kaspischen Meeres erstreckt sich die Kasachische Republik – die ausgedehnteste Unionsrepublik nach der Russischen – über weite, ausgetrocknete Flächen. Ihre Hauptstadt Alma-Ata, umgeben von hohen Pappeln unter einer verschneiten Gebirgskette, ist wohl die malerischste aller Metropolen des Landes.

Jahrhundertelang lieferten in den Weiten Kasachstans die schwarzen Kreise der Nomadenfeuerstätten das einzige Anzeichen wirtschaftlicher Tätigkeit, wenn man von wenigen vorsintflutlichen Bergwerken absieht. Welch ein Kontrast: Gerade aus dieser Gegend, aus Bajkonur, flog im Jahre 1961 der erste Mensch ins All.

Weiter südlich, in Mittelasien, liegen die Usbekische (Taschkent), die Turkmenische (Aschchabad), die Tadschikische (Duschanbe) und die Kirgisische Republik (Frunse).

Wasser unter Sandflächen, dichte Bevölkerung in der Menschenleere, grüne Farbe auf gelbbraunem Hintergrund. Dies ist die historische Verbindung zwischen Europa und den Tiefen Asiens, die berühmte »Seidenstraße«. Zu ihr gehört die majestätische alte Architektur der farbenprächtig gekachelten Moscheen, Minarette und Mausoleen von Samarkand (einst das sogdianische Marakanda): darunter die achtseitige »Gur-Emir«, das Grabgewölbe Tamerlans mit gerippter hellblauer Kuppel, und die Hauptmoschee »Bibi-Chanym«, die Tamerlan zu Ehren seiner ältesten Frau errichten ließ. Über diese türkisfarbene, heute rissig gewordene Kuppel schrieb ein Zeitgenosse: »Die Kuppel wäre einzigartig, wenn der Himmel nicht ihre Kopie wäre.« Alexander der Große, der als Eroberer hierher kam, sagte: »Alles, was ich über die Schönheiten von Samarkand gehört habe, ist wahr. Aber ich wußte nicht, daß es prächtiger ist, als ich dachte.«

Ich habe versucht, dem Leser eine Vorstellung davon zu verschaffen, welchen Platz alle 15 Unionsrepubliken im Rahmen der UdSSR einnehmen.

Für mich ist »UdSSR« kein formaler Begriff rein akademischer Bedeutung. In ihm verkörpern sich mein Leben, meine Arbeit, meine Wanderungen mit Feder und Notizblock.

Ich bin viel in der Russischen Republik, besonders in Sibirien, umhergereist. In den riesigen Weiten der östlichen UdSSR gibt es neueste Errungenschaften neben unberührter Natur.

Zum Beispiel besichtigte ich auf der Kamtschatka im Hafen Petropawlowsk-Kamtschatskij einen gigantischen Kühl-Trawler mit einem Apparat, der die Bewegung der Fischschwärme in der Tiefe des Ozeans selbsttätig aufzeichnet, und eine Stunde später flog ich mit einem Hubschrauber ins Geisertal und sah von oben, wie in der Taiga mächtige Braunbären vom Lärm der Motoren auseinandergescheucht wurden.

Natürlich reiste ich durch alle Republiken der UdSSR und versuchte, mich mit ihrem Alltag vertraut zu machen. Ich erinnere mich, daß ich im estnischen Tallin, da es in den Hotels kein Zimmer mehr gab, in dem mittelalterlichen Rathaus zwischen Ritterrüstungen übernachtete, nachdem man mir am selben Tage die Metallschächte von Schiefergruben und große Elektrizitätswerke gezeigt hatte, die mit diesem Brennstoff betrieben wurden.

Im lettischen Riga, im 1270 errichteten Dom, hörte ich die unsterblichen Werke Bachs, gespielt auf einer der besten Orgeln des Landes.

In Litauen, an der Ostseenehrung, versanken meine Beine im Sand riesiger Dünen von 71 Metern Höhe; am Tage zuvor war ich durch die neuen Viertel der Hauptstadt Wilnjus spaziert, die im ganzen Lande für die Vollendung und Neuartigkeit ihrer Architektur berühmt sind.

In Weißrußland berührte ich die von Granatsplittern und Kugeln übersäten Wände der alten Brester Festung.

In der Moldau pflückte ich Äpfel, Birnen und Kirschen von den Bäumen der üppigen Kolchosen- und Sowchosengärten.

Ich habe die Ukraine durchstreift. An der Wand der Sophienkirche in Kiew sah ich das aus dem 11. Jahrhundert überkommene Gemälde Annas, der späteren Königin von Frankreich, sie war eine Tochter des stolzen Fürsten Jaroslaw des Weisen.

Bei den Guzul-Hirten, ukrainischen Bergbewohnern in den Karpaten, lauschte ich dem melodischen Ruf der Trembita, einer volltönenden, drei Meter langen Trompete.

Ich habe den Kaukasus zu Fuß durch verschneite Gebirgspässe überquert und die Nacht in einer Wetterstation an den Hängen des Elbrus, der höchsten Erhebung Europas, verbracht, um in der Morgendämmerung zu erleben, wie seine beiden weißen Gipfel unter den rötlichen Strahlen der noch unsichtbaren Sonne aufflammen.

Der Kaukasus ist ein Gebiet der Langlebigkeit: Dort hörte ich einen vielstimmigen Kanon, gesungen von einem abchasischen Chor aus rüstigen Hundertjährigen; die Form des Kanons bestand hier schon mehrere Jahrhunderte früher als in Europa.

Ich bin mit der Untergrundbahn in Tiflis gefahren.

Die Stadt steht an einem Ort, an dem sich schon vor 60 Jahrhunderten Menschen angesiedelt hatten. Ich nahm mir die Freiheit, mit dem Katholikos aller Armenier der Welt, Wasgen I., das religiöse Geschick des armenischen Volkes zu erörtern, in einem Gebäude neben der Etschmiadsiner Kirche, die im Jahre 303 gebaut wurde und damit das älteste Bauwerk des ganzen Landes ist. Ich habe gelernt, die tausendjährigen armenischen Kirchen von den georgischen an ihrer Apsis zu unterscheiden – der Altarnische, die in Armenien häufiger eckig als halbrund ist; und ich habe gelernt, die in Armenien hergestellten Autos an ihrer Konstruktion zu erkennen. Bei Jerewan stieg ich auf den Gipfel des Berges Aragaz zum Bjurokaner Astrophysikalischen Observatorium empor, wo sich die Astronomen beinahe so gut mit den Sternen ferner Galaxien auskennen, als wären es die Glühbirnen der Lampen in ihren eigenen Wohnungen.
Mittelasien ist mir teuer. Sein Leben, seine Veränderungen spielen sich, wie die meiner Geburtsstadt Moskau, vor meinen Augen ab, weil ich als junger Mann dort wohnte und später wieder und wieder dorthin zurückkehrte.
Ich erinnere mich, ich habe mich überzeugt, ich weiß: In einer Gegend, in der es noch vor nur 115 Jahren Sklavenmärkte gab, in der sich vor etwas mehr als einem halben Jahrhundert halbnackte, nur in Lumpen gehüllte Derwische mit schorfiger Haut herumtrieben und die Menschen das Wasser mit Hilfe knirschender, von Kamelen getriebener Räder auf die Baumwollfelder pumpten, sind heute Maschinen-, Aluminium-, Stahl- und Düngemittelfabriken entstanden. In dieser Gegend, die sich der hartnäckigen Überreste der Vergangenheit nicht ohne Mühe entledigt hat, ist die Kenntnis des Lesens und Schreibens Allgemeingut geworden, und die Zahl der Hochschulen (einschließlich Kasachstans) liegt nun bei 117.
Mit Mittelasien verbinden mich nicht nur literarisch-wissenschaftliche, sondern auch die teuersten persönlichen Erinnerungen. Dort, in den glühenden Wüsten und auf den Höhen noch unerforschter Gletscherberge, erwarteten mich die ersten ernsthaften Gefahren, an denen mein unstetes Leben später nicht arm sein sollte.

Ein Bild Mittelasiens in mir ist lebendig geblieben. Ich schwebte in einem Flugzeug, zusammen mit Städtebauern und Architekten, über den Sandflächen von Choresm, um nach dem Standort für eine neue Stadt Ausschau zu halten. Wir landeten auf einem Lehmstreifen, einer der Männer stampfte mit den Füßen auf und rief: »Hier bauen wir!«
Vorher waren wir über die Ruinen der alten Felsenfestung und das Mausoleum Muslum-Chan-Sulu geflogen, wo auf einer Jadegruft mit verschlungenen Buchstaben die Worte einer früh verstorbenen Kaisertochter aufgezeichnet sind: »Das Leben ist schön. Wie schade, daß es nicht ewig währt!«

Diesen Text begann ich am frühen Abend, bei Vollmond, zu schreiben. Durch das Fenster sah ich die glänzende Kugel des Mondes. Ich betrachtete sie, erinnerte mich an Humboldt und dachte an kosmische Maßstäbe, um einen Begriff von der Weite meines Landes zu geben . . .
Inzwischen ist der Morgen angebrochen. Es ist hell, und ich bin müde. Längst schon ist der Mond untergegangen, und ich habe genug geschrieben. Im Lichte eines hellen Tages wird Dieter Blum, der meisterliche Fotograf, das Fenster aufstoßen und mein Land durch das Objektiv der Kamera betrachten.

1. Weite und Schönheit des Landes

Natalja Shemjatenkowa wurde 1939 in Moskau geboren. Sie besuchte das Institut für Internationale Beziehungen in Moskau und war lange Zeit im Ausland als Journalistin tätig. Sie spricht perfekt arabisch und französisch, was ihr vor allen Dingen in Frankreich, im Jemen und in Somalia sehr half, schnell Kontakt zu finden.
Jetzt ist Frau Shemjatenkowa Redaktionsleiterin im Hause Agentstwo Petshati Nowosti (APN) in Moskau und Mitglied des Journalistenverbandes der UdSSR. Als Reisebegleiterin von Dieter Blum schrieb sie für dieses Buch die Kapiteleinleitungen und die Bildlegenden.

». . . Wie schön unser Planet ist. Wir werden diese Schönheit nicht zerstören, sondern bewahren und vergrößern.«   Jurij Gagarin, der erste Mensch im All

Die UdSSR mit den Augen Dieter Blums – dieser Gedanke fesselte mich sofort, und gern half ich dem Meisterfotografen dabei, das Land zu sehen, in dem ich geboren wurde und aufwuchs und das mir teuer ist.

Nun liegt die Arbeit hinter uns. Und hinter uns liegen 125000 Kilometer: Sibirien und der Ferne Osten, der Kaukasus und Mittelasien, das Baltikum und Mittelrußland, Begegnungen mit Hunderten von Menschen in Großstädten, in den Siedlungen der Erbauer der Baikal-Amur-Magistrale, auf den Teeplantagen von Georgien, in der verschneiten Tundra jenseits des Polarkreises, auf der Höhe eines Staudammes, in der Tiefe eines Bergwerks, auf den stählernen Erdölbohrinseln des Kaspischen Meeres, auf der malerischen baltischen Insel Kishi, in Institutslaboratorien und im Städtchen Swjosdny, wo die Kosmonauten leben und arbeiten. Häufig fielen mir in diesen zweieinhalb Jahren die Worte des sowjetischen Schriftstellers Michail Prischwin ein: »Die Kunst ist eine Kraft, die eine verlorene Verwandtschaft wiederherstellen kann, die Verwandtschaft zwischen fremden Menschen. Die Kunst bringt näher, verbindet alle Menschen eines Landes und verschiedene Länder miteinander.«

Darin liegt auch das Wesen der Arbeit Dieter Blums. Als echter Künstler, der das Ungewöhnliche im Gewöhnlichen zu sehen vermag, schuf er den Bildband »UdSSR – Entdeckungsreise in ein reiches Land«, ein Meisterwerk der künstlerischen Fotografie, das eine jener unsichtbaren Brücken ist, welche die Völker verbinden und die Vorurteile und das Mißtrauen von Jahrhunderten zu überwinden helfen.

Die weiten Räume Eurasiens, die heute das Territorium der Sowjetunion bilden, waren von alters her den Augen der übrigen Welt durch einen Schleier des Unbekannten und Rätselhaften verhüllt.

Für die antiken Reiche des Mittelmeers war dort das Ende der Ökumene, das Land der Hyperboreer und Menschenfresser – phantastischer Geschöpfe, die halb Menschen, halb Ungeheuer waren. Das mittelalterliche Europa vertiefte sich in die Erzählungen Marco Polos über die große Rus, in der »die größte Kälte der Welt« herrsche, und über das nördlich davon liegende Land der Finsternis, in dem »es immer dunkel ist, es weder Sonne noch Mond noch Sterne gibt«. Später blickten die aufgeklärten Europäer interessiert und besorgt auf das autokratische Russische Reich mit seinen unzähligen Schätzen und versuchten, die Absichten des »russischen Bären« zu erraten.

Selbst die Herrscher des gewaltigen Landes konnten sich von seinem wirklichen Umfang kaum ein Bild machen. Im Januar des Jahres 1725 rüstete Zar Peter I. daher eine Spezialexpedition mit Vitus Bering an der Spitze aus, um die Stelle zu finden, wo Asien und Amerika »zusammentreffen«. Bering und seine Begleiter benötigten dreieinhalb Jahre, um bis zur Kamtschatka vorzudringen und, nachdem sie dort das Boot »Heiliger Gabriel« gebaut hatten, die Meerenge zwischen der Tschuktschenhalbinsel und Alaska zu erreichen.

Seitdem hat sich die Welt gewaltig verändert. Rußland verwandelte sich in einen modernen Industriestaat, der enge Verbindungen mit anderen

Ländern unterhält. Eisenbahn, Flugzeug, Radio und Fernsehen beseitigen das Empfinden der irdischen Enge. Moderne Transportmittel geben uns die Möglichkeit, den Reiseweg Berings in weniger als zehn Stunden zurückzulegen. Der Mantel des Geheimnisvollen, der das umfangreichste Land der Erde einmal umgab, ist durchsichtiger geworden, wenn auch nicht völlig verschwunden. Dafür gibt es viele Gründe: die Unermeßlichkeit des Landes, die Vielfalt und den Kontrastreichtum seiner gewaltigen Natur und die Besonderheiten seiner schwer zu erfassenden Geschichte.

Wenn die Sonne aus den Fluten des Pazifischen Ozeans auftaucht, werden die schwarzen Berge der Tschuktschenhalbinsel rosig angestrahlt. Hier wird ein neuer Tag geboren. Danach zieht sich die Morgendämmerung elf Stunden lang über das Land, bis der erste Sonnenstrahl die grünlichen Wellen der Ostsee berührt.

Die Sowjetunion nimmt eine Fläche von 22,4 Millionen Quadratkilometern ein, ein Sechstel des bewohnten Festlandes. Sie erstreckt sich von Westen nach Osten über 11 000 und von Norden nach Süden über 5000 Kilometer. Die Linie ihrer Grenzen ist eineinhalbmal so lang wie der Äquator. Ihre Küsten werden von zwölf Meeren umspült, die zu drei Ozeanen gehören: dem Nordpolarmeer, dem Atlantischen und dem Stillen Ozean.

Wo der Tag geboren wird

Im sowjetischen Fernen Osten stoßen der größte Kontinent und der gewaltigste Ozean der Erde zusammen: Pluto und Neptun messen ihre Kräfte im ewigen Wettstreit. Wie ein stolzer Vorposten des Festlandes erhebt sich der Gipfel der Kljutschowskaja Sopka, des mit 4750 Metern höchsten Vulkans Asiens, in den Himmel der Kamtschatka. Gleich daneben liegt der Kurilen-Kamtschatka-Graben, der 10542 Meter unter die Wasseroberfläche reicht.

Es ist ein unruhiges Land mit jungen Bergen, Mineralquellen, Vulkanen, Geisern und fast täglichen Erdbeben, die zuweilen Stärke 9 erreichen. Hier kann man die Jugend des Planeten, als die Erdrinde in den feurigen Tiefen entstand, en miniature betrachten.

Unterwasservulkane, die den Ozean verdrängt haben, recken sich als kegelförmige Spitzen der Kommandeurinseln und Kurilen über das Meer. Dafür aber zahlt der Ozean zurück. Um 13 Meter höher als an jedem anderen Ort der Welt steigt die Flut in der Penschinabucht an der Nahtstelle zwischen Kamtschatka und Tschuktschenhalbinsel. Häufige Stürme peitschen das Wasser durch die widerhallenden Grotten in den steilen Felsen. Als Springfluten stürzen sich bis zu 20 Meter hohe Wogen auf den Strand.

Die Wechselwirkung von Festland und Ozean kommt auch im Klima zum Ausdruck. Der Ferne Osten ist ein Gebiet mächtiger Monsune, deren Einfluß auf der Insel Sachalin, der Kamtschatka und den Kurilen besonders heftig ist. Im Sommer gibt es Tage, an denen hier mehr Niederschlag fällt als im Laufe von sechs Monaten in Frankfurt. Am Ende des Winters sind die Täler der Insel Sachalin bis zur Höhe von Dächern und Telegrafenmasten mit Schnee zugeschüttet.

Der Kontrastreichtum des Geländes und des Klimas schafft eine unwiederholbare Eigenart von Flora und Fauna. In der ussurischen Taiga finden sich Tannen und Fichten neben wildem Wein und Korkeichen. Hier leben Tiger und Rentiere, Leopard und Braunbär, Edelhirsch und nördliche Pelztiere. Auf den einsamen Sandbänken und Felsen der Kurilen und Kommandeurinseln haben sich Kolonien von Seekatzen, Ohrenrobben und Kamtschatka-Bibern sowie Tausende von Meeresvögeln eingerichtet.

Der Ferne Osten ist noch relativ schwach erschlossen und nicht völlig erforscht. Seine Tausende von kilometerlangen Steinfurchen beginnen erst, dem Menschen ihre Reichtümer zu enthüllen.

Es ist ein junges Land, in dem junge Menschen leben – ein Land mit einer großen Zukunft.

Die Grenze zwischen Tag und Nacht zieht sich vier Stunden lang über den Fernen Osten. Dann scheint es, als werde das entschlossene Vordringen der aufgehenden Sonne gemächlicher – die Morgendämmerung verliert sich in den endlosen Weiten Sibiriens, das fast die Hälfte des sowjetischen Territoriums einnimmt.

Von alters her verbindet sich das Wort »Sibirien«

Das strenge, herrliche Sibirien

mit etwas Undurchdringlichem, unmenschlich Hartem, das Wärme, Licht und Zivilisation feindlich ist. Und die Natur scheint sich alle Mühe gegeben zu haben, diesen traurigen Ruhm zu bekräftigen.

Ein großer Teil Sibiriens kennt nur zwei Jahreszeiten: lange Winter und kurze Sommer. Nirgends in der Welt gibt es solche Temperaturschwankungen – von minus 70 Grad Celsius im Winter bis plus 40 Grad Celsius im Sommer. Die jakutische Stadt Oimjakon ist der »Kältepol« der nördlichen Halbkugel. Es fällt schwer, sich diese kosmische Kälte vorzustellen, in der Stahlschienen bersten und Vögel im Flug erfrieren. Kleinere Flüsse sind bis auf den Grund vom Eis in Fesseln gelegt, und die großen tragen einen eineinhalb Meter dicken Eispanzer, der so hart ist, daß Flugzeuge auf ihm landen können. In den Betten der zugefrorenen Flüsse verlaufen sogenannte »Winterwege«, zeitweilige, Tausende von Kilometern lange Autostraßen, welche die entlegenen Dörfer zuverlässig mit der »großen Welt« verbinden.

Die Unermeßlichkeit der sibirischen Räume läßt sich am besten aus der Luft erkennen. Über Hunderte von Kilometern ziehen sich spitze Gebirgsketten, die Sibirien von Osten und Süden her umrahmen. Sie senken sich stufenförmig zum Nordwesten hin und gehen in das Mittelsibirische Hochland über. Man kann stundenlang fliegen, ohne daß sich das Bild unter den Tragflächen verändert: bewaldete Plateaus, die von kleinen Bergen und einem malerischen Spinnennetz aus Flußtälern durchschnitten werden. Ganz selten tauchen unten eine Stadt oder ein Stauwerk, ein Dorf oder eine Straße auf, immer wieder schiebt sich die menschenleere Taiga dazwischen.

Allmählich geht das Hochland in die westsibirische Ebene mit ihren blauen und grünen Farben über. Die Sonne malt glänzende Kringel auf die Windungen der Flüsse, die Seen und Sümpfe, die viel mehr Platz einnehmen als die Inselchen aus festem Boden.

Weh dem, der da strauchelt und in den Morast dieser Sümpfe gerät – in einer Stunde wird ein Rentier völlig von ihm verschlungen. Wolken von Mücken und Schnaken schweben im Sommer über den Sümpfen und stürzen sich auf jedes Lebewesen. Sogar in der größten Hitze müssen Menschen Schutzkleidung und -netze tragen und sich mit scharfen Sprays besprühen. Um die Herden zahmer Rentiere zu schonen, treiben die Hirten sie zum Sommer näher an den Ozean heran.

Im Winter fällt die Lufttemperatur hier unter 50 Grad Celsius. Doch so paradox es klingen mag, gerade die Strenge des Winters erleichtert die Erschließung dieses Gebietes. Die ständig vom Frost beherrschten Räume werden zu sicheren Bauplätzen.

Der ewige Frostboden ist der Herr Sibiriens. Als breiter Streifen strebt er von der Küste des Nordpolarmeeres nach Süden und dringt in Ostsibirien bis zum Gebiet Ulan-Ude vor, das auf der Breite Hannovers liegt. An manchen Stellen ist er 800 Meter stark.

Selbst im heißesten Sommer taut nur ein Meter des Bodens ab. Wenn die Pflanzenwurzeln auf die granitartige Härte des Frostbodens stoßen, hören sie auf zu wachsen. Die Bäume der Waldtundra sind zart und zerbrechlich; auch der Durchmesser hundertjähriger Laubbäume erreicht kaum mehr als 10 bis 15 Zentimeter. Vor hundert Jahren baute ein unternehmungslustiger Kaufmann eine Kupferschmelze auf dem Frostboden. Kaum hatte man den Hochofen gehörig angeheizt, brach er ein und versank in der Erde. Häuser müssen auf Pfählen errichtet werden, da die obere Erdschicht sonst durch die Wärme abtaut und das Gebäude zu »schwimmen« beginnt. Der Frostboden verhindert in einem großen Teil Sibiriens jeglichen Ackerbau. Abgesehen von den Unannehmlichkeiten und Schwierigkeiten, die er den Menschen bereitet, ist der Frostboden jedoch ein gewaltiges natürliches Museum, das über Tausende von Jahren hinweg die Überreste längst ausgestorbener Tiere bewahrt.

Für den Menschen ist die Natur Sibiriens jenseits des Polarkreises besonders schwer zu ertragen. Lästig ist vor allem die lange Polarnacht, die nur von unwirklichen Nordlichtern erhellt wird. Die Kälte und die Orkane verschärfen die Härte des Klimas. Schneestürme schaffen bis zu zwölf Meter hohe Wehen.

Doch der Frühling bricht an, und der Polartag beginnt. Die Winde beruhigen sich, und am wolkenlosen Horizont erscheint die Sonne. In den endlosen Weiten herrscht eine Stimmung der Ersterschaffung. Stille ringsum, klingende Stille, in der nur das Knirschen der Schritte und der eigene Atem zu hören ist. Die unberührte Reinheit des Schnees funkelt unter Myriaden vielfarbiger Blitze. Starr liegt die Natur, wie gebannt. Die Tundra ist unbewohnt, und nur seltsame, verschnörkelte Spuren verraten den Reichtum der Tierwelt.

Sibirien ist ein rauhes Land, doch jeder, der auch nur einmal hier war, bewahrt seine unvergleichliche Schönheit, den nur ihm eigenen Zauber der gewaltigen Naturkräfte im Herzen.

Die weiten Räume bringen riesige Flüsse hervor. In Ostsibirien durchschneiden sie zahlreiche Gebirgsketten. Die Ströme beschreiben eigensinnige Schleifen, donnern ohrenbetäubend über Barrieren und Stromschnellen und zwängen sich durch enge Felsenschluchten, die hier »Schraubstockbacken« genannt werden. Die Strömungsgeschwindigkeit ist so hoch, daß das Wasser im Winter nicht von der Oberfläche, sondern vom Boden her vereist.

Tausende kleiner Flüsse vereinigen sich und bilden die wasserreichen Ströme Lena und Jenissei, die beide mehr als 4000 Kilometer lang sind. »Dem Jenissei ist es zu eng in seinen Ufern«, schrieb Anton Tschechow. »Flache Wellen überholen einander, drängen sich zusammen und beschreiben spiralenförmige Kreise; es scheint seltsam, daß dieser Kraftprotz seine Ufer noch nicht überspült und seinen Grund noch nicht durchbohrt hat.«

In Westsibirien dagegen ist die Strömung der Flüsse kaum zu erkennen – sie ruhen gleichsam in ihren niedrigen, morastigen Ufern und umgehen sanft die Hügelketten. Fast alle münden in den Ob und seinen Hauptzustrom, den Irtysch.

Ein unvergeßliches Bild tut sich aus der Vogelperspektive auf, wenn man auf die Stelle hinabblickt, an der diese gewaltigen Ströme zusammenfließen. Im tiefen Dunst lösen sich die Ufer des unübersehbaren Wasserspiegels auf und lassen die Grenzenlosigkeit des Landes ahnen. Wenn man die Quelle des Irtysch als Anfang des Ob ansieht, so beträgt seine Länge 5400 Kilometer. Bei der Einmündung in das Nordpolarmeer erreicht die Breite des Flusses zehn Kilometer.

An der Fuge zwischen den mächtigen sibirischen Gebirgen und dem gigantischen Schild des Mittelsibirischen Hochlandes liegt in einer gewaltigen Bruchstelle der Erdrinde die Perle Sibiriens: der Baikalsee. Er zeichnet sich durch viele Besonderheiten aus; denn er ist der tiefste, älteste und reinste See der Erde. In ihm ist ein Fünftel des Süßwassers des Planeten enthalten, was sich durch seine phänomenale Tiefe von 1621 Metern erklärt.

Manche Wissenschaftler sind der Ansicht, daß bis zum Jahre 2000 jenes Land als das reichste gelten wird, das über die größten Reserven an Süßwasser verfügt. Ein Kubikmeter trinkbar gemachten Meerwassers kostet zehn Cent. Wenn man davon ausgeht, ist das Wasser des Baikalsees mehr als 2300 Milliarden Dollar wert.

In seiner Reinheit, Klarheit und schwachen Mineralisierung kommt es destilliertem Wasser nahe. Die Eisblöcke, die sich im Winter auf der Oberfläche des Baikalsees bilden, sind durchscheinend und wirken wie riesenhafte Gebilde aus türkisfarbenem Glas.

Der Baikalsee entstand vor 20 Millionen Jahren, während die meisten Seen der Erde nicht mehr als 15000 Jahre alt sind. Es nimmt nicht wunder, daß von den rund 2000 Tieren und Pflanzen, die in ihm leben, 70 Prozent einzigartig und sonst nirgends anzutreffen sind. Den See bewohnen unermüdliche Reiniger, das heißt kleine Schwämme, die bei ihrer Ernährung das Wasser filtern, so daß sich der Baikal in seiner ganzen Tiefe selbst säubert. Sein Wasser ist immer kalt, nur im Sommer erwärmt es sich bis auf neun oder zehn Grad.

Die Schönheit dieses unvergleichlichen Sees überrascht immer wieder von neuem. Bei klarem Wetter scheint die smaragdgrüne Schale, die von waldigen Bergen umsäumt ist, ruhig und friedlich zu sein. Aber plötzlich fallen aus den Gebirgen am Ufer heftige Winde, »Sarma« oder »Kultuk«, ein, und der Baikal wird so grimmig, daß man ihn nicht wiedererkennt. Der Wasserspiegel verdunkelt sich, schäumt auf und verwandelt sich in gewaltige schaumgekrönte Wellen. Sogar die erfahrensten

Fischer wagen nicht, ihre Kräfte mit dem empörten Element zu messen.

Viele herrliche Legenden, Lieder und Sagen ranken sich um den Baikal. Hier ist ein Beispiel: Angara, die Tochter des Baikal, verliebte sich in den schönen Jüngling Jenissei und zog ihm durch Wälder und Berge als zielstrebiger und wasserreicher Fluß entgegen. Ihr Vater wurde sehr böse und schleuderte den Teufelsstein hinterdrein, um die ungehorsame Tochter zurückzuhalten, doch er traf nicht. Darauf sandte er Angara ihren Bruder Irkut nach. Sie gehorchte immer noch nicht und schlug dem Bruder vor, bei ihr zu bleiben: »Jenissei wird mein guter Ehemann und du mein Freund sein.« Seitdem fließen sie gemeinsam dahin. Ihr alter Vater Baikal hat sich mit ihnen versöhnt und versorgt sie großzügig mit Wasser.

Nur die Angara nimmt im Baikalsee ihren Anfang, doch 336 Flüsse münden in ihn ein. Das ungeheure Reservoir des Sees sorgt für das stetige Abfließen der Angara. Der ungestüme Fluß vereist selbst bei grausamster Kälte nicht; dann bilden sich über seiner Oberfläche milchweiße Dampfschwaden. Die relativ kurze Angara besitzt ein größeres energetisches Potential als die größten Flüsse des europäischen Rußlands, Wolga, Don und Kama, zusammen.

Wasser ist Leben

Im selben Augenblick, in dem die Sonne sich über der westsibirischen Tundra erhebt, schenkt sie auch den über die Wolken ragenden Gipfel des Tien-schan und des Pamir, die an den Grenzen nach China und Indien liegen, gleißendes Licht. Vor den nördlichen Vorgebirgen breiten sich Südkasachstan und Mittelasien aus.

Sonne und Wasser sind die beiden Elemente, die das Leben dieses Gebietes bestimmen, eines der trockensten und im Sommer auch heißesten Erde. Die usbekische Stadt Termes ist der »Hitzepol« der Sowjetunion, an dem die Temperatur bis auf 50 Grad steigt.

Wüsten nehmen einen großen Teil des Territoriums von Mittelasien ein. Im Sommer dörrt eine gnadenlose Sonne alles Lebende auf den ausgedehnten Ebenen aus. Die Pflanzen treiben ihre Wurzeln nicht tief in den Boden, denn es ist sinnlos, hier Wasser zu suchen. Sie breiten das Netz ihrer Wurzeln auf der Oberfläche aus und überleben nur dank der kargen Frühlingsverdunstung in den oberen Bodenschichten.

Die Lehm- und Steinwüsten bieten ein freudloses Bild. Die orangefarbenen und gelben Dünen der Sandwüsten, die hier und dort von schneeweißem Salzboden umrahmt sind, wirken einladender. Doch es gibt nichts Schrecklicheres als eine Sandwüste zur Zeit des »Samum«, des schwarzen Sturms. Der wütende Wind peitscht den glühenden Sand vor sich her, vor dem weder Kleidung noch Hauswände schützen können. Die Sonne verlischt in rötlichem Nebel. Am hellichten Tage bricht die Nacht herein.

Bei den Wüsten Mittelasiens liegen grandiose Gebirgssysteme. Hier, auf dem »Dach der Welt«, wie der Pamir genannt wird, befindet sich der höchste Gipfel der UdSSR, der Pik Kommunisma (7495 Meter). In den Bergen findet man die für mittlere Breiten umfangreichsten Gletscher der Welt; zu ihnen gehört der 70 Kilometer lange Fedtschenko-Gletscher. Schnee und Eis erwecken schnellströmende Flüsse zum Leben.

Dort, wo das Wasser in die Weiten der fruchtbaren Ebenen eindringt und von blendender Sonne empfangen wird, entstehen Oasen; blühende Gärten, smaragdene Wiesen, von Tulpen übersät, leise rieselnde Aryks (Bewässerungskanäle in Mittelasien) und die besinnliche Bläue der fernen Berge, das ist der herrliche Eindruck, den der Reisende in der Frühlingszeit erhält.

In den Oasen gedeihen Zuckerrohr, Reis, Baumwolle, Jute, Granatäpfel, Feigen, aromatische, saftige Melonen, Aprikosen, Pfirsiche und Weintrauben. In diesen gesegneten Orten leben 100 Menschen auf einem Quadratkilometer – mehr als in jedem anderen Gebiet der UdSSR.

Doch die Natur hält auch hier Überraschungen bereit. Wolkenbrüche verwandeln die Gebirgsflüsse in mächtige Ströme, die Sand, Lehm und Steine – manchmal bis zu einem Gewicht von 25 Tonnen – unaufhaltsam mit sich tragen. Jahrhundertelang kannten die Menschen keinen Schutz vor den Muren; erst in den letzten Jahrzehnten haben sie gelernt, dieses Element zu zähmen. Am 21. Oktober

1966 erdröhnte an der Wasserscheide Medeo, von wo aus Muren die Hauptstadt Kasachstans, Alma-Ata, bedrohten, eine gezielt gesteuerte Explosion, die eine Gebirgsmasse vom Volumen der Cheopspyramide zum Einsturz brachte. Die Stadt erhielt einen zuverlässigen Schutz, und an der Wasserscheide selbst wurde eine erstklassige Hochgebirgsbahn geschaffen. Dämme gegen Muren werden zu einem alltäglichen Bild in der Landschaft des mittelasiatischen Vorgebirges.

Ein Land uralter Legenden

Hinter dem dunkelblauen Spiegel des Kaspischen Meeres breitet sich das Krimkaukasische Bergland aus. Die Geographen streiten sich bis heute darüber, ob es zu Asien oder Europa gehört. Die charakteristischen Züge des einen und des anderen, die sich auf bizarre Art miteinander verbinden, machen die Krim und den Kaukasus zu einer der interessantesten physikalisch-geographischen Zonen der Erde.

Der von der Dürre bedrohte Südrand des Kaukasus ist die natürliche Fortsetzung der großen asiatischen Wüsten. Der berühmte Sewansee – eine blaue Vertiefung zwischen waldlosen gelblichen Bergen – ist den Gebirgsseen Mittelasiens verwandt. Die feuchten subtropischen Gebiete Adschariens und des Lenkoran erinnern mit Tropenpalmen, Magnolien, Bambushainen, Tee- und Zitrusplantagen an Indien oder Pakistan. Doch das Südufer der Krim und der nördliche Teil der kaukasischen Schwarzmeerküste lassen an das europäische Mittelmeer denken.

Der Kaukasus erhebt sich wie eine Insel aus der dichtbevölkerten Ebene. Er liegt in der Nähe der ersten menschlichen Zivilisationsherde, war den alten Völkern schon gut bekannt und doch völlig unzugänglich. Deshalb sind seine Höhen von Mythen umhüllt, welche die Menschheit noch im Kindesalter geschaffen hat.

Die Europäer werden nicht zufällig als »kaukasische Rasse« bezeichnet: Nach biblischer Überlieferung breitete sich die Menschheit vom Ararat aus, der Noahs Arche während der Sintflut aufhielt. In den Bergen und Tälern des Kaukasus siedelte die Phantasie der alten Griechen Amazonen und Zyklopen an, auf seinen schwindelerregenden Höhen sahen sie den Kampf der Titanen mit den Göttern. Am Rande einer der tiefen Schluchten, an denen der Kaukasus so reich ist, war Prometheus, der den Menschen das Feuer brachte, an einen Felsen geschmiedet. In den Nebeln von Kolchis schlugen sich die kühnen Argonauten zum Goldenen Vlies durch. Medea stammt aus dem westlichen Kaukasus.

Schon die Natur des Kaukasus regt die Phantasie an. Ein schmaler subtropischer Streifen, der sich an das Ufer eines warmen Meeres schmiegt, geht unmerklich in Wälder mit breitblättrigen, von Lianen umwundenen Bäumen über. In noch größerer Höhe wachsen majestätische Buchen und Fichten. Über Hunderte von Kilometern bedecken Wälder die malerischen Ausläufer des Großen und Kleinen Kaukasus.

Fruchtbare Täler erinnern mit der klaren Bläue ihrer Luft und der Weichheit ihrer Umrisse an Landschaftsbilder italienischer Renaissancemeister. Über eiligen Flüssen, Gärten, Weinbergen und Äckern schimmert im leichten Dunst der Hauptkamm des Kaukasus. Höher und höher streben die Gebirgsketten, und zwischen nackten Felsen und leblosen Steinablagerungen erheben sich endlich blendend weiß der Elbrus (5642 Meter) und der Kasbek (5033 Meter).

Wer die Höhen dieser erhabenen Giganten bezwungen hat, der versteht, weshalb Zeus den Kaukasus auswählte, um Prometheus zu strafen. Hier ergreift den Menschen das Gefühl, losgelöst von allem Irdischen zu sein. Es scheint, als gäbe es nichts mehr auf der Welt als das tiefe Schweigen des ewigen Schnees und die unergründliche Bläue des Himmels.

Auf der Russischen Ebene

An den nördlichen Ausläufern der Krim- und Kaukasusberge nimmt eine der größten Ebenen der Welt ihren Anfang. Obwohl sie »russisch« genannt wird, haben noch sechs andere Sowjetrepubliken – die Moldau, die Ukraine, Weißrußland, Litauen, Lettland und Estland – an ihr Teil. Anmutig und ruhig sind ihre Tausende von Kilometern weiten Räume, die von den Läufen großer Flüsse – Dnjepr, Don und Wolga – durchschnitten werden. Ein Drittel der Russischen Ebene nimmt das Wolgabecken ein. Während sie früher Kaufleuten und Eroberern als Transportweg diente, ist sie heute ein »werktätiger« Fluß mit unzähligen Dämmen und Staubecken. Man nennt sie nicht umsonst die »Hauptstraße Rußlands«. Durch Kanäle ist sie mit den fünf Meeren Europas verbunden und befördert die Hälfte aller Flußfrachten und -passagiere des Landes.

Im Laufe vieler Jahrtausende entwickelte sich ganz undramatisch in der Russischen Ebene ein langsamer stetiger Kampf zwischen Wald und Steppe. Die Steppen der Ukraine und am Kuban sind schon längst umgepflügt und durch den Menschen erschlossen. Nur in Naturschutzgebieten haben sich bis heute Grasinseln erhalten, die in alter Zeit, nach dem Zeugnis der Chronisten, »sowohl den Kopf des Pferdes als auch die Mütze des Reiters verbargen«. »Nichts Schöneres gibt es in der Natur«, schrieb der russische Schriftsteller Nikolaj Gogol in »Taras Bulba« über die Steppe. »Der ganze Erdkreis war ein grüngoldenes Meer, über das Millionen buntfarbiger Blumen hingestreut waren. Durch die dünnen, hohen Halme schimmerten Kornblumen, tiefblau, lichtblau und veilchenfarben, gelber Ginster hob seine pyramidenförmigen Blütenschäfte, und die schirmartigen Dolden des Wiesenklees schwammen weiß auf der grünen Fläche. Selbst ein paar Weizenhalme – weiß Gott, wie hierher verschlagen – füllten sich im dichten Gras mit Saft.«

Nur selten findet man einen Baum in den Steppen am Schwarzen Meer. Doch je weiter man nach Norden kommt, desto häufiger trifft man auf malerische Haine, die Vorboten der Wälder von Mittelrußland.

Wie kann der Zauber dieser Gegend wiedergegeben werden? Welche Jahreszeit enthüllt ihre einmalige Schönheit am besten?

Vielleicht der Sommer, wenn die klare Morgenröte die taubedeckten Wiesen mit Millionen diamantener Tropfen überschüttet? Die Sonne vergoldet die Stämme schlanker Kiefern und leuchtet durch die hellen Birkenhaine. Ihre Strahlen dringen in die geheimnisvolle Finsternis der Dickichte mit moosbewachsenen Windbrüchen und dem feuchten Geruch der Fäulnis, und sie tauchen in das Torfwasser stiller Waldseen. Riesige weiße Kumuluswolken schweben über die ausgedehnten Felder, auf denen das reife Korn im Morgenwind wogt, und ziehen langsam in die blaue Ferne jenseits des Flusses.

Oder der fröhliche, durchsichtig klare Herbst? Das kalte Funkeln der nicht mehr wärmenden Sonne entzündet die purpurnen Laubwälder. Goldener Glanz erfüllt die Waldwege. Sogar die dunklen Tannen werden hell und schimmern bronzefarben im Licht.

Oder vielleicht der Winter mit seiner dicken Schneedecke, die fürsorglich Felder, Wälder und stille Dörfchen einhüllt? Oder der Frühling, das sonnige Blau und der klingende Laut der Tropfen, die Freude der Erneuerung im zarten Schleier des jungen Grüns?

Zu jeder Jahreszeit ist die einfache und bescheidene, doch unendlich gütige Natur Mittelrußlands auf besondere Weise schön. Hat der russische Charakter nicht in der mütterlichen Zärtlichkeit der Erde seinen Ursprung?

Ebenen und Berge, Meeresküsten und Flußufer sind wortlose Zeugen der Vergangenheit. Archäologische Funde sind eine echte steinerne Chronik der Geschichte. Seite für Seite erzählt sie von den Schicksalen der Völker und Staaten.

Die Erde hat uns paläolithische Stätten bewahrt, die rund eine halbe Million Jahre alt sind. Sie hat bis in unsere Tage die Ruinen von Urartu erhalten. Der Abglanz großer antiker Zivilisationen liegt auf den Trümmern von Pantikapaion (Krim) und Garn (Armenien). Unter den Hügeln der Schwarzmeersteppen liegt das Gold der Skythenführer, sind die Schwerter der Hunnen begraben, unter deren Druck das Römische Reich zerbrach.

Die Unbeständigkeit der Geschichte spiegelt sich auch in der Gestalt von altertümlichen Städten.

Die Städte Mittelasiens . . . Über die Lehmhäuser und -läden, deren gekachelte Wände und Kuppeln türkisfarben in der Sonne schimmern, erheben sich alte Mausoleen, Moscheen und Medresen. Die Städte Mittelasiens überstanden die Invasionen des Kyros und des Dareios, Alexanders des Großen, der arabischen Kalifen und der Horden

Die Seiten der steinernen Chronik

Tschingis-Khans. Sie wurden häufig zu Zentren antiker Großmächte – des Parther- und des Kuschan-Reiches und des Weltreiches von Tamerlan. Sie erlebten Blütezeiten, in denen begabte Architekten großartige Bauwerke – eines prächtiger als das andere – errichteten. In ihren Straßen drängte sich eine vielsprachige Menge, und Karawanen aus China und Europa begegneten sich auf den lärmerfüllten Märkten.

Große Gelehrte und Dichter wie Ulugbek, Ibn-Sina, Omar Chajam, Rudaki, Navoi und Firdausi wirkten in ihren Mauern. Diese Städte erlebten auch Zeiten des Verfalls, in denen grausame Eroberer ihre Bewohner niedermetzelten und in denen nachts auf den menschenleeren Plätzen, unter den Mauern der verödeten Paläste die Schakale heulten.

Aber die unvergängliche Schönheit von Samarkand, Buchara und Chiwa überdauerte alle Stürme und Wechselfälle des Lebens.

Sehenswert sind die Städte des leidgeprüften Transkaukasus, der im Laufe der Jahrhunderte ständig von starken Nachbarn heiß begehrt wurde. Obwohl es seine Eigenstaatlichkeit verlor und an der Grenze völliger Ausrottung stand, gelang es dem armenischen Volk, seine zwischen dem 3. und 7. Jahrhundert gebauten Kirchen und unschätzbare alte Chroniken zu erhalten, die heute in der Bibliothek Matenaradan in Jerewan aufbewahrt werden. An mittelasiatische Meisterwerke der Baukunst erinnern der Jungfrauenturm in Baku, die Festung Gülistan in Schirwan, das Mausoleum in Nachitschewani und andere Bauwerke Aserbeidschans. Symbol unerschütterlicher Standhaftigkeit sind die einfachen, edlen georgischen Kirchen und Festungen auf uneinnehmbaren Gebirgshängen.

Andere historische Kräfte gestalteten die Städte des Baltikums. Die finsteren Ruinen der Ordensschlösser mahnen an die Kreuzritter, die einst mit Feuer und Schwert durch Estland und Lettland zogen. Die litauischen Festungen sind die steingewordene Majestät der längst untergegangenen Rzeczpospolita, des polnisch-litauischen Staates, der vom 15. bis zum 18. Jahrhundert bestand. Die Speicher und gediegenen Häuser in den engen Gassen der alten Städte Tallin und Riga halten die Erinnerung an die Kaufleute der Hanse und ihre Gehilfen wach. Die von hundertjährigen Linden umsäumten katholischen, lutherischen und orthodoxen Kirchen künden von vergangenen Religionskämpfen.

Im Zentrum der Russischen Ebene liegen Dutzende alter russischer Städte. Jede hat ihr eigenes unverwechselbares Antlitz; jede von ihnen ist – um mit den Worten Heinrich Heines zu sprechen – eine Persönlichkeit. Doch bei aller Individualität tragen sie den unauslöschlichen Stempel der Gemeinsamkeit von Geschichte, Kultur und Psyche des Volkes, das sie geschaffen hat.

Von welcher Richtung man sich den altertümlichen russischen Städten auch nähern mag, über viele Kilometer hinweg zeigt sich ein bezauberndes Bild. Aus den Weiten der Felder oder durch den grauen Schleier eines Sees, hinter einer Flußbiegung oder einem Waldweg taucht plötzlich ein Kreml aus weißem oder rotem Stein auf, der mit Mauern und Türmen fest zu einem hohen Hügel gefügt ist. Über die zinnenbewehrten Festungsmauern ragen die vergoldeten Zwiebeltürme alter Kirchen, mehrstöckige Glockentürme und die Satteldächer der Paläste hervor.

Im Panorama der russischen Städte gibt es weder gotische Strenge noch barocke Überladenheit, die hier im Gegensatz zur Umgebung stünden. Durch ihre zurückhaltende Schönheit verschmelzen die Städte mit den Wiesen und Wäldern. Sie haben nicht die Enge mittelalterlicher europäischer Straßen. Sie sind breit und frei angelegt und Sonne und Wind geöffnet.

Aus der Ferne wirken diese alten russischen Städte märchenhaft. Wenn man ihre Steine gründlich betrachtet, erfährt man viel von der harten Wirklichkeit und dem Leid des Volkes.

Die ersten Städte der Slawen entstanden an der Handelsstraße »von den Warägern zu den Griechen«, die Nordeuropa mit Byzanz verband. Eine von ihnen, das reiche, von zahlreichen Menschen bewohnte Welikij Nowgorod, trieb schon im 9. Jahrhundert mit der ganzen Welt des Mittelalters Handel.

Es war eine Stadt mit unternehmungslustigen und

gebildeten Einwohnern, die miteinander auf Birkenrinde korrespondierten. Sie besaß gepflasterte Straßen, Wasserleitungen und ein Kanalisationssystem.

Im Jahre 882 eroberte der Nowgoroder Fürst Oleg Kiew am Ufer des Dnjepr und machte sich die Stämme der Umgebung untertan. Als heller Meteor leuchtete die Kiewer Rus in der Geschichte des frühen Mittelalters.

Schon 25 Jahre später lag Oleg plötzlich vor der Hauptstadt des Byzantinischen Reiches und konnte dem Kaiser einen für sich günstigen Handelsvertrag aufzwingen. Bis zur Mitte des 11. Jahrhunderts hatte sich die Kiewer Rus in den größten Staat Europas verwandelt, und Kiew wetteiferte in Reichtum und Schönheit mit Konstantinopel. Den Glanz seiner 400 Kirchen können wir an dem ältesten der noch erhaltenen russischen Architekturdenkmäler, der Sophienkirche, ermessen.

In skandinavischen Sagen hieß die Kiewer Rus »Gardarik«, das heißt Land der Städte. Im 11. Jahrhundert gab es nicht weniger als neunzig: Susdal, Rostow Welikij, Wladimir, Murom, Tschernigow . . .

Unter der Vielzahl großer und kleiner russischer Städte wurde einer unbekannten Holzfestung, die zu Beginn des 12. Jahrhunderts an der Grenze des Fürstentums Susdal errichtet worden war, das erstaunlichste Schicksal zuteil. Wie ein kleiner Bach, der viele Gewässer in sich aufnimmt und zu einem großen Fluß wird, so wurde Moskau zur Quelle des mächtigen russischen Staates.

Im Winter des Jahres 1237 fegten die berittenen Scharen Batus, des Enkels von Tschingis-Khan, wie ein verheerender Wirbelsturm über die Rus dahin. Nach vier Jahren blutigen Kampfes befand sich das ganze Land unter der Tatarenherrschaft, welche die Entwicklung des russischen Staates um zweieinhalb Jahrhunderte verzögern sollte.

Eine vor den Überfällen der Goldenen Horde relativ geschützte Lage machte Moskau zum Zentrum der russischen »Sammlung«. Im 14. Jahrhundert wurde es zur weltlichen und religiösen Hauptstadt des vorerst noch zersplitterten Staates.

Im Jahre 1380 fügte der Großfürst Dimitrij Donskoj der Goldenen Horde bei Kulikowo die erste vernichtende Niederlage zu. Doch erst 100 Jahre später zerriß sein Urenkel verachtungsvoll die Tributliste des Khans in der Gegenwart der Gesandten, um die endgültige Befreiung vom verhaßten Joch deutlich zu machen.

Als wolle es das Versäumte nachholen, lebte das russische Volk auf. Mächtige Festungen wurden gebaut; Kirchen wurden mit den unsterblichen Fresken und Ikonen Theophanes' des Griechen und Andrej Rubljows geschmückt. Im Jahre 1547 wurden die Moskauer Großfürsten Zaren. Der Moskauer Staat vereinte die Mehrheit der russischen Länder fest um sich und begann, sich stürmisch auszubreiten. Nachdem es die Reste der Goldenen Horde – das Kasaner, Astrachaner und Sibirische Khanat – erobert hatte, rückte Rußland an die Schwelle Sibiriens.

In jener Zeit war dieses ungeheure Gebiet fast nicht besiedelt – es lebten dort kaum mehr als 200000 Menschen. Die von Viehzucht, Jagd und Fischfang lebenden Nomadenstämme besaßen keinen eigenen Staat und zogen ungehindert über die Taiga und die Steppen, ohne sie als ihr Eigentum zu betrachten.

Weniger als 60 Jahre später erreichten die Russen die Küste des Pazifischen Ozeans und begannen mit der Erschließung Sibiriens. Schon am Ende des 17. Jahrhunderts übertraf ihre Zahl die der Ureinwohner.

In unregelmäßiger Kette zogen sich die ersten Siedlungen an den Oberläufen der sibirischen Flüsse dahin: Tjumen, Tobolsk, Surgut, Jenisseisk, Bratsk, Irkutsk, Jakutsk, Ochotsk. In der Folgezeit rief die Transsibirische Eisenbahn gewaltige neue Zentren ins Leben: Omsk, Nowosibirsk, Tomsk, Krasnojarsk, Chabarowsk, Wladiwostok.

Einige der ersten sibirischen Städte sind verfallen, doch ihre Namen werden für immer auf der Karte Sibiriens bleiben als Kennzeichen des schweren Weges, den die Erschließer des Landes gehen mußten.

Das 17. Jahrhundert brachte Rußland neue Prüfungen. Durch den Wechsel der Dynastien und durch die Krisen der Zentralmacht, durch die erbitterten Kämpfe der Bojaren untereinander, durch die Überfälle vom westlichen Ausland her,

zogen entsetzliche Zerstörungen über das duldende Land. Doch die Lebenskräfte des russischen Volkes siegten – der Staat hatte Bestand.
Eine neue Seite in der steinernen Chronik trägt den Namen Peters I. Er rüttelte das verschlafen träumende Land wach und setzte mit eiserner Hand zukunftsweisende Reformen durch, um die Rückständigkeit Westeuropa gegenüber zu überwinden.
Zum Symbol seiner Herrschaft wurde das an den sumpfigen Ufern der Newa errichtete Petersburg. Die Konturen der zukünftigen Hauptstadt skizzierte der dynamische Zar mit eigener Hand.

Wie man eine Kugel setzt in eine zweite,
Wie eine Wette in der Eil',
So ward dieser Straßen und Plätze Breite
Gebaut von Peter ohne Weil'.
   (Boris Pasternak, »Petersburg«)

Petersburg ist die glänzendste Seite der russischen Kulturgeschichte. Die besten Architekten brachten ihr Talent in den Bau seiner Kais, Straßen und Plätze ein. Die mathematische Genauigkeit seiner Harmonie inspirierte viele Generationen von Dichtern, Malern und Musikern.

Dich, Peters Werk, lieb' ich vor allen,
Lieb' deiner Züge ernsten Schnitt,
Der Newa majestätisch Wallen
Und ihre Ufer von Granit,
Der Erzgeländer Prachtgeflechte,
Wie deiner träumerischen Nächte
Durchsichtiges Dämmerungskolorit
Und mondlos hellen Silberschimmer ...
   (Alexander Puschkin, »Der eherne Reiter«)

In Petersburg manifestierte sich die Größe des russischen Absolutismus, und dort wurde – viel später – seine Agonie am deutlichsten sichtbar.
Es gelang dem Zarismus nicht, die Rückständigkeit des Landes zu beseitigen. Die Reform, die 1861 die Leibeigenschaft aufhob, ließ die Bauern ohne Boden zurück. Der Aufbau einer eigenen Industrie erfolgte unter unmenschlichen Bedingungen. Die zaristische Selbstherrschaft unterdrückte alle Äußerungen freien Denkens; Revolutionäre hatten keine Gnade zu erwarten.
Besonders deutlich wurde die innere Schwäche des Russischen Reiches im Ersten Weltkrieg. Das ganze Land war ein gewaltiger Kessel, in dem soziale und nationale Gegensätze brodelten. Die Abdankung des Zaren im Februar 1917 konnte die unausweichliche Explosion nicht verhindern.
In der Nacht zum 7. November (25. Oktober) 1917 klingelte in der Hauptkammer für Maße und Gewichte in Petersburg das Telefon. Der Anrufer war W. D. Bontsch-Brujewitsch, ein Mitkämpfer W. I. Lenins. »Der Winterpalast gehört uns![1] Wir brauchen die genaue Zeit«, sagte er. Der Gelehrte der Kammer antwortete ihm: »1 Uhr, 40 Minuten, 22,5 Sekunden, nachts.«
Für Rußland begann eine neue Ära.
Bereits einige Tage nach der Revolution wandte sich der sowjetische Volkskommissar für Bildung, A. W. Lunatscharskij, mit einem Aufruf »An die Arbeiter, Bauern, Soldaten, Matrosen und alle Bürger Rußlands«. Darin hieß es:
»Neben natürlichen Reichtümern hat das werktätige Volk auch ungeheure Kulturreichtümer geerbt: Gebäude von wunderbarer Schönheit, Museen, gefüllt mit seltenen und herrlichen Gegenständen, die uns belehren und unsere Seele erheben, Bibliotheken, die gewaltige Schätze des Geistes bergen und vieles andere mehr. All das gehört nun wirklich dem Volke. All das wird dem Armen und seinen Kindern helfen, rasch über die Bildung der früheren herrschenden Klassen hinauszuwachsen, wird ihm helfen, zu dem neuen Menschen zu werden, dem Besitzer der alten Kultur und dem Schöpfer einer noch nie dagewesenen.«
Im Jahre 1918, als das hungernde Rußland vom eisernen Ring der Blockade gewürgt wurde, hielt es die Regierung für unerläßlich, Mittel zur Restaurierung des Moskauer Kreml und des Landsitzes von Leo Tolstoi in Jasnaja Poljana bereitzustellen und Schriftstellern, Künstlern und Wissenschaftlern besondere Lebensmittelrationen zuzuteilen. Die Führer der Revolution wandten viel Kraft und Zeit auf, um die alte Intelligenz eines Besseren zu

---

[1] Der Winterpalast war der Sitz der Provisorischen Regierung. Er wurde im Sturm genommen.

belehren und sie für sich zu gewinnen. Doch nicht alle Mitglieder dieser Schicht begriffen die neue Entwicklung und sahen die gigantischen Perspektiven nicht, die sich ihnen boten. Eine Anzahl von ihnen flüchtete in die Emigration und prophezeiten von dort den Untergang der russischen Kultur. Die Schaffung der neuen Gesellschaft ging selbstverständlich nicht ohne Experimente und nicht ohne manchmal empfindliche Fehler vor sich. Der Pfad, auf den man sich wagte, war noch völlig unerforscht. Aber auch in den schwierigsten Zeiten seiner Geschichte wich das Land nicht von seinem sich einmal gestellten Ziel, dem Aufbau des Sozialismus, ab.

Was war zu tun?
Im zaristischen Rußland hatten die Überreste der Leibeigenschaft, die erst im Jahre 1861 abgeschafft wurde, das Wachstum der Landwirtschaft gewaltig verzögert. Nur in wenigen Bereichen, zum Beispiel in den Zuckerrübengebieten der Ukraine, wurde auf den Latifundien der Gutsbesitzer ein relativ hohes technisches Niveau erreicht.
Getreide lieferte die südliche Steppe, wo Kolonisten wirtschafteten und Sä- und Mähmaschinen einsetzten. Aber im asiatischen Teil Rußlands – abgesehen von einem schmalen Streifen an der Transsibirischen Eisenbahnlinie und den Baumwolloasen Mittelasiens – wurden gewaltige Ländereien von ganz und gar rückständiger nomadischer Viehwirtschaft, die sich seit den Zeiten Tschingis Chans und Tamerlans nicht mehr verändert hatte, ausgelaugt.
Der russische Bauer der zentralen Gouvernements lockerte den Boden mit einem kümmerlichen Hakenpflug nur wenig auf, praktisch ritzte er ihn nur bis zu einer Tiefe von bestenfalls knapp mehr als zwei Werschok, das heißt bis zu ungefähr zehn Zentimetern.
Das Land brauchte nicht nur neue Pflege-, Sä- und Erntetechniken, es brauchte auch neue soziale Formen der Landwirtschaft.
Die Verschiedenartigkeit des Klimas und des Bodens gestattete es, alle möglichen Nutzpflanzen anzubauen. Auf den Feldern reifen sowohl Reis, der die Feuchtigkeit liebt, wie Sonnenblumen, die viel Licht und Wärme brauchen, wie kältebeständiger Hafer und wärmebedürftiger Tee, dazu Flachs, der den kühlen Sommer liebt, und der wegen des kontinentalen Klimas eiweißreiche Weizen.
Das Land ist weit, und die Methoden seiner Bestellung unterscheiden sich: In der Weißrussischen Republik, im Westen des Landes, wird dem Boden die überflüssige Feuchtigkeit entzogen, im Süden, in der Usbekischen Republik, muß er künstlich bewässert werden, im nördlichen Schwarzerdestreifen reichert man die Felder mit Kalk an, in den sodahaltigen Halbwüsten des Südens gibt man dem Boden Gips; überall in der Welt werden Beete aufgeschüttet, aber in der trockenen Erde Zentralasiens müssen sie ausgehoben werden. Im Norden werden die Felder von Wald befreit, während die Felder in den Steppengebieten durch Waldschutzstreifen geschützt werden müssen.
Die Natur in der Sowjetunion ist reich. Das bedeutet jedoch nicht, daß sich die Menschen alle diese Reichtümer leicht und mühelos aneignen können. So wurde zum Beispiel das erste metallurgische Kombinat der Sowjetunion in Magnitogorsk noch per Hand gebaut. Als Hilfsmittel gab es nur Schaufeln und Schubkarren. Die Bauernburschen, die dort am Tage gruben und Sand karrten, studierten abends Thermodynamik und Materialwiderstände, um sich auf ihre zukünftige Arbeit an den Hochöfen vorzubereiten, deren moderne Technik sie beherrschen wollten.
Eine Filmdokumentation hat Bilder aus der Vergangenheit bewahrt: bis zum Gürtel im Schnee versinkende Forscher in wattierten Jacken, die ersten Bauarbeiter, die ersten Hütten, der erste Traktor, der erste Bagger . . . Die Bilder zeigen den Baubeginn des Bratsker Wasserkraftwerkes, von dessen Staudamm man heute auf ein künstliches Meer blicken kann, das sich über gut 500 Kilometer ausdehnt.
Wo immer auch die Menschen in der Sowjetunion arbeiten, jeder ist sich bewußt, daß von seiner Leistung für den Mitmenschen viel, manchmal alles, abhängt. Die gemeinsame Arbeit ist – nach unserer Meinung – ein Prüfstein der moralischen Qualität eines jeden von uns.

Bilderläuterungen zu Kapitel 1

1 Auf einer der 1650 Inseln des Onega-Sees in Karelien gibt es ein Freiluftmuseum, in dem die schönsten alten Baudenkmäler wieder errichtet wurden; sie hatten ihr Leben in der Stille altertümlicher Dörfer oder Klöster beschlossen, wurden vergessen und vernachlässigt. Auf die Insel Kishi gebracht, ließen sie den malerisch-architektonischen Hintergrund des alten »Pagost« (Bezirks) vor Kishi wiedererstehen. Diese kleine Insel von vier Kilometer Länge und zweihundert bis sechshundert Meter Breite war im 15. und 16. Jahrhundert ein großes Kirchen-, Kultur- und Verwaltungszentrum, das 130 Dörfer und Kirchdörfer vereinte.

2 Man nennt die Verklärungskirche in Kishi mit ihren zwanzig Kuppeln ein »Wunder aus Holz«. Sie wurde von unbekannten Meistern ohne einen einzigen Nagel vor mehr als zweihundert Jahren errichtet.
Die Kirche ist bei Regenwetter besonders schön. Ein niedrighängender, sich im grauen See spiegelnder Himmel, feuchte Wiesen und dieses harmonische Bauwerk schenken dem Betrachter das Gefühl, etwas Vollendetes, Vollkommenes zu sehen.

3 Hier, wo sich der vierhundert Meter lange Bogen der Moskworezkij-Brücke über die Moskwa spannt, nahm Moskau einst seinen Anfang. Die Stadt wuchs in konzentrischen Ringen weiter, und weiter wachsen die neuen Stadtviertel in die Moskau umgebenden Felder hinein. Plätze, Boulevards und Parks machen ein Drittel des Stadtgebietes aus. Eine seiner Hauptsehenswürdigkeiten ist das acht Kilometer lange Flußband mit seinen Granitkais und -brücken.

4 Über den Ob spannt sich eine Autobrücke. Im Jahre 1893 überquerte die Transsibirische Magistrale den mächtigen Fluß. An dieser Stelle entstand eine Stadt, deren Wachstum bald alle sibirischen Orte überholte und die zur Hauptstadt Sibiriens wurde.
Nowosibirsk benötigte nur siebzig Jahre, um zu einer Millionenstadt zu werden. Der Bevölkerungszahl nach (1 300 000 Menschen) nimmt die Stadt heute den achten Platz in der Sowjetunion ein.

5 Panorama von Moskau.

6 Jakutsk, Stadt auf dem »Dauerfrostboden«.

7 Straße in Nabereshnye Chelny (KamAS).

8 Das abendliche Moskau:
Rechts der Kreml, die Wiege Moskaus. Die Stadt entstand im Jahre 1147 auf der Höhe des Borowizkij-Hügels. Die zunächst aus Holz, dann aus weißem Stein errichtete Festung wurde am Ende des 15. Jahrhunderts umgebaut. Man zog gewaltige Ziegelsteinmauern mit einer Ausdehnung von 2,235 Kilometern hoch. Auf dem Gebiet des Kreml befinden sich berühmte Meisterwerke alter Steinbaukunst: Die Uspenskij-, die Archangelskij- und die Verkündigungskathedrale, der Facettenpalast, der Glockenturm Iwans des Großen, die Rispoloshenije-Kathedrale, der Große Kremlpalast, der Sitz des sowjetischen Parlaments. Im Gebäude des früheren Senats arbeitet die sowjetische Regierung. Im Jahre 1961 wurde dem alten Bild des Kremls ein moderner Bau hinzugefügt, der Kongreßpalast, dessen Auditorium 6000 Menschen Platz bietet.

9 Der Baikalsee ist bei jedem Wetter und zu jeder Jahreszeit schön. Im Winter bindet der Frost sein kristallklares Wasser; die Fischerboote werden für fünf Monate zu Gefangenen des Sees und warten auf den Frühling. Damit das meterdicke Eis den Rumpf nicht beschädigt, wird es um das Schiff herum aufgehackt.

10 Die Bergmannsstadt Donezk, das Zentrum des Kohlebeckens der Ukraine, gilt schon seit langem und mit Recht als die sauberste Bergbaustadt der Welt. Sie verblüfft durch die Reinlichkeit ihrer Straßen, das viele Grün und die Blumen, ihre Springbrunnen und künstlichen Teiche. An den malerischen Ufern des Flusses Kalmius sind Strände und Bootsanlegestellen geschaffen worden. Hier erholen sich die Bewohner von Donezk am liebsten.

11 Im Mai senken sich die Weißen Nächte auf Leningrad. Sanfte Pastelltöne lassen die Stadt noch schöner werden. In solchen Nächten kann niemand der Versuchung eines Spaziergangs widerstehen.

12 Tiflis (Tbilissi), die Hauptstadt der Georgischen Sowjetrepublik an den Ufern der mittleren Kura gelegen, hat dem Besucher eine wundervolle Umgebung zu bieten, in der man Ruhe und Erholung finden kann.

13 Aus der Vogelperspektive überrascht die Taiga durch ihre schiere Unendlichkeit. Dieser größte Wald der nördlichen Halbkugel nimmt zwei Drittel des Gebietes von Sibirien ein.

14 Am Zusammenfluß von Irtysch und Ob.

15 Der gewaltigste Fluß der Sowjetunion, der breite, wasserreiche Ob, schickt seine Fluten durch ganz Westsibirien zum Nördlichen Eismeer.

16 Der Baikalsee in Sibirien ist zwischen bewaldeten Gebirgskämmen eingeschlossen. Holzfällen ist hier verboten, da der Wald einen Schutzgürtel für den See bildet. Die Taiga fängt die Niederschläge auf, schafft einen Filter aus Moos und Waldlaub, verlängert die Schneeschmelze, verzögert das Abfließen an der Oberfläche und schützt vor Lawinen und Sturzbächen. Die Pflege dieser einzigartigen Süßwasserschüssel erfordert große Anstrengungen, und der Staat spart nicht an Mitteln. Die Transsibirische Magistrale verlief seinerzeit am Südufer des Baikalsees. Man plante zunächst, auch die Gleise der Baikal-Amur-Magistrale direkt am Ufer des Sees zu verlegen. Doch die Wissenschaftler warnten vor der Gefahr, die eine so enge Nachbarschaft zu der Strecke für den Baikal darstellen würde. Es wurde beschlossen, daß die neue Straße in den Bergen, weit vom Ufer entfernt, verlaufen solle. Dadurch mußten zusätzlich Dutzende von Streckenkilometern verlegt und vier Tunnel durch das Gestein getrieben werden.

17/18 In der Siedlung Listwjanka am Baikalsee steht die ohne einen einzigen Nagel errichtete Kirche des Heiligen Nikolaus, nach christlichem Glauben Schutzpatron der Seefahrer und der Reisenden. Beide Bilder zeigen die Kirche aus verschiedenen Blickwinkeln und Jahreszeiten.

19 Das moderne Kasachstan ist vielfältig und bunt wie die goldenen Neulandfelder, die gigantischen Hochöfen von Temir-Tau, das Sternprofil von Bajkonur. Aber eine typisch kasachische Landschaft ist ohne Herden unvorstellbar. Heute befindet sich in dieser Republik fast ein Viertel aller Herden der UdSSR; jeder vierte oder fünfte Ballen feinster Wolle stammt aus der Wirtschaft Kasachstans.

20 Damit das größte Raubtier der sibirischen Taiga, der Amurtiger, nicht das gleiche Schicksal wie sein Artgenosse, der Kaspi- oder Turantiger erleidet, steht er unter strengstem Schutz. Nahe bei Chabarowsk kann er sich in einem riesigen Tierreservat wieder ungestört vermehren und zu einer natürlichen Auslese im Tierbestand beitragen.

21 Die frühere Residenz des Emirs von Buchara, vier Kilometer von der Stadt entfernt, ist heute Sanatorium. Auf seinem Gelände hat sich eine Pfauenfamilie niedergelassen. Sie spaziert über die Alleen des Parks, ohne sich durch die Menschen stören zu lassen.

22 Ein Schwarzmeerdelphin.

23 Endlose weiße Räume, durchschnitten von zugefrorenen Flüssen, mit struppigem Wald bedeckte Kuppen bieten sich in der Nähe Oimjakons, des »Kältepols« der nördlichen Halbkugel, dar. Wer nach Jakutien gelangt, bekommt wirklich einen Begriff von sibirischen Maßstäben. Die Jakutische Autonome Republik, die zur Russischen Föderation gehört, bedeckt eine Fläche von 3,2 Millionen Quadratkilometer, was die Größe Frankreichs sechsmal oder die der Bundesrepublik Deutschland zwölfmal übertrifft. Dieses Gebiet liegt weit im Norden, fast zur Hälfte jenseits des Polarkreises.

24 Jakutien ist eine Landschaft, deren Schönheit und Reichtum staunen lassen. In ihren weiten Räumen ist das ökologische Gleichgewicht nicht gestört. Die Flüsse und Seen sind sehr fischreich. Auch im Winter wird in Wasserlöchern, die ins Eis geschlagen wurden, weiter gefischt.

25 Die Bewohner des Nordens benutzen zum Transport Rentiergespanne. Wenn im Frühling in vielen Gebieten des Landes die traditionellen »Feste des Nordens« gefeiert werden, nehmen die Rentierzüchter stets an ihnen teil und messen ihre Kühnheit und Geschicklichkeit. Die unterhaltsamsten Wettbewerbe – das Schleppen eines Skiläufers durch ein Rentier und das Rennen mit Gespannen – erfordern gründliche Vorbereitung.

26 Eine junge jakutische Rentierzüchterin. Von alters her ist die Rentierzucht ein traditioneller Beruf im Norden. Das billige, sehr appetitliche und nahrhafte Fleisch des Rentiers sowie die Felle, aus denen warme Kleidung und Schuhwerk genäht werden, sind unter den strengen Bedingungen der Tundra unentbehrliche Produkte. Die Arbeit derer, die auf der Suche nach Weiden mit den Rentierherden umherziehen müssen, ist nicht leicht. Bittere Fröste, lange Polarnächte, Einsamkeit – daran kann man sich nur schwer gewöhnen.

27 Rentiergespanne brauchen weder Wege noch Straßen. Sie bewegen sich rasch über die unebene Landschaft, ohne dem leicht verletzlichen Boden Schaden zuzufügen.

28 Die Dächer von Leningrad – vom Winterpalais, der früheren Residenz der russischen Zaren, her gesehen. Bis zum Jahre 1905 durfte kein Privathaus seine Höhe übertreffen.

29 Die Silhouette von Leningrad von der Newa her gesehen. Nadelfein ragt die Spitze der Admiralität in den Himmel.

30 Die Häuserreihen haben sich eng an die Chaussee angeschmiegt. Dörfer und Siedlungen wurden in Rußland immer direkt an den Verkehrswegen gegründet – sei es ein Fluß oder eine günstige Bucht an der Meeresküste, oder sei es einfach eine Straße von einer fernen Stadt zur anderen.

Technische Angaben zu Kapitel 1

1 Im Freiluftmuseum zu Kishi kann man die schönsten Holzkirchen der Sowjetunion sehen.
Diese Aufnahme machte ich mit dem Elmarit 28 mm. Das Objektiv mußte ich auf Blende 2 öffnen, um bei trübem Wetter den 19 DIN Kodachrome-Film richtig zu belichten.

2 Die wunderschönen, architektonisch manchmal fast bizarr anmutenden Kirchen werden mit großer Sorgfalt restauriert. Sie ziehen bei jedem Wetter Scharen von Besuchern an, die – eng um ihren Museumsführer gedrängt – aus der Luft wie große bunte Blumen aussehen.
Für diese Aufnahme verwandte ich das Elmarit 50 mm. Die Belichtungszeit betrug 1/125 sec. Zwar flog der Hubschrauber sehr ruhig, aber ich machte doch noch zur Sicherheit eine Aufnahme mit einem 200-ASA-Film, dessen Körnigkeit sich jedoch bei den Holzkonstruktionen störend bemerkbar machte.

3 Früher Sonntagmorgen in Moskau.
Auf dem Wege zum Flugplatz fuhren wir durch stille, menschenleere Straßen, die im ersten Sonnenlicht lagen.
Dieses friedliche Bild machte ich mit der R 3 und dem Zoom 80–200 mm.

4 Auf dem Ob sind die Schiffe eingefroren. Der Schiffsverkehr ruht bis Ende März. Wenn die Kälte nachläßt und der Schnee schmilzt, »schwimmen« die Autos in Pfützen, so groß wie Seen.
Diese Aufnahme entstand unter erschwerten Bedingungen mit der Leicaflex Mot. und dem 400 mm Telyt, denn Fotografieren ist weder an Brücken und Flugplätzen noch an Bahnhöfen erlaubt.

5 Blick auf Moskau von den Leninbergen.
Diese Aufnahme entstand an einem herrlichen Wintertag, dessen Kälte meine Hände bei der Arbeit fast erfrieren ließ.

6 Tief in Sibirien, in Jakutsk, fotografierte ich das mittlere Bild. Frühmorgens um fünf Uhr stand ich auf einem Sims und hielt die Kamera durch ein winzigkleines Fenster hoch über mir.

7 Tausende Kilometer von Jakutsk entfernt liegt die neue Stadt Kamas mit dem großen Lastkraftwagenwerk gleichen Namens.
Alle drei Aufnahmen wurden mit der Leica R 3 und dem Zoom-Objektiv aufgenommen.

8 Das 15-mm-Objektiv an der Contax setzte ich ein, als ich dank eines Feuerwerks zum Jahrestag der Oktoberrevolution das Salutschießen fotografieren konnte. Die Aufnahme wurde aus der Hand mit dem 400er Agfacolor CN gemacht.

9 Als ich das Bild vom Baikalsee rechts mit dem Super Angulon an der Leicaflex SL 2 machte, erzählte man mir, daß im Zweiten Weltkrieg die Regimenter aus Sibirien nicht schwimmen konnten, da es keine Möglichkeit gab, es zu lernen. Die Wassertemperaturen der sibirischen Flüsse und Seen liegen auch im Hochsommer unter 10 Grad.

10 Die Aufnahme zeigt Donezk im europäischen Teil der Sowjetunion. Sie wurde mit dem 500er Spiegelobjektiv und dem 400 ASA Ektachrome gemacht.

11 Ein Erlebnis ganz eigener Art sind die Weißen Nächte in Leningrad. Dort wird die Nacht zum Tage, denn die Sonne will Ende Juni nicht untergehen. Eine Woche lang wird gefeiert, auf den Straßen getanzt, gesungen und musiziert.
Hier konnte ich sogar einmal die Leica M 5 mit dem Objektiv 1:1,0/50 mm einsetzen. Als Film verwandte ich den Ektachrome 400 mit einer gepuschten Entwicklung von 30 DIN.

12 Mit dem Zoom 80–200 mm und der Leica R 3 machte ich die Aufnahme in der Nähe von Tiflis (Tbilissi), der Hauptstadt Grusiniens (Georgiens), deren südlich-orientalische Atmosphäre sofort gefangennimmt.

13 Chanty-Manssisk ist ein Schnittpunkt der Flugroute Moskau-Tokio und im Bordbuch der Lufthansa daher leicht zu finden. Aber hinzukommen ist schwer. Schneestürme und dichter Nebel verhinderten tagelang unseren Abflug. Der VIP-Raum im Tjumener Flughafen wurde unser Camp. Als wir unsere Reise mit einem Lastenhubschrauber fortsetzen konnten, sahen wir unter uns, beschienen von einer schwachen Sonne, jungfräuliches Land, Urwald, Urwelt. Mit diesem Bild, das zu meinen schönsten Naturaufnahmen gehört, glaube ich, den Charakter der Taiga offengelegt zu haben.
Ich verwandte die Leicaflex Mot. mit dem 400 mm Telyt, das durch seine Schnellschußeinrichtung diese Aufnahme erst ermöglichte. Als Film nahm ich den Kodachrome 64. Die Belichtungszeit betrug 1/125 sec. Durch die Erschütterungen des Hubschraubers bestand Gefahr des Verwackelns.

14/15 Nur im Tiefflug war es möglich, die Einmündung des Irtysch in den Ob in der ungeheuren Weite der sibirischen Landschaft zu fotografieren.
Auch bei diesem Bild verwandte ich das 400 mm Telyt.
Die Aufnahme auf der gegenüberliegenden Seite wurde mit dem 21-mm-Objektiv gemacht.

16 Industrialisierung am Baikalsee.
Erst nachdem ich die Aufnahme vom Hubschrauber aus bereits gemacht hatte, stellten meine Begleiter fest, daß dieses Gebiet eigentlich hätte gar nicht fotografiert werden dürfen. Hier setzte ich das ausgezeichnete 15 mm Zeiss-Objektiv ein, um dieses Panorama in Gänze zeigen zu können.

17 Das Klima am Baikalsee unterliegt starken Temperaturschwankungen.
An einem herrlichen, warmen Herbsttag entstand dieses Bild. Am Ufer des Sees trafen wir den Mann, der das glasklare, aber eisigkalte Wasser in seine Eimer schöpfte.

18 Das andere Bild entstand im April. Es schneite heftig, und es herrschten mehr als zehn Grad Kälte, obwohl am Vortag Temperaturen von mehr als 20 Grad Wärme gemessen wurden.
Beide Aufnahmen wurden mit dem Zoom-Objektiv an der Leica R 3 gemacht.

19 Diese Schafherde, ein fast biblisch anmutendes Motiv, fotografierte ich frühmorgens in der Nähe von Alma-Ata.
Ich verwandte den hochempfindlichen CN 400 und stellte das Zoom-Objektiv auf 200 mm.

20 Der längste Nonstopflug innerhalb der UdSSR führt von Moskau nach Chabarowsk. Die zehntausend Kilometer werden in etwa 10 Stunden zurückgelegt.
Am Rande eines riesigen Tierreservates bei Chabarowsk konnte ich diesen sibirischen Tiger fotografieren. Er steht unter Naturschutz und beginnt, sich im Amur-Gebiet bereits wieder zu vermehren.
Die Aufnahme entstand mit dem 800 mm Minolta-Objektiv an der Leicaflex SL 2, der Ektachrome-400-Film wurde auf 36 DIN gepuscht.

21 In Buchara, früher durch seine Teppiche weltberühmt, werden heute noch seltene Pfauen gehalten.

22 Um einen Delphin »schießen« zu können, muß man schon ein bißchen Jagdglück haben. Diese Aufnahme entstand am Schwarzen Meer bei Batumi.
Beide Aufnahmen machte ich mit dem 400-mm-Objektiv mit 1/500 sec.

23 Am Kältepol der Erde, in Oimjakon, gibt es Temperaturstürze bis zu minus 72 Grad.
Flüsse und Sümpfe sind von einer dicken Eisschicht bedeckt, auf der die Flugzeuge landen können; denn Flugverkehr findet dort hoch im Norden nur im Winter statt.

24 Die Männer von Belaja Gora, dem nördlichsten Punkt, den ich besuchen konnte, leben von der Jagd, unter anderem auf Bären und vom Fischfang.
Mit ihren riesigen Speeren hacken sie das Eis auf und hängen ihre Netze in die Löcher. Ihre Jagdgründe sind so ergiebig, daß sie täglich zentnerweise Fisch fangen können.

25 Aus Anlaß des Winterfestes in Murmansk findet jedes Jahr Ende März ein Rentierschlittenrennen statt.
Diese Aufnahme machte ich mit der Leicaflex SL 2; die Belichtungszeit für den Agfachrome betrug 1/250 sec.

26 Dieses Nomadenmädchen aus dem Gebiet von Oimjakon gehört einer großen Rentierzüchterfamilie an, die noch in Zelten lebt. Ihre Tiere verkaufen die Nomaden an den Staat.
Das Bild entstand mit der Leicaflex SL 2 und dem 400 mm Telyt und dem Kodachrome 64.

27 Das Gebiet der Rentierzüchter um Oimjakon wird größtenteils aus der Luft versorgt. Transporthubschrauber bringen den Nomaden die benötigten Waren in die Einöde und nehmen auf dem Rückflug Rentierfleisch und Felle mit.

28 Dächer und Schornsteine Leningrads erinnern an die südländischer Hafenstädte.

29 Die Nadelspitze der Admiralität sticht in den nordischen Himmel.
Beide Aufnahmen wurden während der Weißen Nächte gemacht.

30 Am Baikalsee – und in Sibirien überhaupt – gibt es viele Straßendörfer. Ich machte diese Aufnahmen während meines Fluges über die Ufer des Sees mit der Leica R 3 und dem Zoom, ausgefahren auf 200 mm, und dem Kodachrome 64.

1

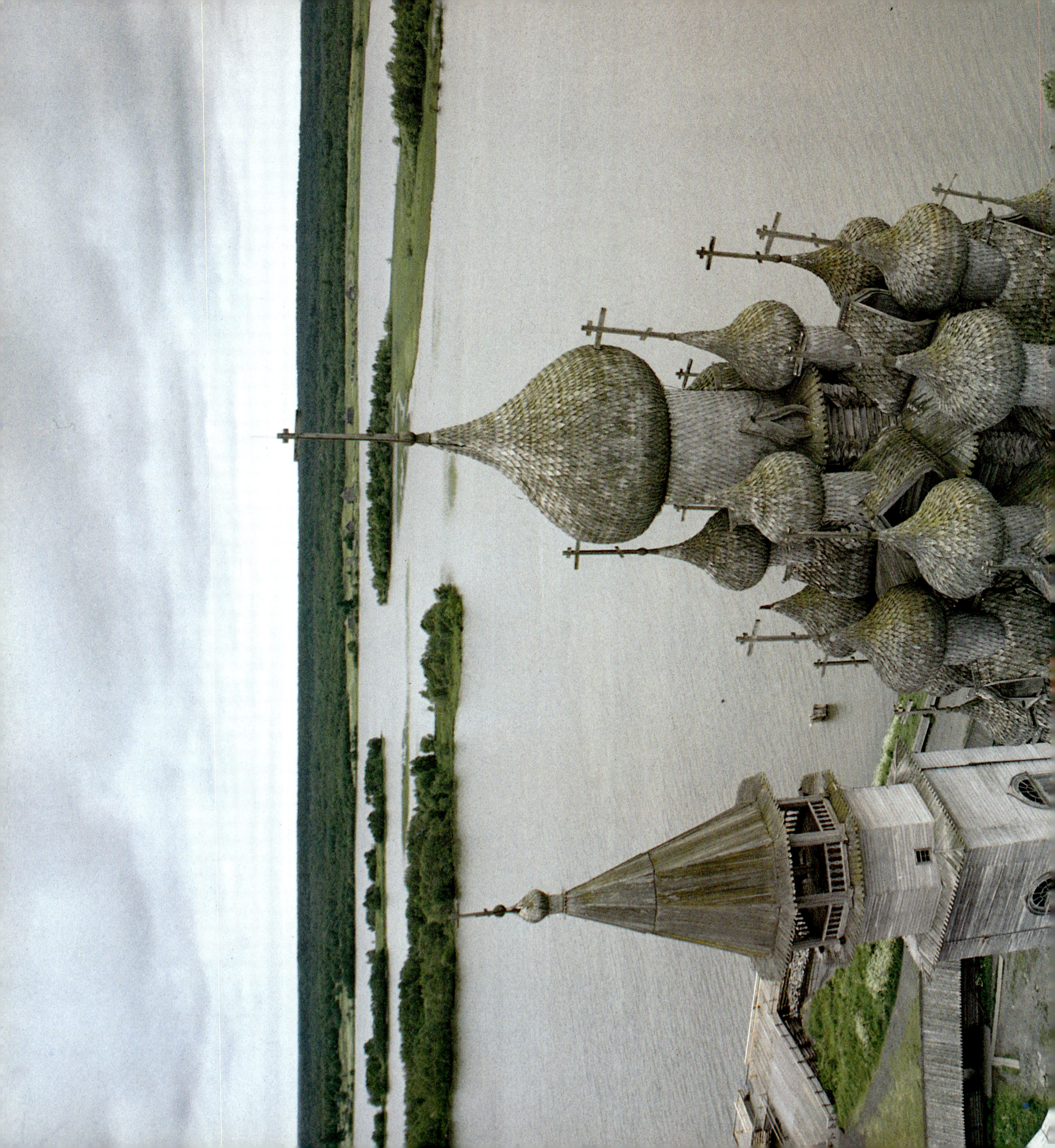

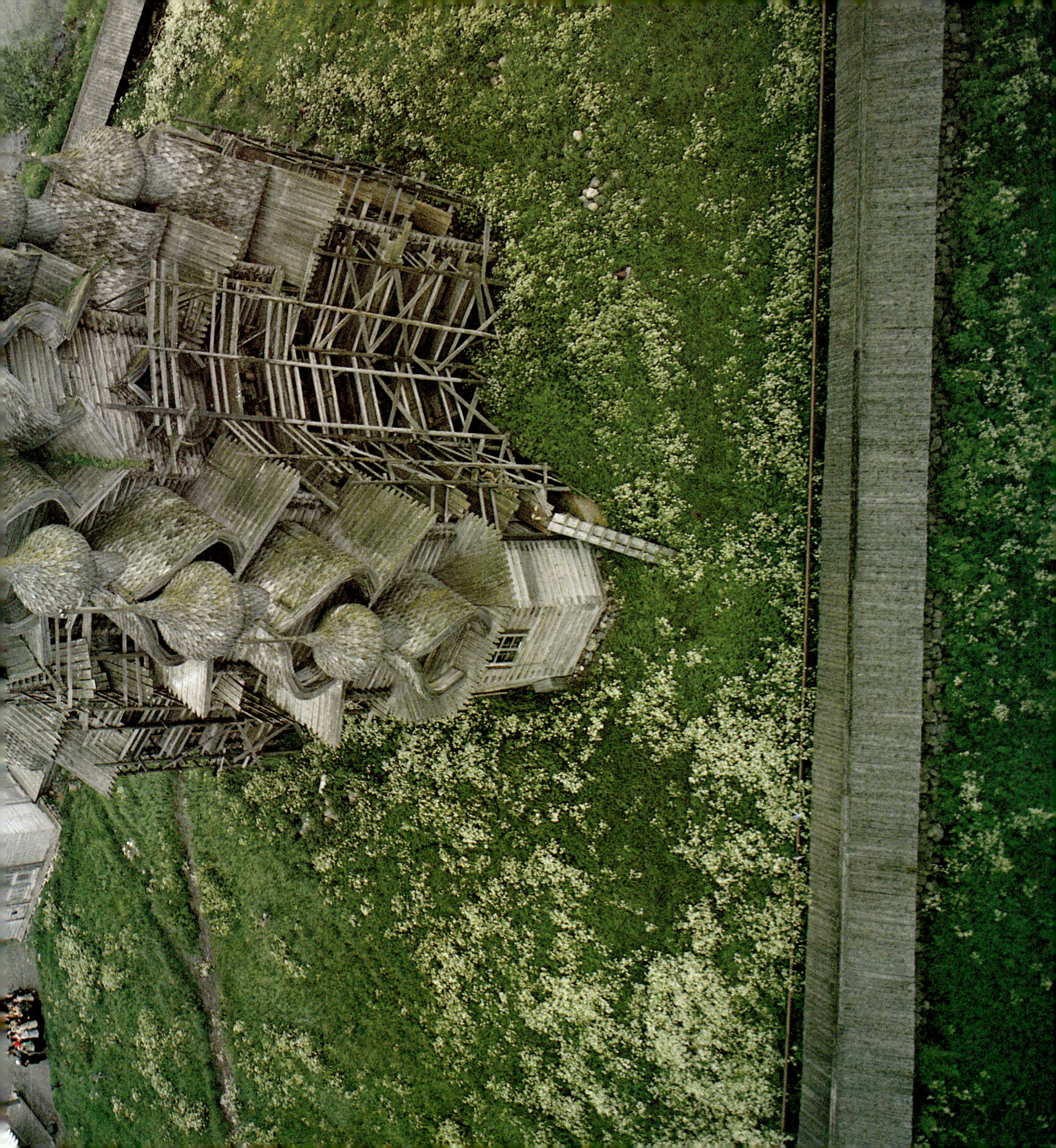

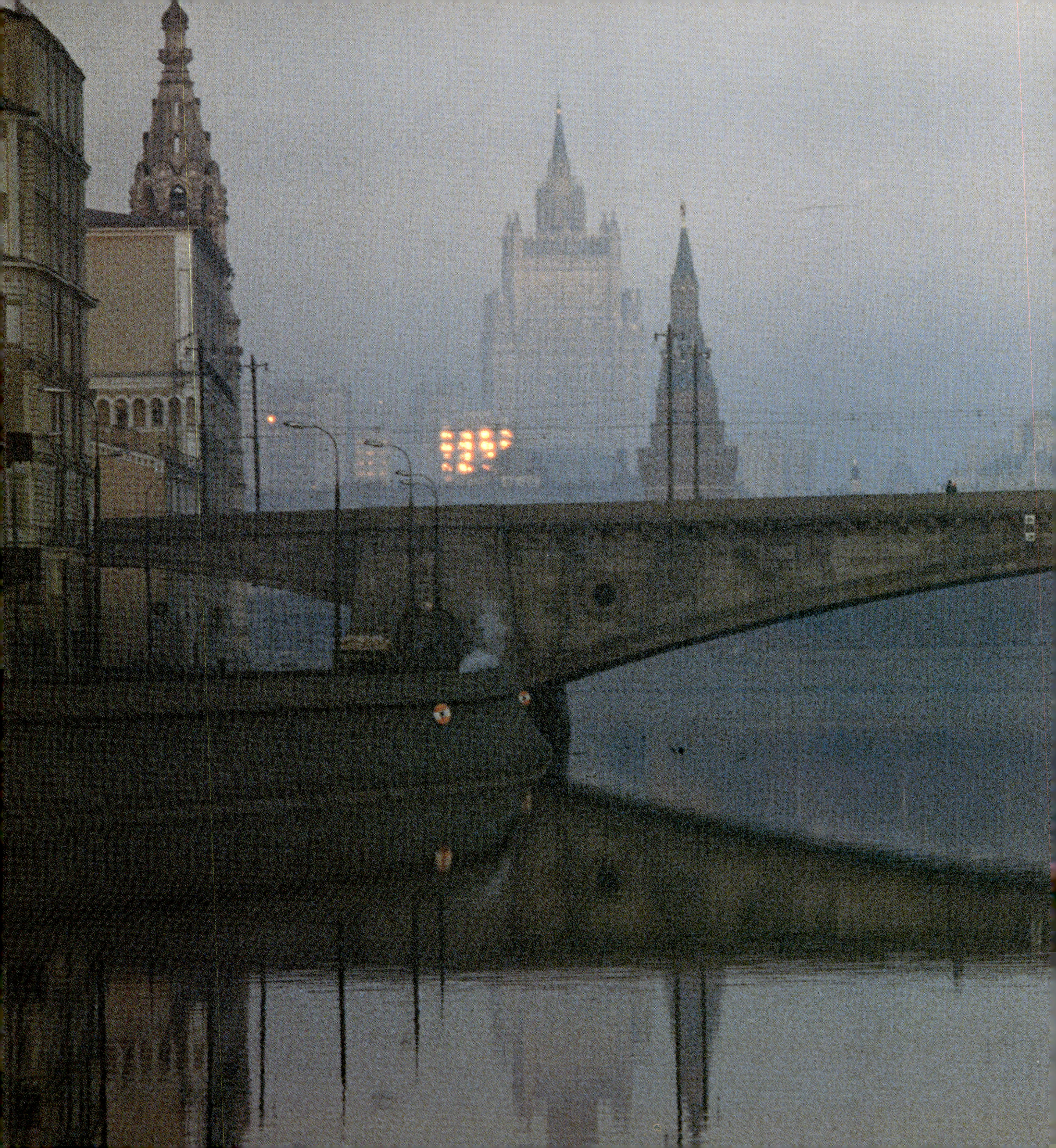

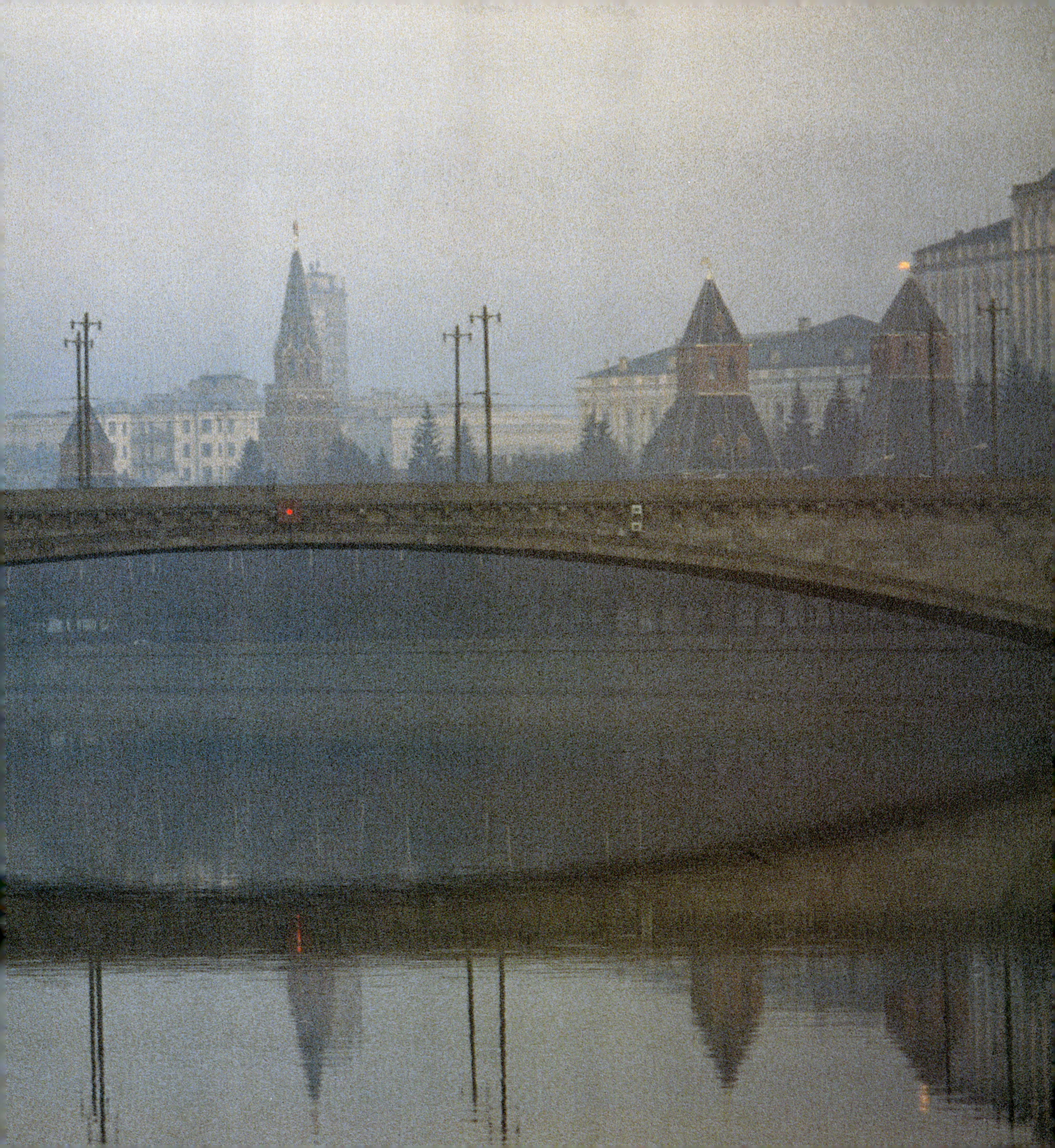

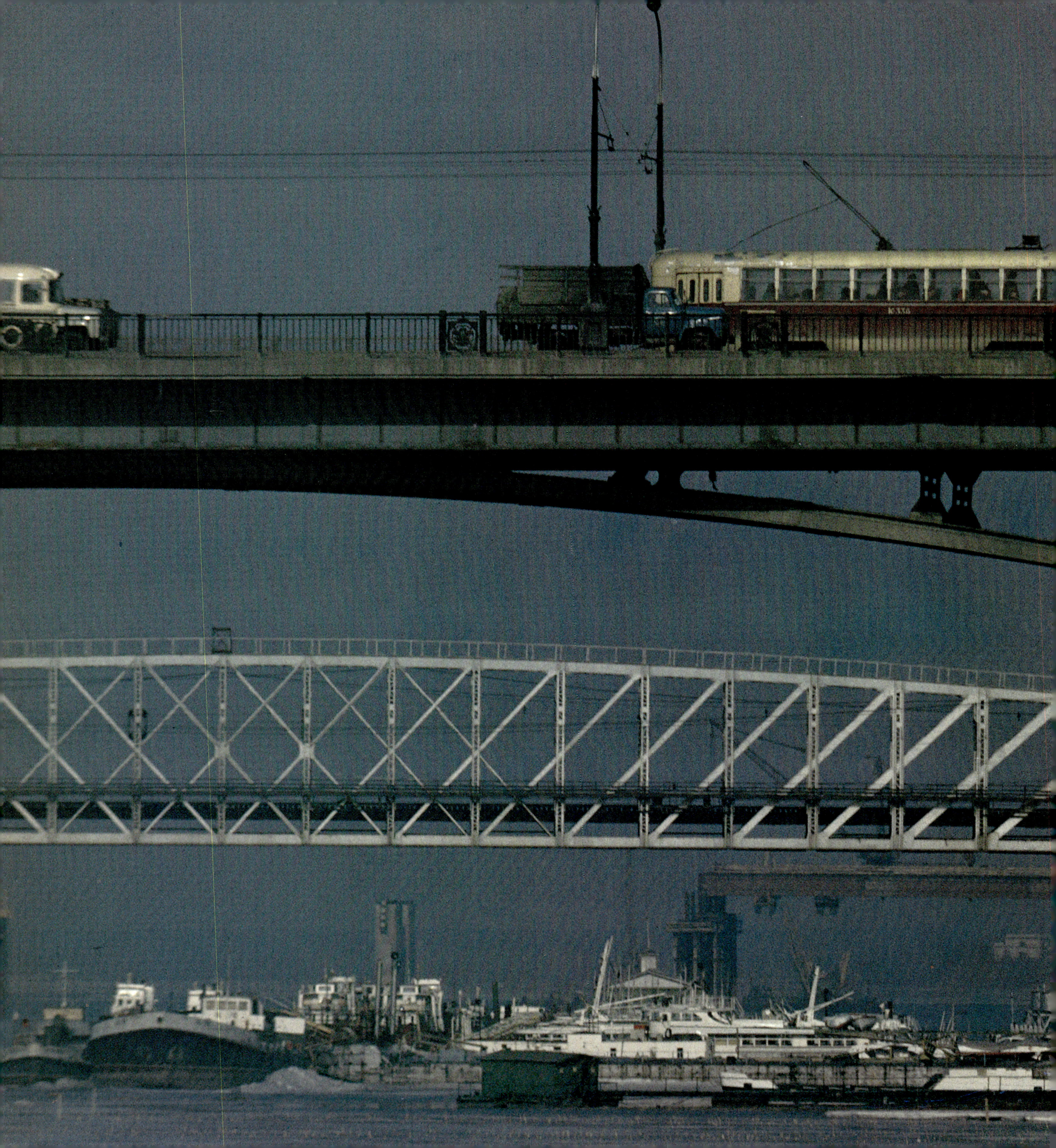

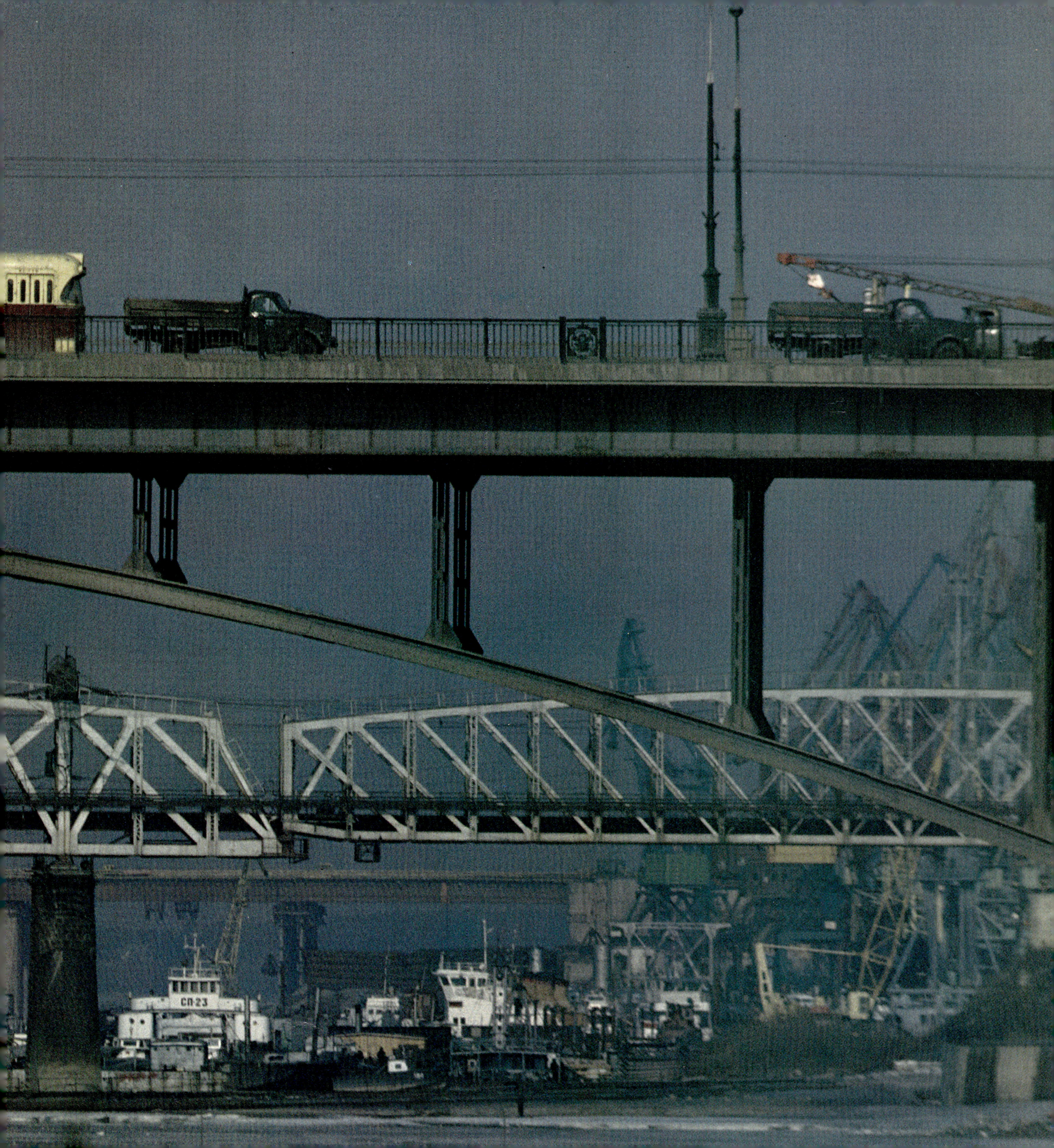
СП-23

5

6

7

8

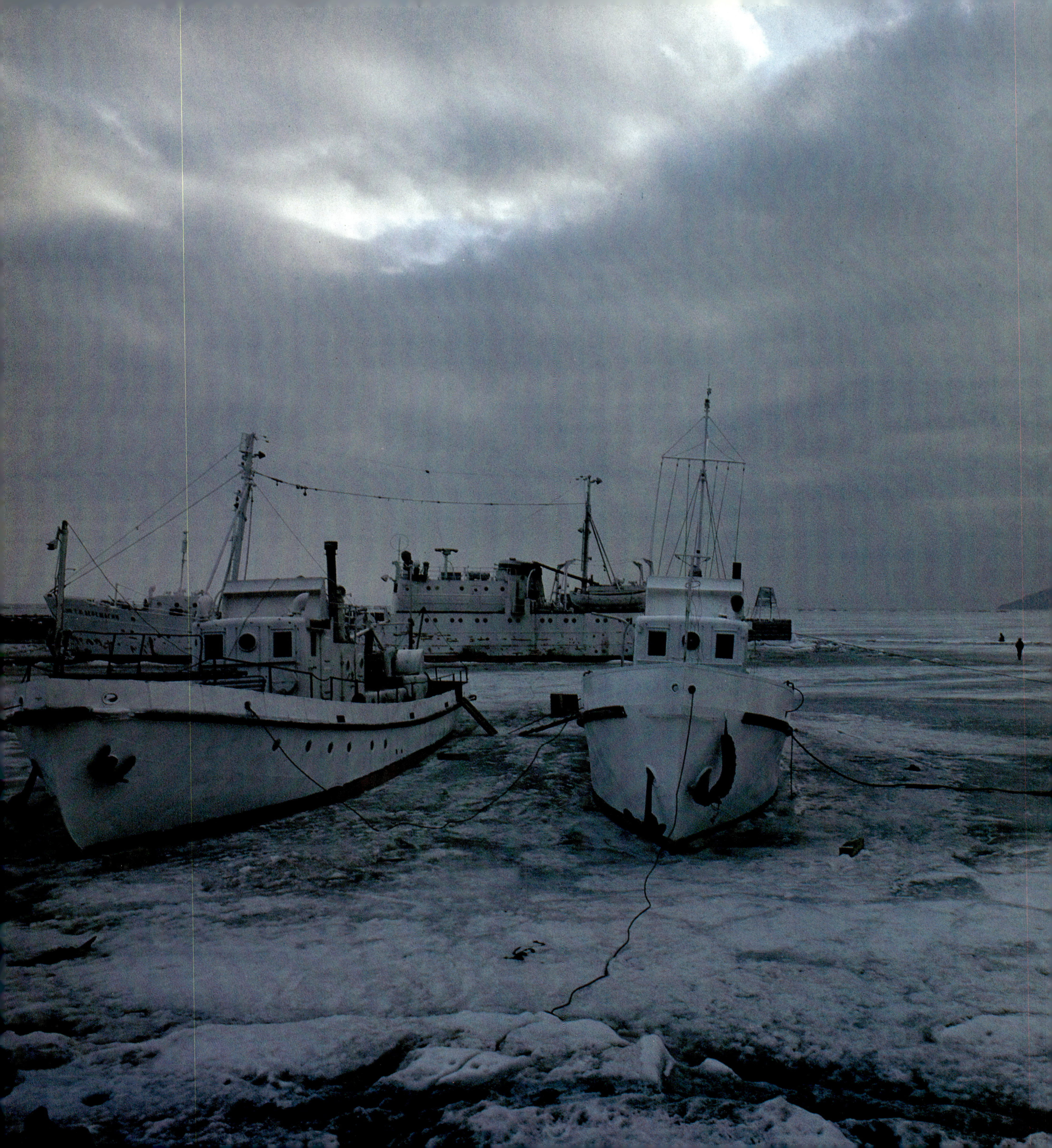

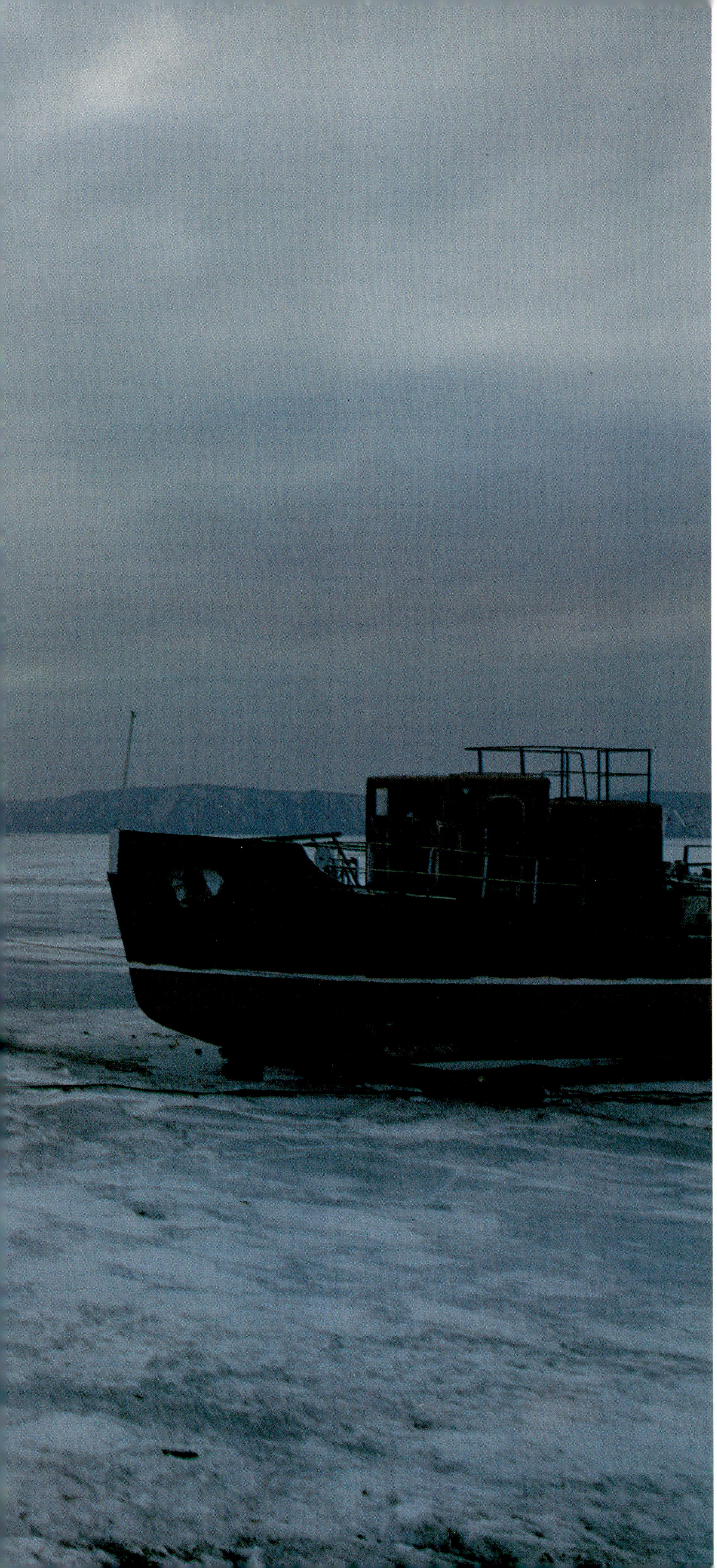

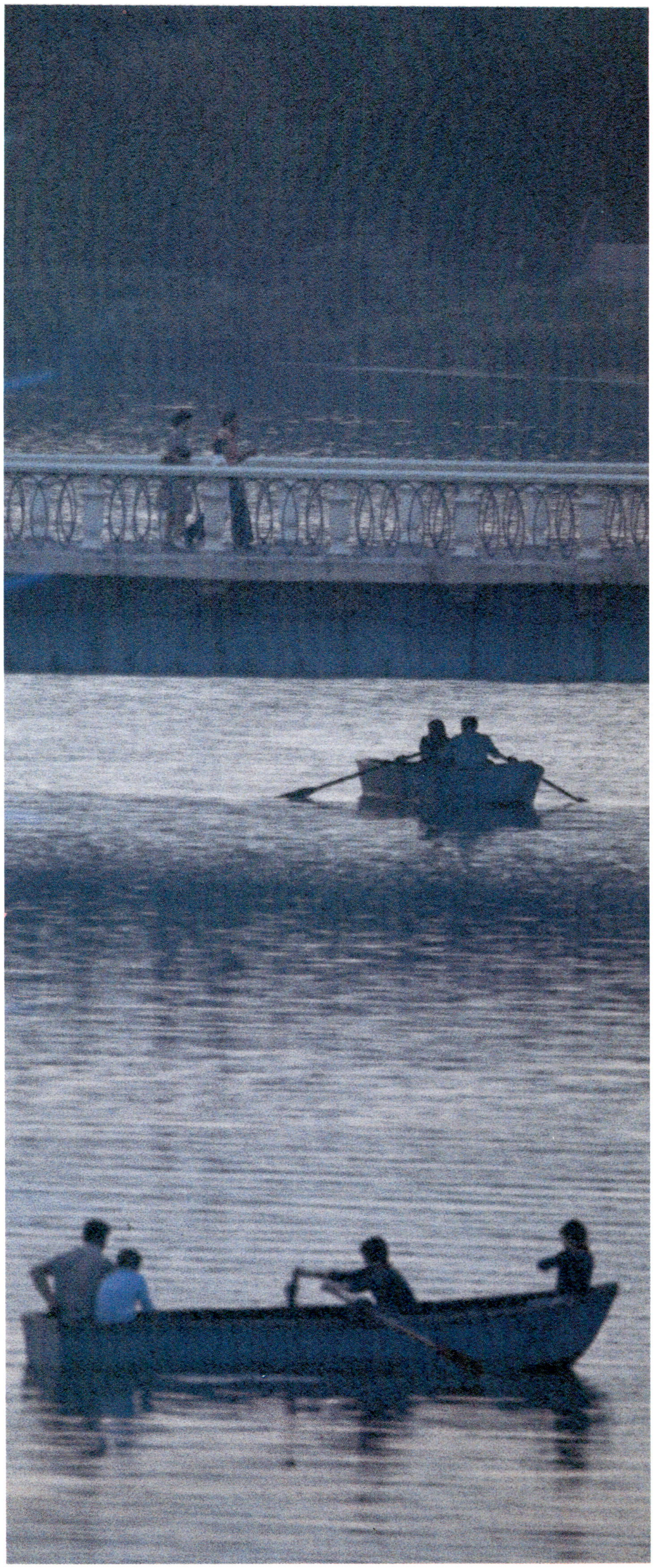

◀9

10

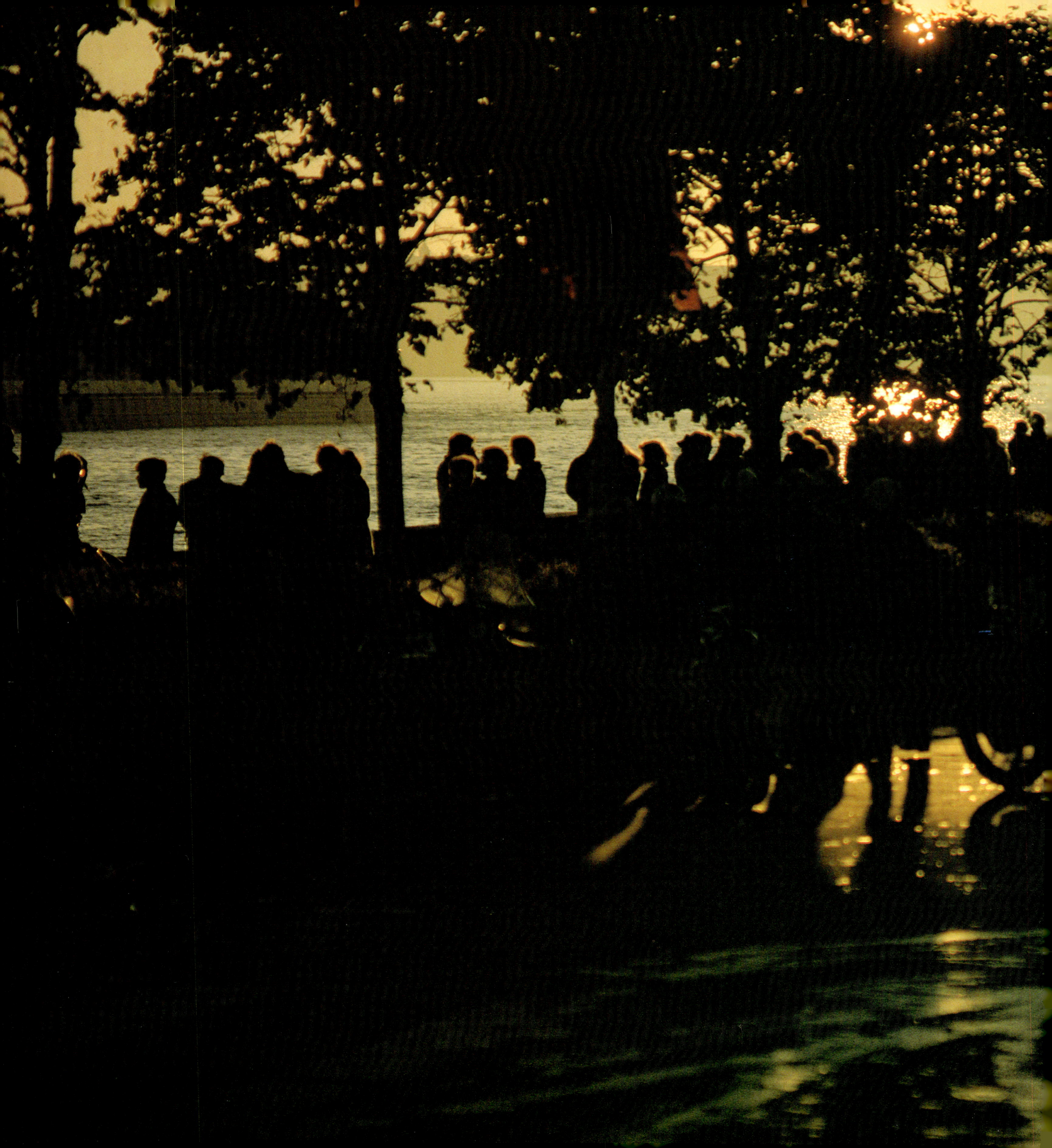

12

Geographisches Institut
der Universität ~~~~
Neue ~~~versität

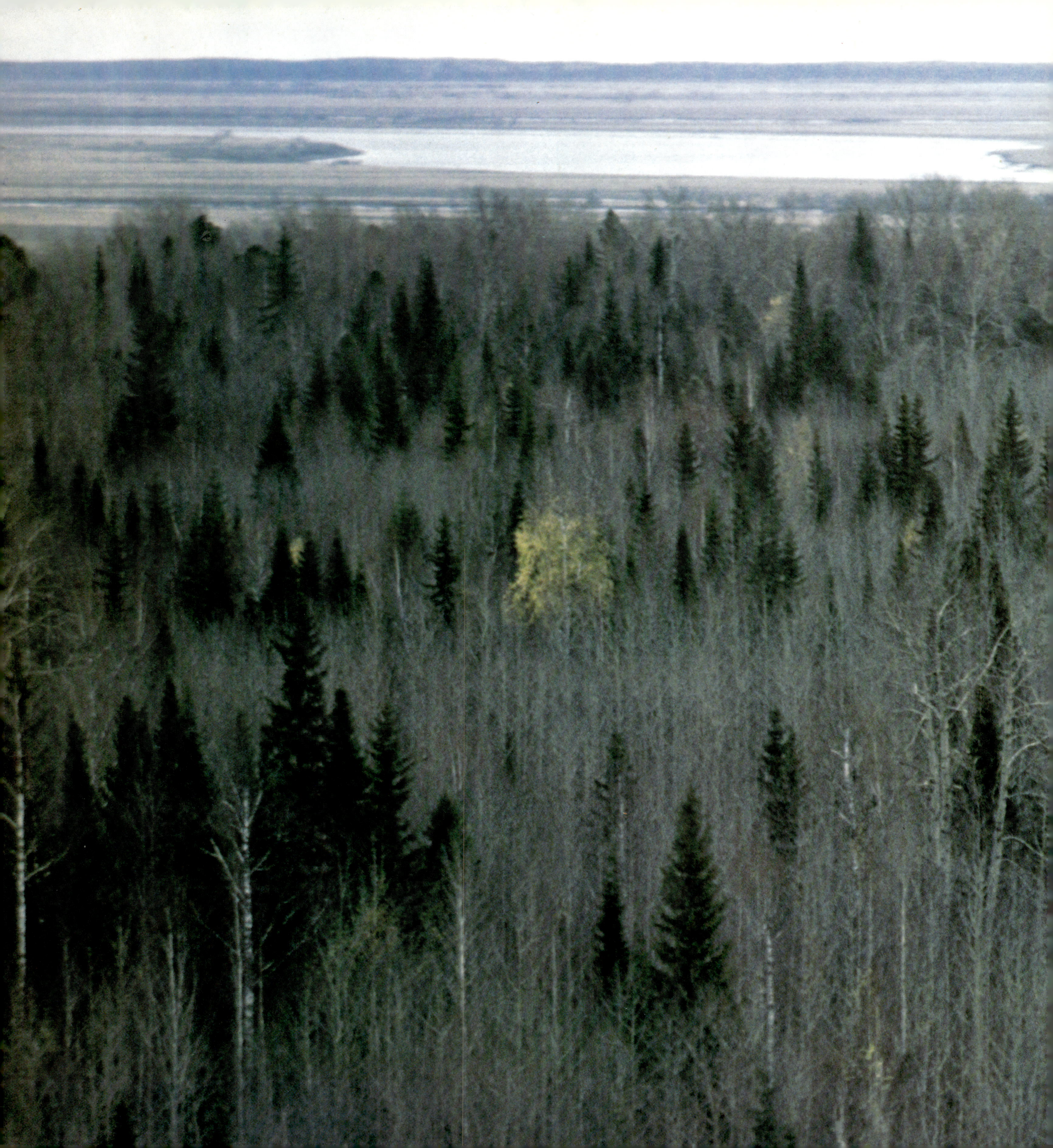

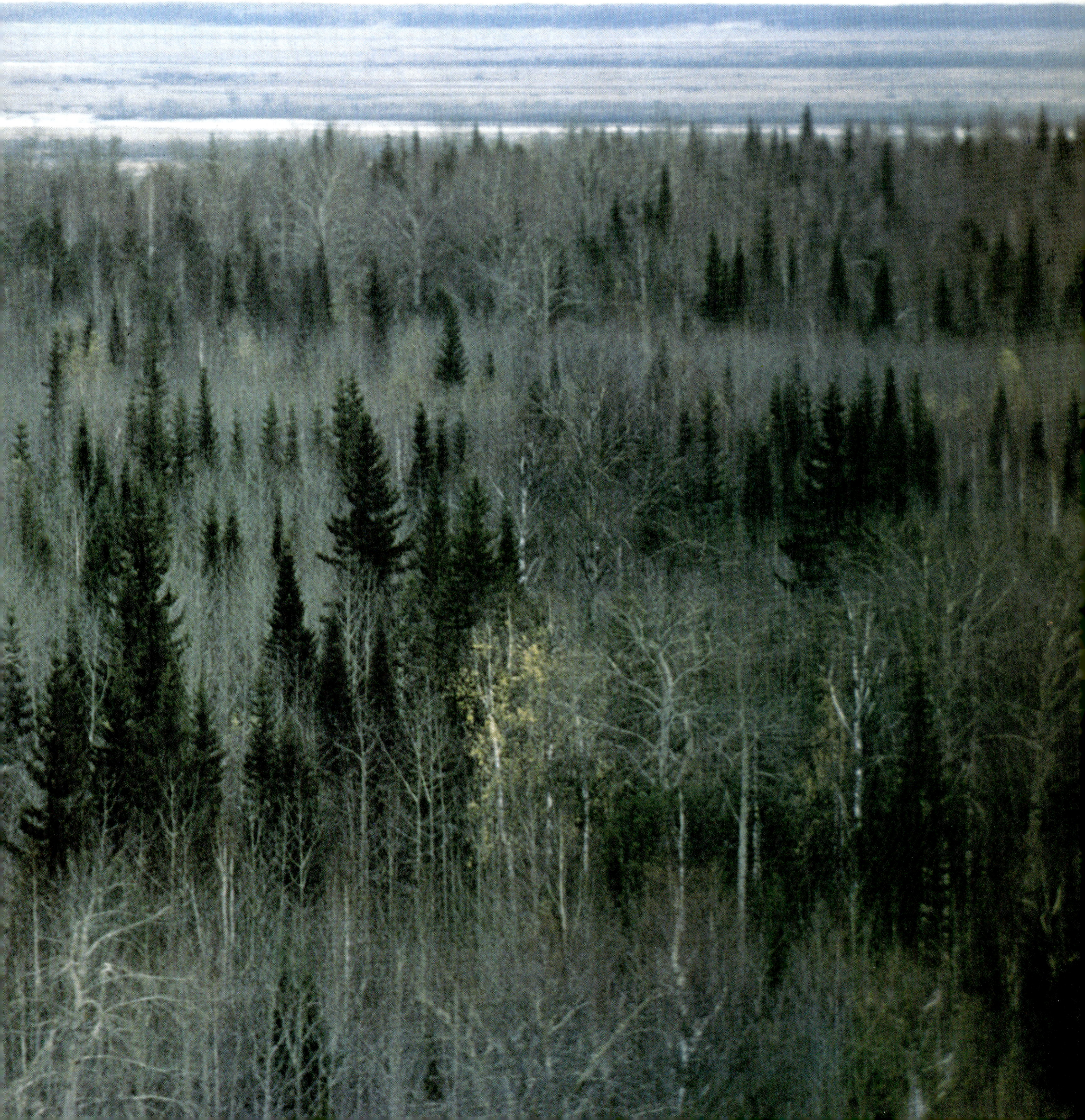

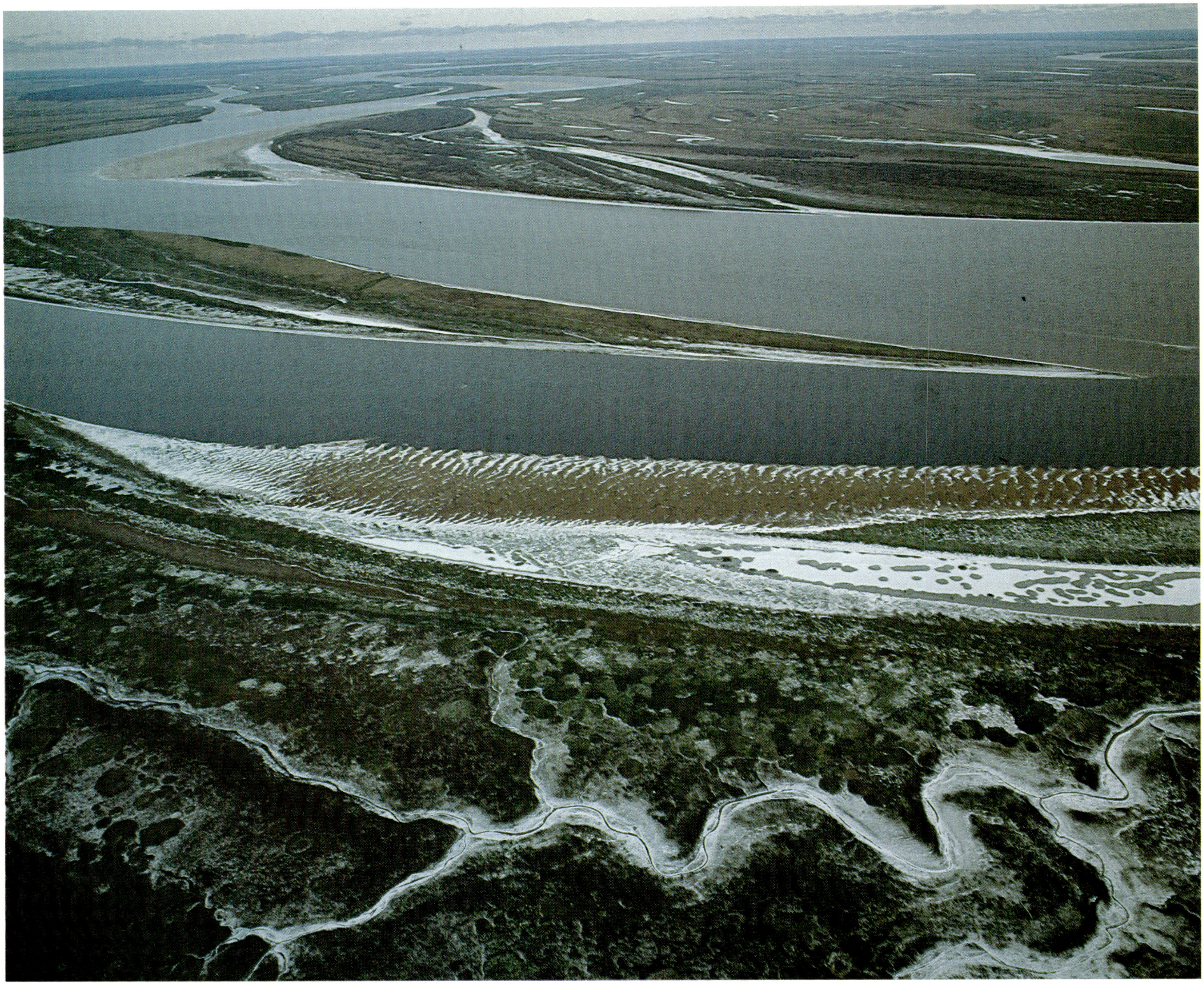

15

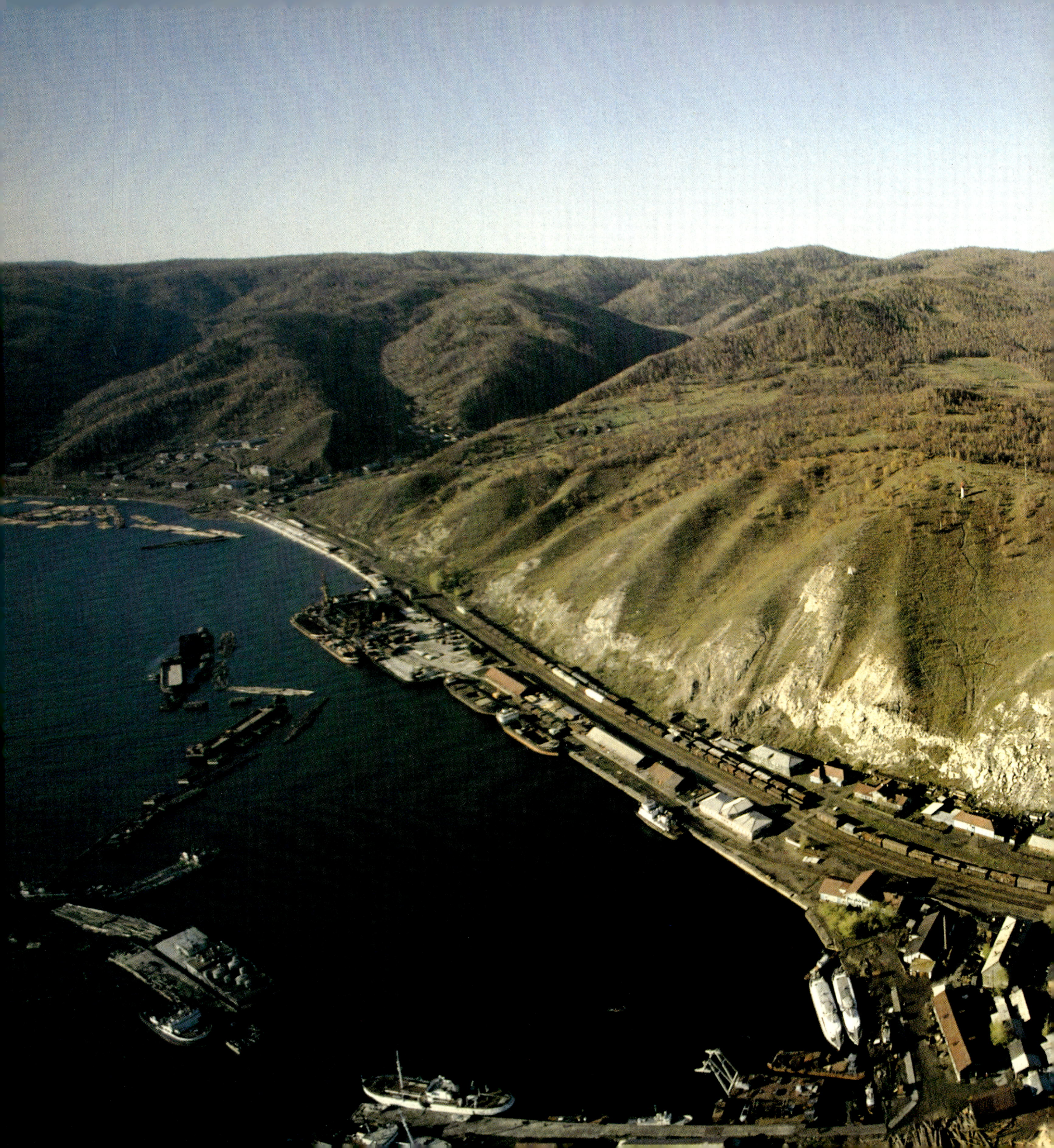

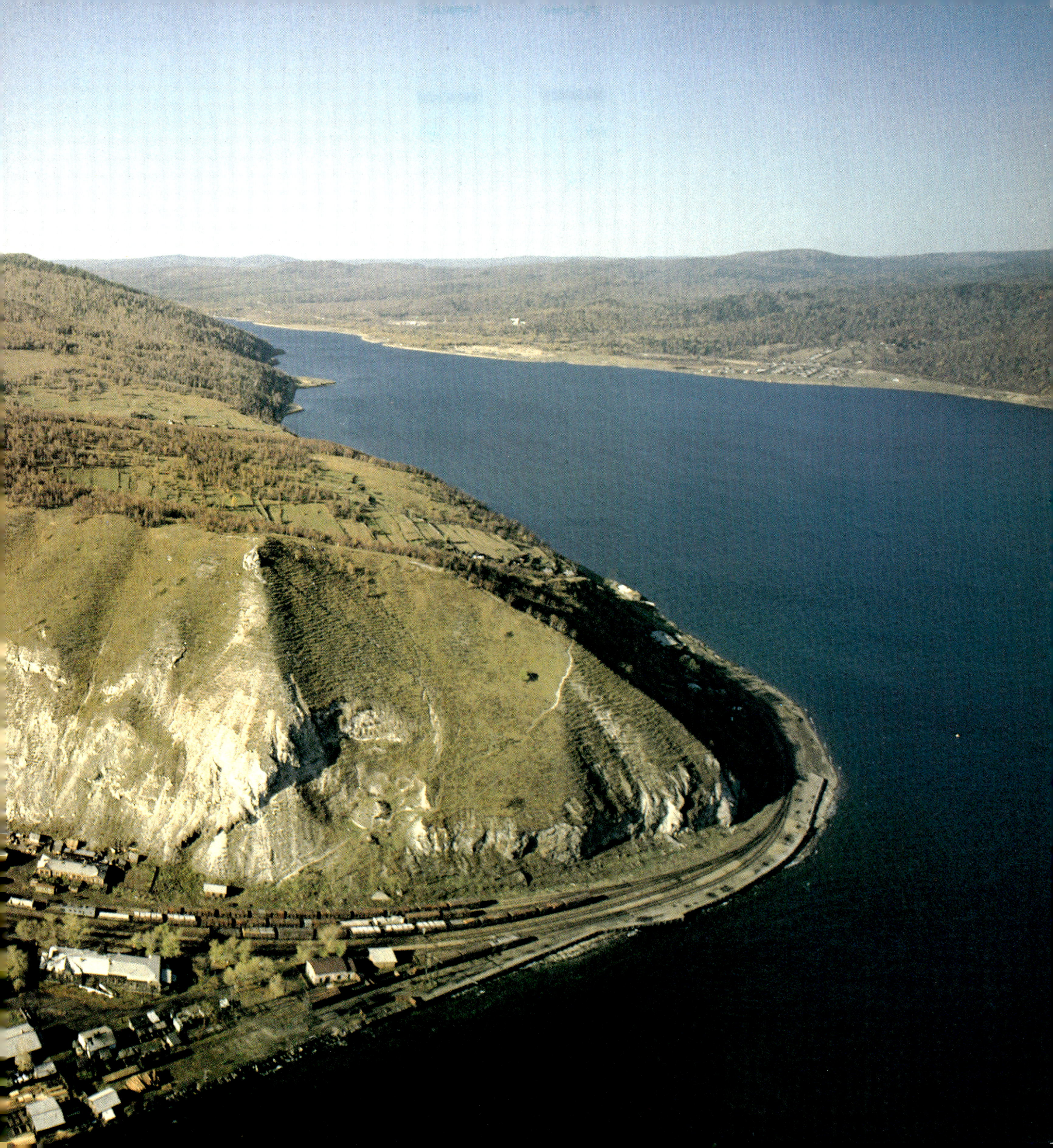

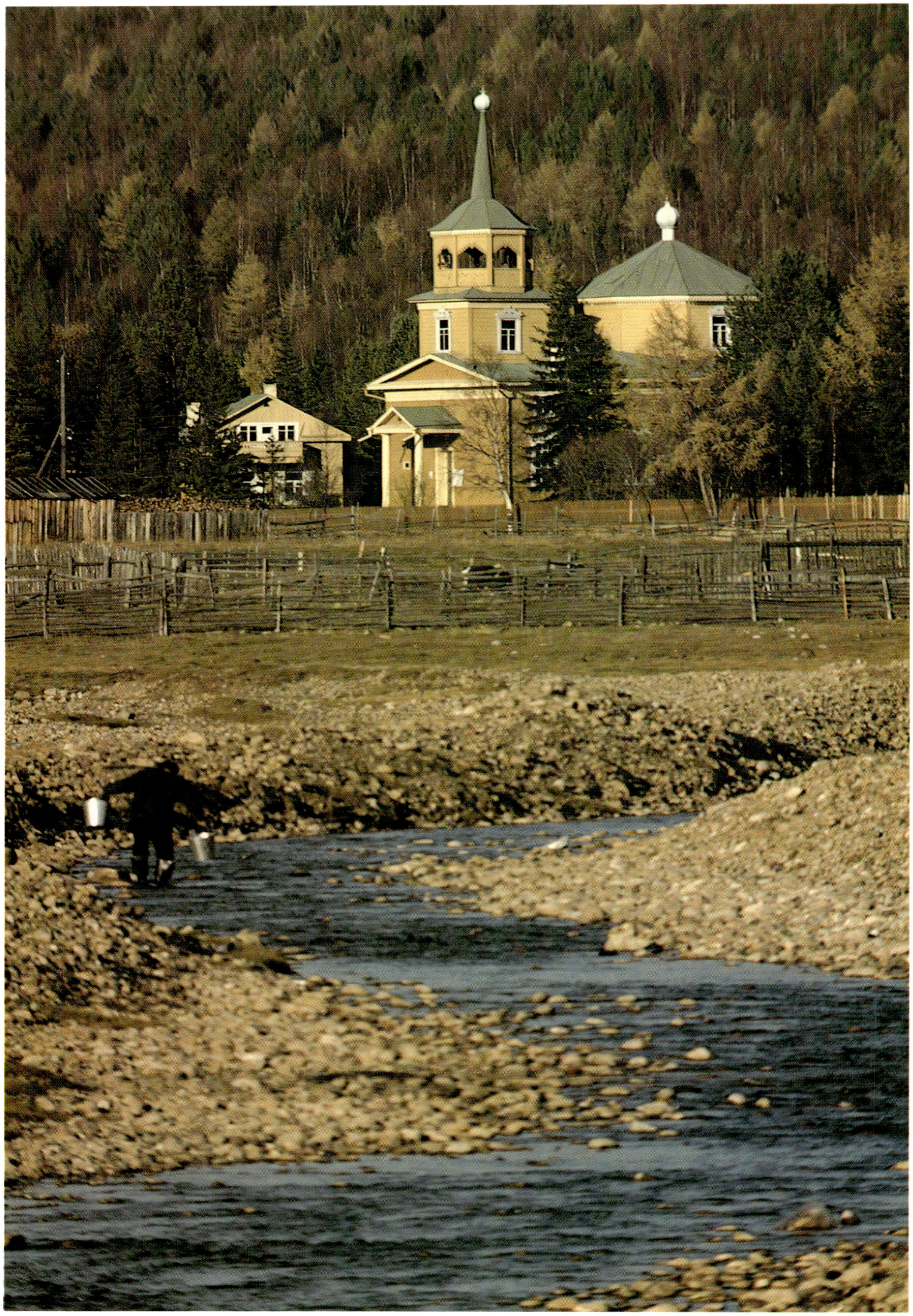

18▶

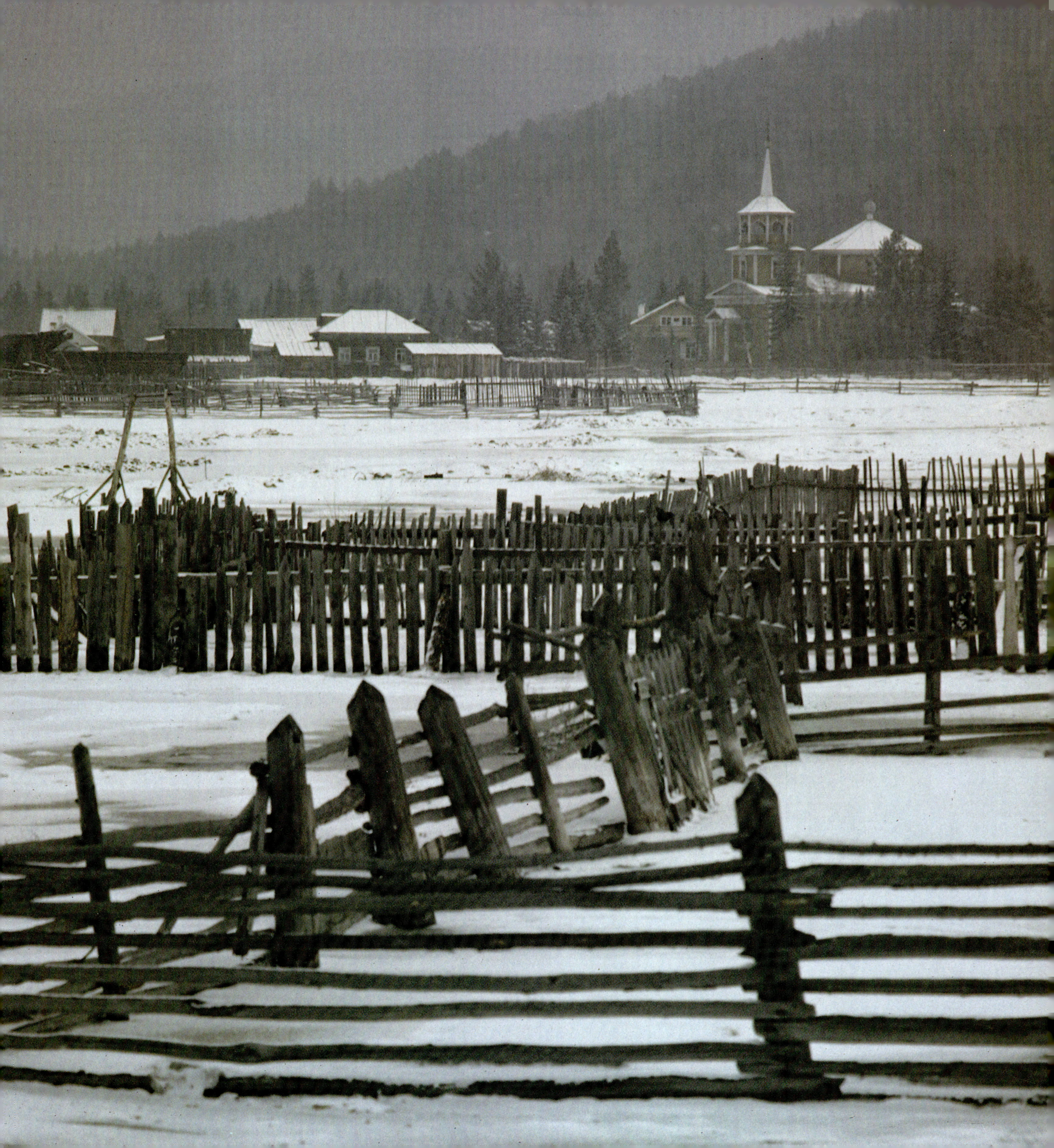

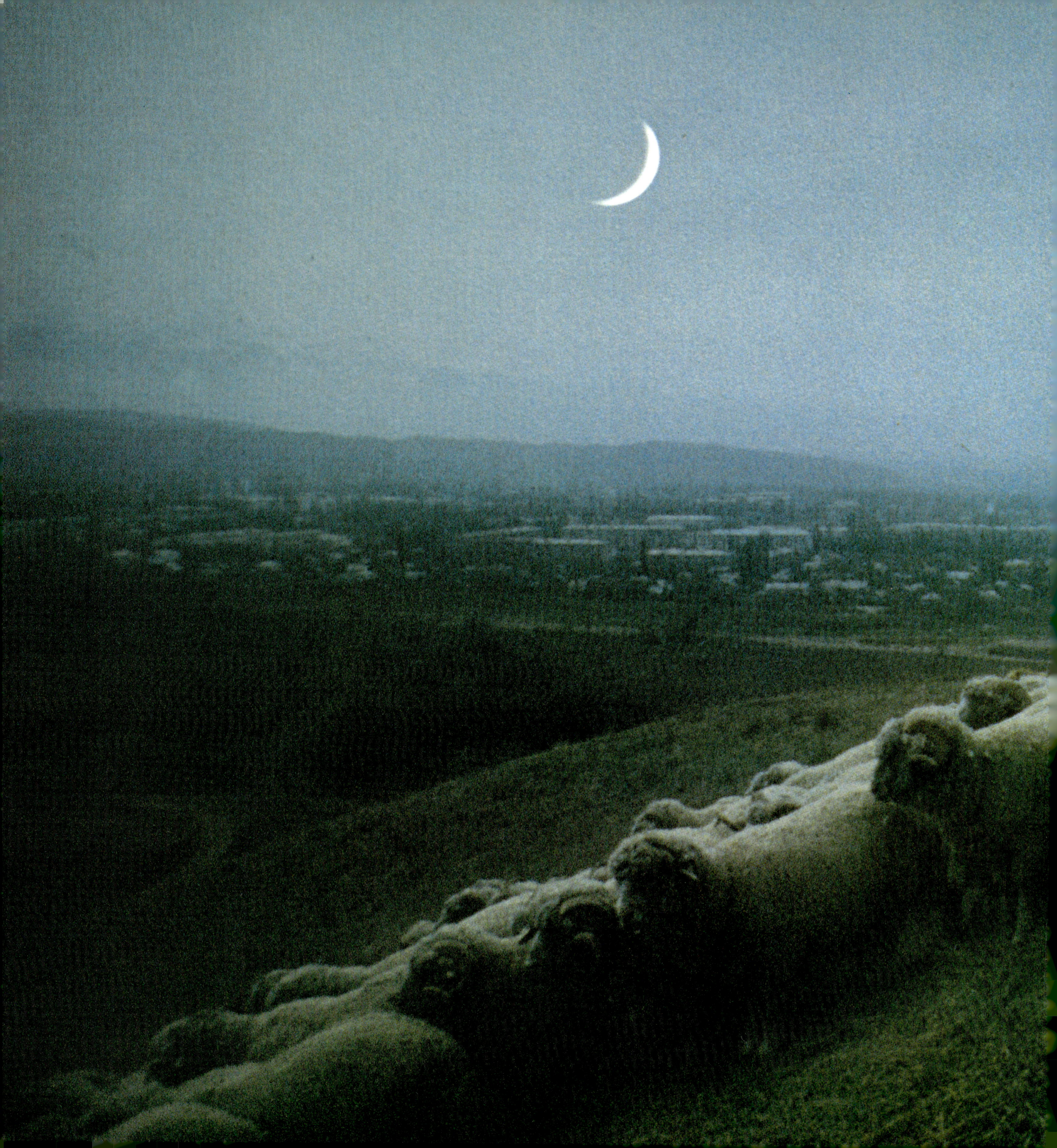

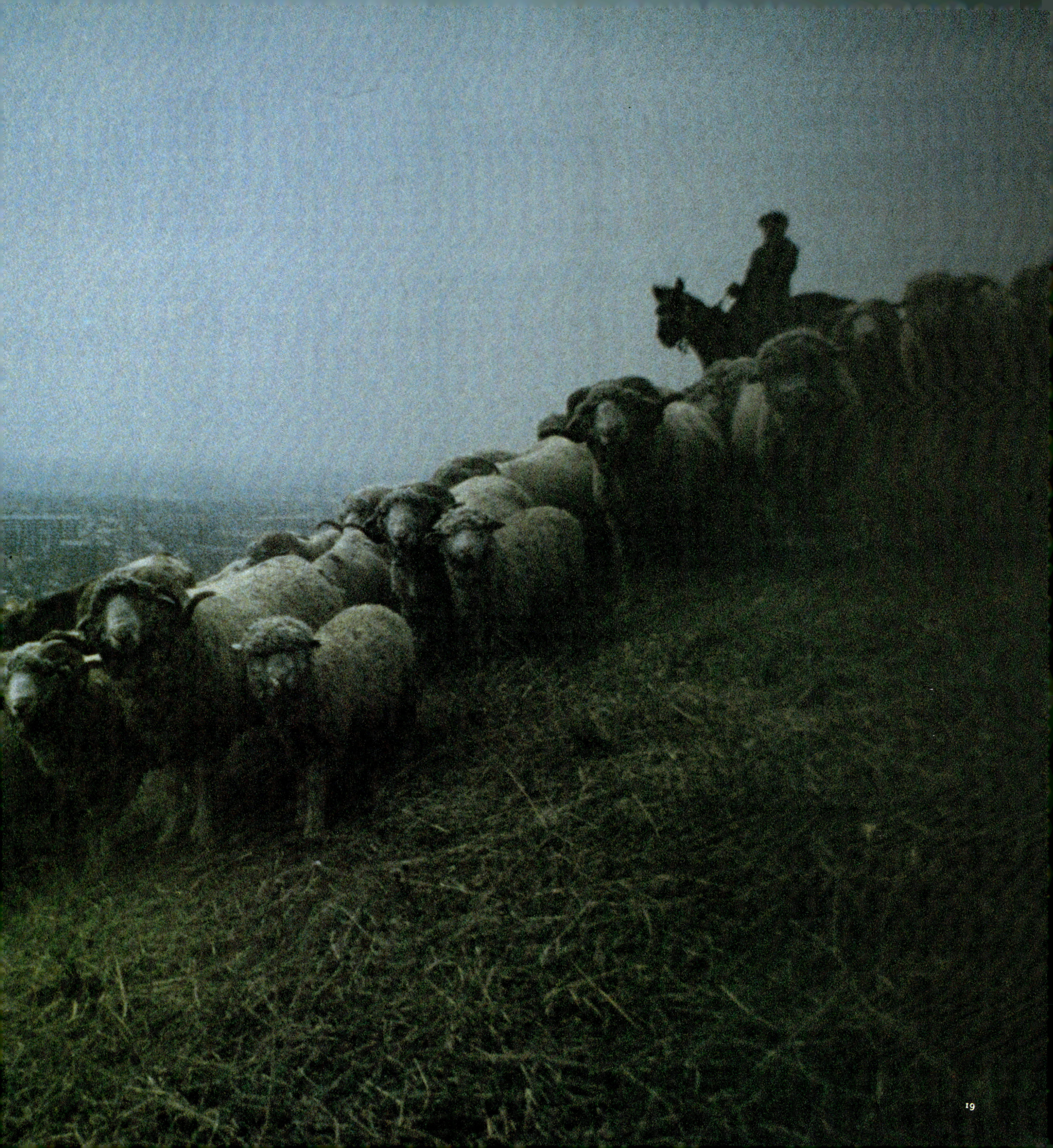

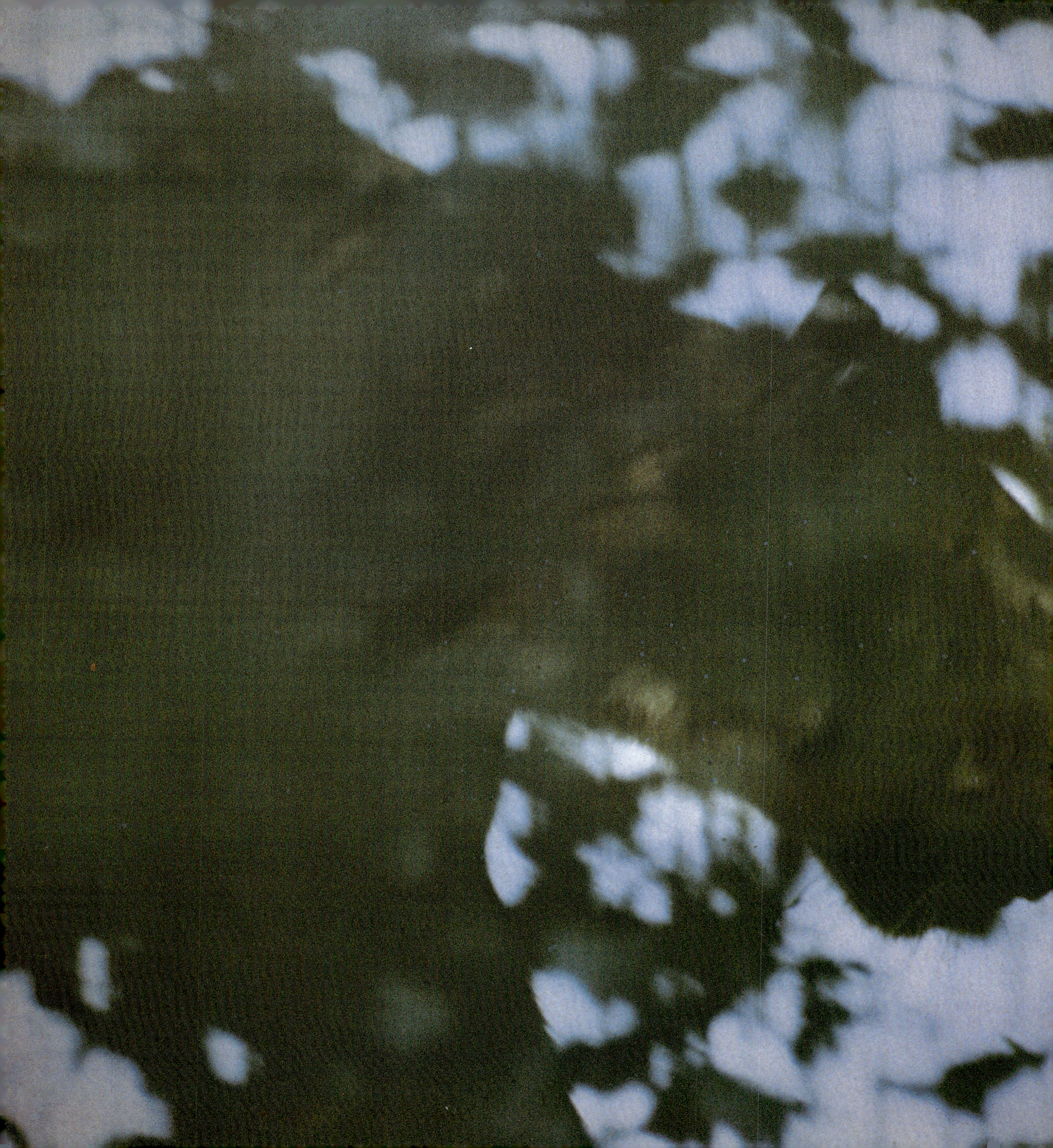

20

21

22

23

24

25

26 ▶

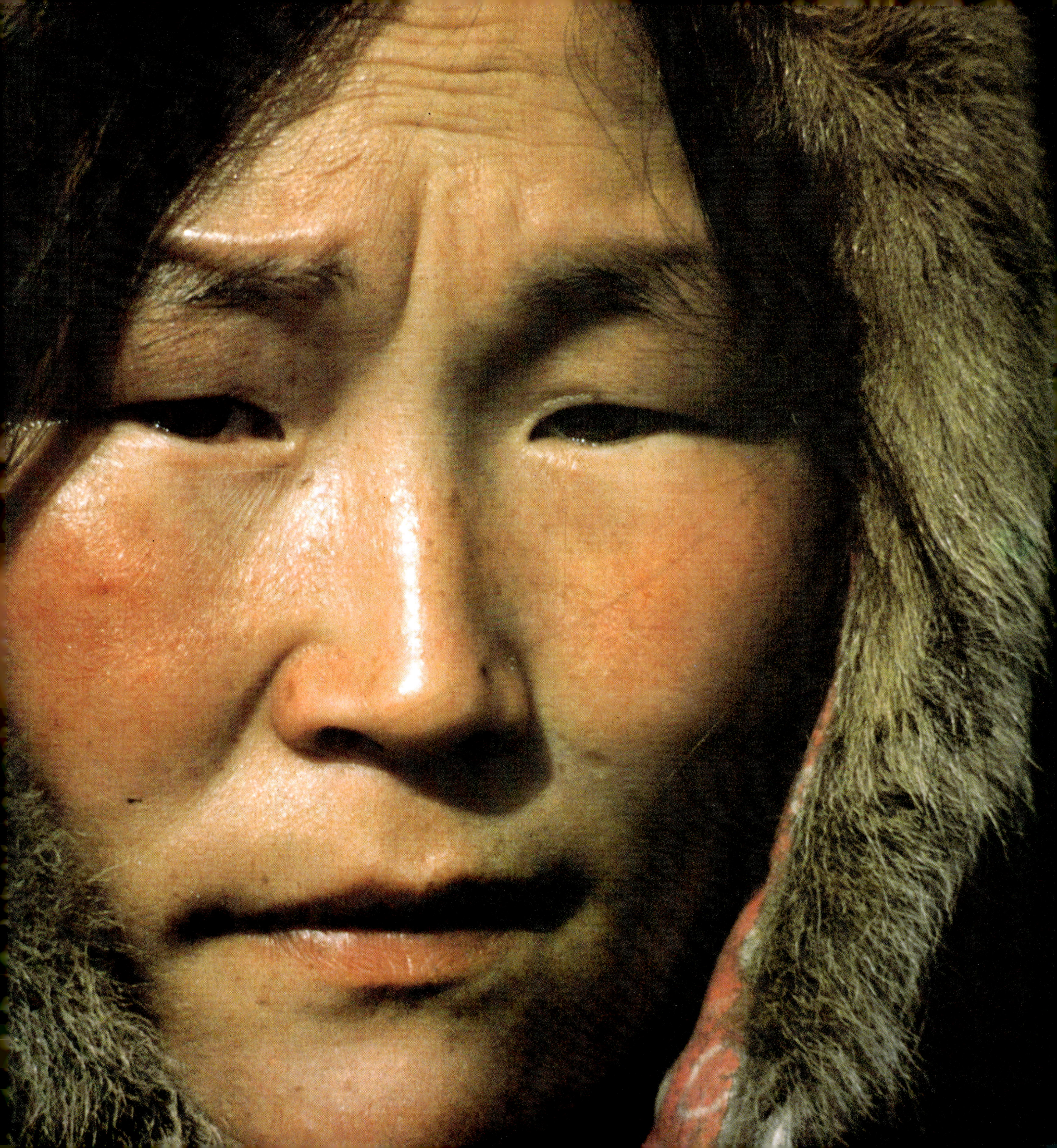

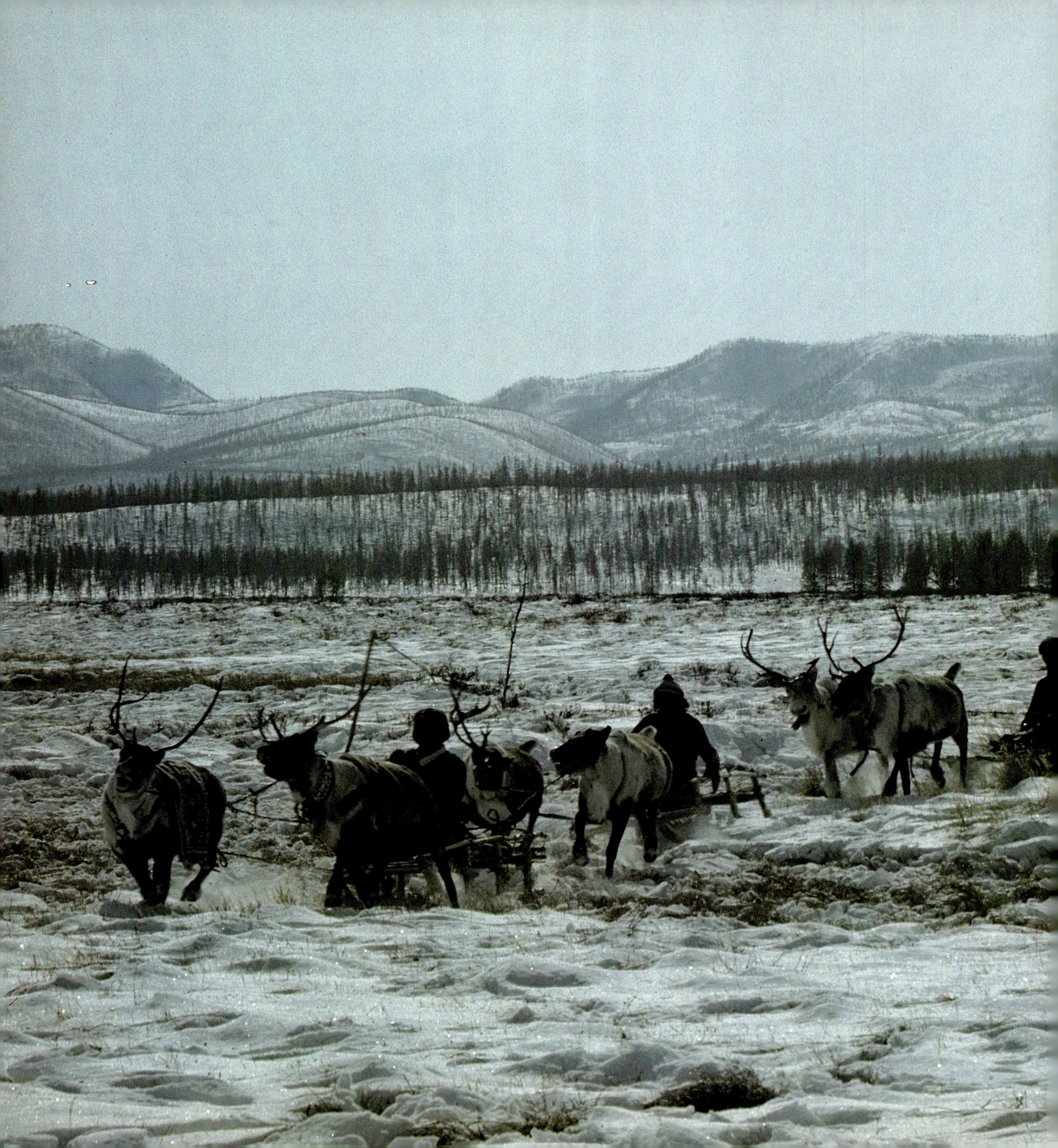

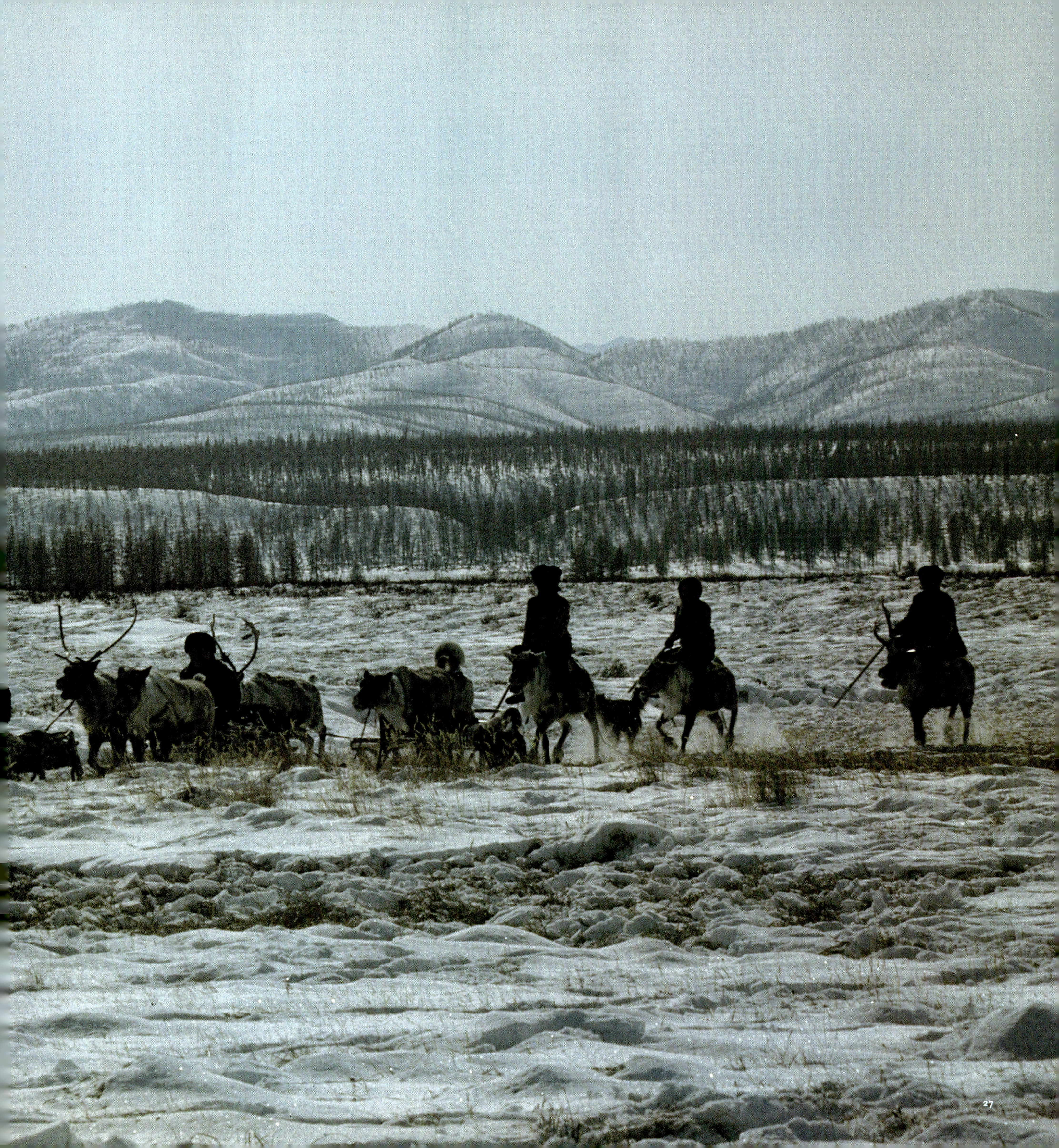

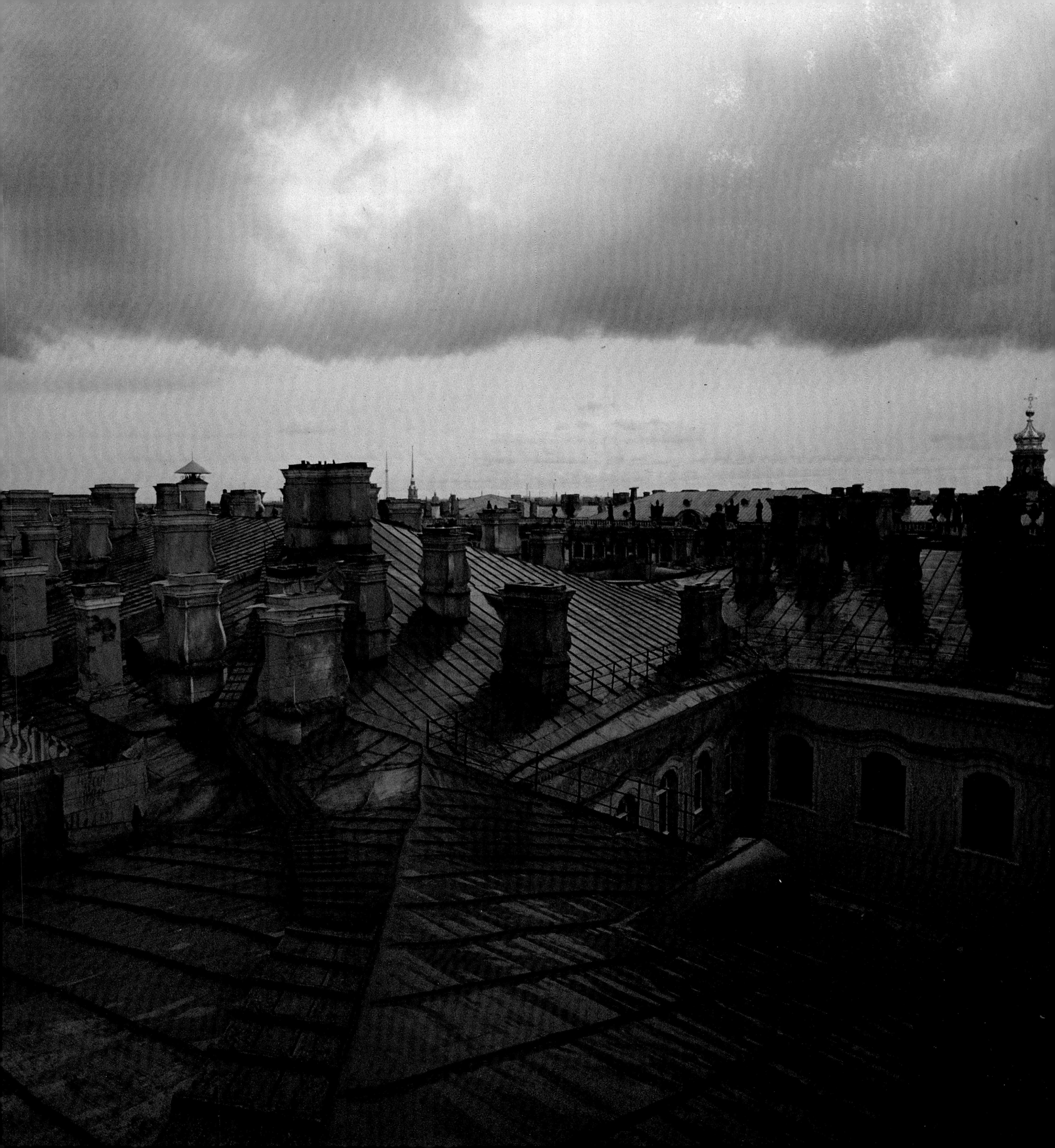

29

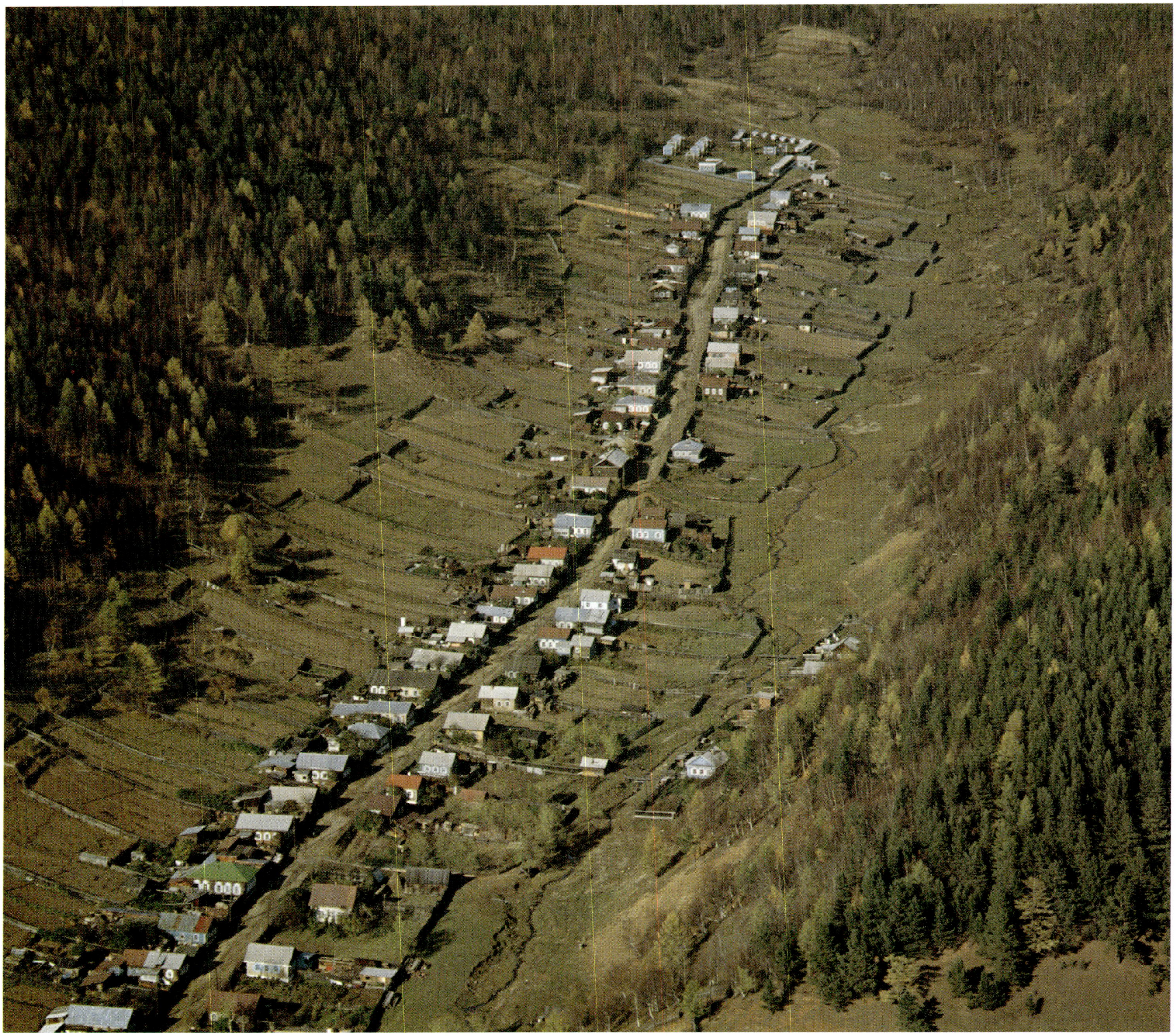

2. Die natürlichen Reichtümer des Landes und ihre Nutzung

Die Führer des neuen Staates brauchten zu allererst eine Bestandsaufnahme der Reichtümer des Landes als Basis zur Verwirklichung ihrer Pläne. Damals konnte man nur annehmen, daß der russische Boden in seinen Tiefen unermeßliche Reichtümer berge. Die russischen Bergingenieure zum Beispiel sprachen vom »goldenen Mann«, der sein Haupt in Alaska zur Ruhe lege, seinen Leib auf Sibirien bette und seine Beine gegen den Ural stemme. Doch Vermutungen sind eben keine Tatsachen! Die geologische Karte Rußlands war zu Beginn der zwanziger Jahre ein großer weißer Fleck, der nur selten von damals bekannten Fundstätten unterbrochen wurde: dem Erdöl des Kaukasus, der Kohle und dem Eisenerz der Ukraine, den polymetallischen Erzen und dem Salz des Ural, dem Gold Transbaikaliens. Die Menge der Bodenschätze schien gering; zum Beispiel stellten die erforschten Eisenerzreserven vier Prozent, die Kohlenreserven nur rund drei Prozent des Weltbestandes dar, was nicht überraschen konnte: Auf dem riesigen Territorium Rußlands arbeiteten kaum mehr als 100 Geologen.

Heute gibt es im Lande mehr als eine halbe Million Geologen, die mit modernster Technik arbeiten. Sie haben bereits sensationelle Entdeckungen gemacht, da mit Hilfe der Sputniks und der Raumstationen die weißen Flecken auf der Karte der Rohstoffquellen endgültig getilgt werden können.

Die Energie der Flüsse

Feld, Wald, Fluß ... sie gehören dem Menschen; sie sind seine Ernährer.
Durch die Kraft der Vernunft und das Geschick seiner Hände erhob sich der Mensch über die Natur. Doch wie weit die Zivilisation sich auch erstrecken mag, die Riesenstädte existieren – wie seinerzeit die paläolithischen Siedlungen – letzten Endes nur deshalb, weil es auf unserem Planeten Felder, Wälder, Flüsse gibt.
Insgesamt ist die Natur in der Sowjetunion bei allem Reichtum und aller Vielfalt dem Ackerbauern gegenüber nicht allzu freundlich. Viel Bauernland liegt in der sogenannten riskanten Agrarzone. Die Spezialisten nehmen an, daß die natürlich-klimatischen Bedingungen in der UdSSR fast dreimal weniger »produktiv« seien als in den USA.

Dagegen hat der Holzreichtum der Sowjetunion in der Welt nicht seinesgleichen. Ein Drittel des Landes wird von Wald bedeckt. Hier konzentriert sich ein Viertel des Holzbestandes der Erde. Als dichter Streifen zieht sich die Taiga von Karelien bis zur Kamtschatka.

Das Wasser der Sowjetunion kommt aus drei Millionen Flüssen und fast drei Millionen Seen, umfangreichen unterirdischen Reservoiren, Außen- und Binnenmeeren.

Die Flußtäler sind die Wiege der menschlichen Zivilisation. Kleine Bäche und große Flüsse waren von alters her die Lebensgrundlage für Städte, Handwerk und Handel.

Die Wissenschaft gab dem Menschen gigantische Möglichkeiten, die Kraft der Flüsse zu nutzen. Ohne Hydroenergie wäre das Leben der modernen Gesellschaft undenkbar. Aus dieser Erkenntnis heraus wurde 1920 in Moskau der Staatsplan zur Elektrifizierung Rußlands angenommen. Es war in der internationalen Praxis das erstemal, daß industrielle Planung erfolgte.

Die russische Wirtschaft befand sich am Rande des vollkommenen Zusammenbruchs. Um den eiskalten, ungeheizten Saal des Bolschoi-Theaters beleuchten zu können, in dem der Elektrifizierungsplan diskutiert wurde, mußte in beinahe der Hälfte Moskaus der Strom abgeschaltet werden. Doch der Plan wurde vorfristig erfüllt, so daß die Sowjetunion in der internationalen Energieversorgung auf Dauer einen führenden Platz einnahm.

Alles begann mit dem Bau eines bescheidenen Wasserkraftwerks am Fluß Wolchow bei Leningrad. Danach folgten das Dnjepr-Kraftwerk, die Wasserkraftwerke an Wolga, Dnjepr und anderen Flüssen des europäischen Landesteils. Danach verlagerte sich der Schwerpunkt nach Sibirien, Mittelasien und in den Fernen Osten.

Das Bratsker Wasserkraftwerk, mit einer Leistung von 4,5 Millionen Kilowatt das ehemals größte der Welt, trat seinen Platz an das Krasnojarsker Wasserkraftwerk am Jenissei – mit einer Leistung von 6 Millionen Kilowatt – ab. Am Ende des Jahres 1978 nahmen die ersten der Sajan-Schuscher Wasserkraftwerke, die 6,4 Millionen Kilowatt leisten werden, ihre Tätigkeit auf. Doch auf den Zeichenbrettern der Planer sind schon die Skizzen für ein neues »Jenissei-Wunder« entstanden, für das Turuchansker Wasserkraftwerk mit einer Leistung von 14 Millionen Kilowatt. Solche Größen ergeben einen hohen Nutzeffekt. Das Sajan-Schuscher Wasserkraftwerk, das mächtigste der Welt, produziert die billigste Energie der Erde. Das Bratsker Wasserkraftwerk amortisiert sich alle zwei Jahre. Das Bratsker Wasserkraftwerk liefert Tag um Tag, Monat um Monat, unabhängig von Jahreszeit und Wetter, die gleiche Energiemenge – insgesamt mehr als das größere Krasnojarsker Wasserkraftwerk. Die unerschöpflichen Reserven des Baikalwassers dienen als Garantie für diese erstaunliche Stabilität.

Die Arbeit der Flüsse wird durch Meeresfluten, durch geothermische Strömungen, Sonne und Wind ergänzt. Die Hauptrolle für das Energiegleichgewicht der UdSSR – wie für das anderer Länder – spielen Wärmekraftwerke.

Aber in einem so riesigen Land wie der UdSSR hängt die Effektivität der Energieversorgung in hohem Grade von der sparsamen Nutzung der gewonnenen Energie ab. Der Bedarf schwankt im Osten und Westen des Landes je nach der Tageszeit erheblich. Wenn man die überschüssige Energie aus den Gebieten, in denen es schon Nacht ist, dorthin umleiten kann, wo noch gearbeitet wird, so läßt es sich im Prinzip mit ein und denselben Aggregaten auskommen, welche die maximale Belastung zunächst im Fernen Osten, danach in Sibirien und Mittelasien und schließlich im europäischen Teil des Landes sichern.

Diese Aufgabe wird durch die Schaffung einheitlicher Energiesysteme gelöst. Ausgehend von ihrer eigenen Erfahrung, tritt die Sowjetunion für eine umfassende internationale Zusammenarbeit bei der Nutzung der Energiequellen ein. Ein gemeinsames, erfolgreich arbeitendes Energiesystem der europäischen sozialistischen Länder wurde geschaffen. Noch größere Vorteile könnte der Zusammenschluß der Energiequellen in ganz Europa bringen.

Geronnene Klumpen Sonnenenergie liegen unter der Erde: Trillionen Tonnen Steinkohle. Fast die Hälfte der Reserven befindet sich in der Sowjetunion.

Donezk ist das Zentrum des ältesten Kohlebeckens des Landes.

Donezk-Kohle ist beste Kohle. Sie hat nur einen Nachteil: Sie ist teuer. Die Gruben sind bis zu einem Kilometer tief, die Flöze schmal, wirrläufig, und häufige Ausbrüche unterirdischer Gase zwingen zu erhöhten Vorsichtsmaßnahmen.

Weiter im Osten gibt es mehr Kohle, und sie läßt sich leichter fördern. Im Kansk-Atschinsker Becken zum Beispiel zieht sich ein mächtiges Flöz über mehr als 700 Kilometer oberirdisch direkt an der Transsibirischen Eisenbahn entlang, ein gewaltiger natürlicher Kohlespeicher.

Die Sowjetunion hat sich immer bemüht, ihre Bedürfnisse nach anderen organischen Brennstoffen – Erdöl und Gas – selbst zu decken. Einmal glaubte man, daß Erdöl nur in Baku und im nördlichen Kaukasus vorhanden sei. In den Jahren des Zweiten Weltkriegs erschöpften sich die alten Vorkommen, und die Förderung sank ab. Dann entdeckten Geologen neue Öllager auf dem Grund des Kaspischen Meeres, in Turkmenien und an der mittleren Wolga. Doch im Vergleich mit den märchenhaften Reichtümern Venezuelas, Saudi-Arabiens und des Irans schienen die Erdölvorräte der Sowjetunion in den ersten Nachkriegsjahren äußerst bescheiden zu sein.

Die Geschichte der Entdeckung des westsibirischen Erdöls beweist, daß der Zufall häufig Ausdruck der Gesetzmäßigkeit ist.

Fast von einem Moment zum anderen verwandelte

Wärme- und Lichtreserven

sich das Gebiet von Tjumen in eines der größten Weltzentren zur Förderung des »schwarzen Goldes«. Vierzehn Jahre brauchte man, um der Tiefe die erste Milliarde Tonnen Erdöl abzuringen. Riesige Erdgasvorkommen wurden auf der Jamal-Halbinsel jenseits des Polarkreises entdeckt und erschlossen.

In der undurchdringlichen Taiga, hinter unwegsamen Sümpfen, versteckte die Natur ihre »Perle«, den Samotlor-See, einen gewaltigen, mit Wasserpflanzen bewachsenen See, eine bodenlose Hölle, die unglaubliche Erdölmengen birgt.

Um zu ihm vorzudringen, waren titanische Anstrengungen erforderlich. Metallkonstruktionen, Maschinen, komplizierteste Geräte, Baumaterialien – all das mußte aus der Ferne herbeigeschafft werden. Es gab keinen Meter Straße, keine Städte, nicht einmal Dörfer. Es gab nichts als Mückenwolken im Sommer, erbarmungslose Fröste und eine zwei Meter hohe Schneedecke im Winter.

Den ersten Bohrturm transportierte man zum Samotlor-See mit einer Geschwindigkeit von 50 Kilometern – im Monat. Später wurde zwischen den morastigen Sümpfen eine einzigartige Betonstraße gebaut – der Samotlor-Ring. Er wird nicht umsonst »goldener Ring« genannt, denn ein Kilometer kostete jeweils eine Million Rubel.

Die Hauptstadt des Samotlor-Gebietes, Nishnewartowsk, hat 100000 Einwohner. Ihr Leben unterscheidet sich kaum von dem anderer Städte des Landes. Es gibt Kinos und Sporthallen; die Kinder können in einer Kunstschule Zeichnen, Musik und Ballettanz lernen. Kurz, die Bewohner von Nishnewartowsk können die ihre Stadt umgebenden Sümpfe vergessen.

Territoriale Produktionskomplexe

Die UdSSR nimmt in der Kohle-, Erdöl- und Eisenerzförderung den ersten und in der Gasförderung den zweiten Platz in der Welt ein. In der Sowjetunion wird der fünfte Teil des gesamten Nutzholzes der Erde bearbeitet. Wieso wird dann vom *Erschließungsproblem* der natürlichen Ressourcen der UdSSR gesprochen?

Während drei Viertel der Bevölkerung und 80 Prozent der Industrieproduktion auf den europäischen Teil des Landes konzentriert sind, befinden sich mehr als zwei Drittel der natürlichen Reichtümer jenseits des Urals.

Die mit der Erschließung immer noch verbundene Romantik und der hohe Verdienst locken Tausende von Freiwilligen nach Sibirien und in den Fernen Osten. Aber die Berechnungen zeigen, daß noch über Jahrzehnte hinweg in diesen Gebieten ein starker Mangel an Arbeitskräften zu spüren sein wird. Deshalb stützt man sich bei der Erschließung der östlichen Gebiete darauf, ein Maximum an Technik einzusetzen und alle Kräfte auf territoriale Produktionskomplexe zu konzentrieren, die Sibirien und den Fernen Osten zu allseitig entwickelten Regionen machen.

Die Konzeption der Produktionskomplexe ist mit der BAM verbunden, der Baikal-Amur-Eisenbahnmagistrale. Ein stählernes Band von mehr als 3000 Kilometern Länge wird parallel zu der schon bestehenden Transsibirischen Eisenbahn verlaufen und der Außenwelt einen der interessantesten Winkel der Erde eröffnen.

Es gibt ein sibirisches Sprichwort, daß Gott beim Flug über Sibirien so sehr an den Händen fror, daß er den größten Teil seiner Reichtümer fallen gelassen habe. Wenn das zutrifft, passierte die Geschichte wahrscheinlich über den Gebieten, durch welche die BAM führt. An der zukünftigen Trasse liegen – natürlich im übertragenen Sinn – Klondike und Katanga, das Ruhrgebiet und Elsaß-Lothringen, der mittlere Ural und auch ein bißchen Kuwait. Kupfer, Eisen, Mangan, Zinn, Molybdän, Nickel, Wolfram, Steinkohle, Erdöl, Erdgas, Glimmer, Asbest, Kochsalz, Apatit sind nur einige der hier vorgefundenen Bodenschätze. In der BAM-Zone entsteht aus dem Nichts heraus ein gewaltiges neues Industriegebiet. Die Blockhaussiedlungen der Eisenbahnbauer sind die Vorläufer der zukünftigen Städte. In der sowjetischen Presse wird die BAM häufig als Bau des Jahrhunderts bezeichnet; dabei wird nicht nur an die Perspektiven, die sie eröffnet, gedacht, sondern auch an die Schwierigkeiten ihres Aufbaus. Die Strecke von der Lena bis zum Amur besteht aus undurchdringlicher Taiga, unzugänglichen Gebirgskämmen, Sümpfen und Dauerfrostboden; es ist ein Erdbebengebiet mit Stärken bis 9 auf der Richterskala.

Fast im Zentrum des ausgedehnten Baubereiches liegt die Kleine BAM, eine nach Norden führende Abzweigung der Hauptstraße. Dort in Jakutien, im Gebiet von Nerjungrja und Tschulman, fahren Belas- und Magirus-Lastwagen Tag und Nacht Abbaugestein und legen eine 50 Meter breite Schicht besten Kokses frei. 80 Kilometer weiter liegt der ungeheure Aldaner Eisenerzspeicher, der im Tagebau ausgebeutet werden kann. Ganz in seiner Nähe ist alles vorhanden, um Gußeisen und Stahl schmelzen zu können. Ein neues Zentrum des Eisenhüttenwesens von internationaler Bedeutung ist hier geplant.

Die Erbauer der BAM träumen davon, die Gleise weiter nach Norden zu verlegen – nach Jakutsk, Magadan, auf die Kamtschatka und zum Beringmeer.

Die zuerst in Sibirien erarbeitete Methode der territorialen Produktionskomplexe erwies sich im europäischen Teil des Landes ebenfalls als nützlich. Mit ihrer Hilfe konnte die Kursker Magnetanomalie erschlossen werden.

Schon Ende des 18. Jahrhunderts kannte man das seltsame Verhalten der Magnetnadel im Kursker Gebiet. Lange blieb die Kursker Magnetanomalie ein geographisches Rätsel, das zu phantastischsten Hypothesen Anlaß gab. Erst im Jahre 1923 stellte man fest, daß die Magnetnadel von einem Massiv hochqualitativen Eisenerzes beeinflußt wurde, dessen Adern sich von Smolensk bis Rostow am Don erstrecken. Das Lager besteht aus 100 Milliarden Tonnen Erz – mehr als die Hälfte aller auf unserer Erde bekannten Vorkommen.

Außer in der Kursker Magnetanomalie befinden sich noch reiche Eisenerzvorkommen in der Ukraine, im Ural, in Kasachstan, in Sibirien, in Aserbeidschan und im Fernen Osten. Wenn wir die heutige Förderungsmenge zugrunde legen, reichen schon die bekannten Vorkommen für mehrere hundert Jahre aus. Die Geologen entdecken jedoch immer neue Fundstätten dieses für die Industrie so wichtigen Rohstoffs.

»Man muß die Natur beherrschen, indem man sich ihr unterwirft.«

Dieses Wort von Charles Darwin, das seinen Zeitgenossen nur als Aphorismus erschien, hört sich in unseren Tagen an wie ein kategorischer Imperativ für Staaten und Völker.

Nachdem er in ständigem Kampf mit den Elementen über Millionen Jahre hinweg seinen Platz auf diesem Planeten behauptet hatte, erkannte der Mensch erst vor relativ kurzer Zeit, daß die Natur in Wirklichkeit so allmächtig gar nicht ist.

Viele herrliche Fleckchen Erde sind in der UdSSR zu Naturschutzparks erklärt worden. Insgesamt gibt es im Lande 128 Naturschutzgebiete, und ihre Zahl steigt weiter an. In ihnen ist nicht nur jede wirtschaftliche Tätigkeit verboten, sondern auch der Besuch dieser Gebiete unterliegt erheblichen gesetzlichen Beschränkungen. Um den Seligersee, die Quelle der Wolga, im nördlichen Kaukasus, an den Ufern des Baikalsees, in den Bergen der Krim, in den Karpaten und an der Schwarzmeerküste des Kaukasus werden Nationalparks eingerichtet. Auch Höhlen, Feldsteine und alte Bäume sind geschützt. In Litauen und Aserbeidschan zum Beispiel pflegt man sorgfältig zwei Altersgenossen: eine Eiche und eine Platane. Beide sind 2000 Jahre alt. In Armenien wurde auf den Salzböden des Ararat-Tals ein Schutzgebiet für ein seltenes Insekt geschaffen: die Cochenille, eine Schildlaus, aus der im Altertum ein sehr dauerhafter Karminfarbstoff gewonnen wurde.

Der Mensch bewahrt nicht nur das ökologische Gleichgewicht, sondern behandelt auch die Wunden, die er der Natur in der Vergangenheit schlug: Der russische Zobel war von alters her ein Symbol für Reichtum. Mit Zobelpelzen entlohnten die Kiewer Fürsten Byzanz für die Verbreitung des Christentums in Rußland, im Moskauer Staat zahlte man mit Zobelpelzen die Gehälter, schenkte sie ausländischen Monarchen und Botschaftern und finanzierte mit ihnen Kriege. So waren daher kurz vor der Revolution in Rußland insgesamt nur noch einige hundert Tiere übriggeblieben. Die Eintragung des Zobels in die traurige Liste ausgestorbener Tierarten war nur noch eine Frage der Zeit.

Fangverbote und neuartige Maßnahmen zur Ansiedelung des Zobels in verschiedenen Gebieten konnten ihn jedoch noch retten. Allein in Sibirien leben jetzt wieder 600000 bis 800000 Zobel.

Auch der ussurische Tiger, die größte der sieben Tigerarten auf der Welt, stand kurz vor dem Aussterben. Durch strengsten Schutz verdoppelte sich ihre Zahl über 20 Jahre hinweg, so daß es heute wieder fast 200 von ihnen gibt.

Im Jahre 1965 wurde der Fang von Delphinen im Schwarzen Meer untersagt. Ihre Zahl hat sich bereits versechsfacht. Etwa eine Million dieser klugen und sympathischen Tiere tummelt sich wieder an den Ufern der Krim und des Kaukasus.

In jedem Frühling fliegen wunderschöne weiße Mönchskraniche an die Ufer der Indigirka. Leider gibt es auf der Welt nur noch wenige hundert. In der Sowjetunion sind sie geschützt wie viele andere seltene Vögel – zum Beispiel der kanadische und der schwarze Kranich, die Rotmöwe und die Bläßgans.

In den letzten Jahren gelang es, 18 seltene Tier- und 30 Vogelarten wieder aufleben zu lassen. Flußbiber, Seekatze, Eisbär und die Saiga-Antilope konnten gerettet werden. Zahlreicher werden auch wieder die kaukasischen Steinböcke, Rentiere, Wisente und Moschusochsen.

Es ist natürlich unmöglich, das ganze Land in Schutzgebiete umzuwandeln; denn der Mensch ist gezwungen, der Natur immer mehr abzuverlangen. Deshalb müssen die Erde und ihre Tiefen, Flora und Fauna, die Luft und die Gewässer, um die Umwelt zu erhalten, schonend genutzt werden; es kommt darauf an, die Natur im Rahmen des globalen ökologischen Gleichgewichts vernünftig umzugestalten.

Eines der Hauptprobleme der UdSSR ist eine erhöhte Fruchtbarkeit des Bodens. Vier Fünftel der Flüsse fließen im europäischen Norden, in Sibirien und im Fernen Osten. Dem riesigen übrigen Bereich fällt nur ein Fünftel zu. Im Norden, wo der Bedarf an Süßwasser am geringsten ist, herrscht Überfluß; im Zentrum des Landes reicht das Wasser soeben aus. Im Süden jedoch sind weite Räume potentiell fruchtbaren Bodens unbewässert.

Die Wissenschaftler arbeiten schon lange an der Lösung dieses Paradoxons. Viele ihrer Empfehlungen wurden verwirklicht. Man hat Wolga, Kama, Dnjepr, Kuban und Kura in eine Kette künstlicher Meere verwandelt sowie modernste Transport- und Bewässerungskanäle gebaut. Doch die Wasserverteilungsreserven sind in den südlichen Gebieten des Landes fast völlig erschöpft. Deswegen wurde geplant, eine bestimmte Wassermenge der nördlichen Flüsse nach Süden umzuleiten.

Besonders strenge Naturschutzmaßnahmen sind in der Zone des Dauerfrostbodens erforderlich. Die nördliche Tundra ist die reinste Sauerstoffabrik. Im Sommer, wenn die Sonne nicht untergeht, »arbeiten« die Pflanzen, die nur wenig Saft besitzen, 24 Stunden lang und geben erheblich mehr Sauerstoff an die Atmosphäre ab als ihre höhergewachsenen Artgenossen in mittleren Breiten. Wenn die arktischen Winde in die Tiefe des Kontinents vordringen, bringen sie – außer Kälte – auch frische Luft mit sich. Die Pflanzendecke der nördlichen Tundra ist hochempfindlich: Die Spur, die ein geländegängiger Kraftwagen im Sommer hinterläßt, ist jahrelang zu sehen. Sie wächst nicht zu.

Die Sorge um den Schutz der Natur beschäftigte auch die neuen Technologen. In der UdSSR ist der Bau von Industrieanlagen ohne Absaug- und Filtervorrichtungen verboten. Man wirkt gezielt darauf hin, der Verschmutzung des Wassers und der Luft durch alte Betriebe und Fabriken ein Ende zu bereiten. Die Schuldigen am Austritt von Schadstoffen werden nicht nur mit Strafen belegt, sondern auch durch die Öffentlichkeit scharf kritisiert. Der Staat finanziert den Umweltschutz. Rein wirtschaftliche Erwägungen verlangten, daß die BAM so über das Nordufer des Baikalsees läuft, wie seinerzeit die Transsibirische Eisenbahn den südlichen Teil des Sees umrundete. Trotz gewaltiger technischer Schwierigkeiten und riesiger finanzieller Ausgaben wurde beschlossen, das Baikalufer nicht anzutasten. Die Eisenbahnstrecke läuft weiter nördlich durch die Berge.

Bilderläuterungen zu Kapitel 2

31 Die Erdölbohrtürme von Baku zeichnen sich vor dem Hintergrund der aufgehenden Sonne ab. Baku ist buchstäblich auf Erdöl groß geworden. Die Apscheron-Halbinsel und die sich daran anschließende Küste des Kaspischen Meeres enthalten große Vorkommen von Erdöl und Erdgas.
Zum ersten Mal wird das Erdöl von Baku im 10. Jahrhundert erwähnt, und im 15. Jahrhundert zählte man in der Stadt fünfhundert Brunnen, aus denen das »schwarze Gold« mit Ledersäcken geschöpft wurde. Im Jahre 1898 lieferte Baku ungefähr die Hälfte der Weltausbeute dieses wertvollen Rohstoffes.
Heute, da sich das Förderzentrum des sowjetischen Erdöls nach Westsibirien verlagert hat und der Anteil des Öls von Baku an der Gesamtausbeute erheblich zurückgegangen ist, hat es trotzdem seinen Wert für die Industrie nicht verloren, da das Baku-Öl über hervorragende Eigenschaften verfügt und einen hohen Reinheitsgrad hat. Das moderne Baku ist nicht nur eine Erdölstadt, sondern ein hochentwickeltes Industrie-, Wissenschafts- und Kulturzentrum des Landes mit einer Bevölkerung von einer halben Million Menschen.

32 Hunderte von Erdölbohrtürmen erheben sich über den Wellen des Kaspischen Meeres. Hier werden mehr als sechzig Prozent des gesamten aserbeidschanischen Erdöls und mehr als neunzig Prozent des Gases gefördert. In der Meeresindustrie von Baku erprobt man neue Techniken und neue Bohrmethoden. Um die Umwelt zu schützen, werden im Kaspischen Meer neue Anlagen eingesetzt, die gestatten, die Industrieabwässer wieder zu verwerten.

33 Das ewige Problem der Welterdölförderung ist die Nutzung des nassen Erdgases. In Westsibirien spitzt sich das Problem zu, denn im Umkreis von Hunderten von Kilometern gibt es keine großen Industriestädte als Hauptverbraucher des Gases. Man muß transkontinentale Gasleitungen bauen und in unbewohnten Gegenden Gasverwertungswerke schaffen. Der umfangreichste Gasverwertungskomplex, der bisher in der Welt nicht seinesgleichen hat, ist unweit von Nishnewartowsk errichtet worden. Durch ihn wurde es möglich, einen Teil der Gasfackeln zu löschen. In nicht zu ferner Zukunft – wenn territoriale Industriekomplexe geschaffen worden sind und die Werke den Rohstoffquellen so nahe wie möglich sind – wird man das Problem der Nutzung nassen Erdgases vollständig lösen.

34 Bisher kannte man keine so großzügige und zielstrebige Erschließung größter Erdöl- und Erdgasvorkommen wie bei den Rohstofflagern Westsibiriens. Die Nutzbarmachung des Samotlor ist zu einer Legende geworden – und Menschen haben sie geschaffen. »Menschen nördlichen Zuschnitts«, die unter schwersten Bedingungen ihre Belastbarkeit auf die Probe stellen ließen. Solche Menschen verlassen ein Bohrloch auch nicht bei einem Frost von vierzig Grad. Als eine der besten Brigaden am Samotlor-See wird die von dem Helden der Sozialistischen Arbeit Gennadij Ljowin geleitete Bauarbeiterbrigade anerkannt.

35 Zum Unterschied zu den Arbeitern am Samotlor-See müssen ihre Kollegen auf den Ölfeldern von Baku die Rohre bei vierzig Grad Hitze verlegen.
Die Grube mit dem Namen der Zeitung »Sozialistischer Donbass« unterscheidet sich kaum von anderen Donezker Bergwerken. Allerdings gibt es hier eine ganze Reihe von Gefahren für den Bergmann. Um die Menschen keinem unnötigen Risiko auszusetzen, werden Vorsorgemaßnahmen getroffen. So widmet sich zum Beispiel die erste Schicht ganz und gar prophylaktischen Reparaturen und der Durchführung von Sicherheitsvorkehrungen, um plötzliche Gas- und Kohledurchbrüche zu verhindern. Die mächtigen Decken in den Abbaustollen sind eine zusätzliche Garantie für die Sicherheit der dort arbeitenden Menschen. Die Kohleförderung selbst wird in 750 Meter Tiefe zweischichtig betrieben. Jede Schicht dauert sechs Stunden.

36 Ein Donezker Bergmann.

37/38 Eines der besten Arbeitsteams im Bergwerk: Die Brigade von Anatolij Asjutschenko. Jeder Mann fördert monatlich 300 Tonnen Kohle. Der Brigadeführer wurde für seine Arbeit mit dem Titel eines »Verdienten Bergmanns« und zwei Orden ausgezeichnet.

39 Der Hauptmarkscheider der Grube Alexej Bilan im Tunnel.

40 Schichtende in einem Donezker Bergwerk.

41/42 Die Taiga knistert unter fünfzig Grad Frost. Benzinmotorsägen kreischen, jahrhundertealte Laubbäume stürzen in den Schnee und wirbeln riesige weiße Wolken auf. Tausende Kilometer von Schneisen müssen den Erbauern der BAM in das Dickicht der Taiga gebahnt werden.
Der Polarforscher Fritjof Nansen, der sich im Jahre 1913 in Sibirien aufhielt, schrieb: »Hier liegen endlose Räume, die glänzende Möglichkeiten bergen und nur darauf warten, daß der Mensch seine schöpferischen Kräfte einsetzt.« Das Buch, das dieser Reise gewidmet war, hieß »Ins Land der Zukunft«. Diese Zukunft hat begonnen. Das ganze Land hat sich in einen riesigen Bauplatz verwandelt. Etwas mehr als zwanzig Jahre sind vergangen, seit mit dem Bau des Bratsker Wasser-

kraftwerks begonnen wurde – das war der Anfang des Bratsk-Ilimsker territorialen Produktionskomplexes (TPK). Im Jahre 1974 wurde der 1940 aufgenommene und zeitweilig durch den Krieg unterbrochene Bau der BAM fortgesetzt. Diese gigantische Arterie wird in naher Zukunft weiteste Gebiete Sibiriens und des Fernen Ostens beleben, deren Fläche jener ganz Westeuropas gleichkommt.
In der Erschließungszone der BAM werden viele TPKs Platz finden. Schon führen die Gleise der Kleinen BAM zur jakutischen Kohle. Hier formiert sich – in Südjakutien – der erste TPK im BAM-Bereich.

43 Angeschwemmte Stämme des Bratsker Holzwirtschaftskomplexes.

44 Schienenverlegung der Kleinen BAM in jakutischem Gebiet.

45 Die Erbauer der Kleinen BAM.

46 Auch am Bahndamm kann man sich herrlich vergnügen.

47 Sibirien übt eine gewaltige Anziehungskraft auf die Jugend aus. Andrej Poljanskij lockten, wie viele seiner Altersgenossen, die zur BAM kamen, die Dimensionen des Baus, der gute Verdienst, der Wunsch, Pionier sein zu können und seine Widerstandsfähigkeit unter schwersten Bedingungen zu erproben.

48, 49/50 So wird die Baikal-Amur-Magistrale (BAM) gebaut.

51 Plakat der BAM-Erbauer in Nerjungrja in Südjakutien.

Technische Angaben zu Kapitel 2

31 Die Ölfelder von Baku am Kaspischen Meer, kurz nach Sonnenaufgang, fotografiert mit dem Telyt 1:2,8/180 mm und dem Ektachrome 200.

32 Das Thermometer in Baku zeigte plus 40 Grad, als ich dieses Bild mit der Leicaflex und dem 400er Objektiv aufnahm.

33 Von Baku nach Nishnewartowsk sind es Tausende von Kilometern. Gemeinsam ist beiden Städten nur der Reichtum an Öl. Im sibirischen Nishnewartowsk werden heute bereits 70 Prozent des sowjetischen Erdölbedarfs gefördert. Es herrschten 40 Grad unter Null, als ich diese Aufnahme machte. Die Batterien der Elektronikkameras gaben ihren Geist auf. Aber die Leicaflex funktionierte wie eh und je. Das 400-mm-Objektiv und der Ektachrome 400, mit 30 DIN belichtet, waren auch hier dabei.

34, 35, 36, 37, 38, 39, 40 Bilder aus der Arbeitswelt in der Sowjetunion:
In dem Ölförderturm in Nishnewartowsk wird auch bei einer Temperatur bis minus 40 Grad gearbeitet.
In den Kohlebergwerken des Donezbeckens kamen wir dagegen ins Schwitzen. Wir fuhren mit den Bergleuten auf die Sohle und robbten mit ihnen auf dem Bauch bis vor Ort. Dort wurden auch die Kameras kohlschwarz.
Die Arbeiter auf 40 und 41 nahm ich mit dem 400 -mm-Objektiv auf und verwandte den Agfacolor-Negativfilm 400.

41/42 An der Baikal-Amur-Magistrale wird eine Schneise in den Wald geschlagen, damit dort die Masten für die Strom- und Telefonleitungen aufgestellt werden können.

43 Links oben werden die geschlagenen Stämme zur Weiterverarbeitung nach Bratsk geschwemmt.

44 Mittleres Bild: Verlegung der Eisenbahnschienen für die BAM.

45 Unteres Bild: BAM-Arbeiter während einer kurzen Pause.

46 Kohletransport im Donezgebiet. Die Gleise liegen in der Nähe eines Flüßchens, dessen Wasser zum Baden einlädt.

47 Als ich diesen BAM-Arbeiter fotografierte, hatten wir 35 Grad Kälte. Die anderen Aufnahmen entstanden im Frühjahr.
Links die Aufnahme wurde mit dem 90 mm Leitz-Objektiv 1:2,0 und dem Agfachrome-Film 18 DIN gemacht.

48, 49, 50 Die Bilder rechts entstanden alle mit dem 400er Telyt.

51 In der UdSSR findet man sehr viel Plakatmalereien. Diese hier weist auf das Jahrhundertwerk, die Baikal-Amur-Magistrale, hin.

31

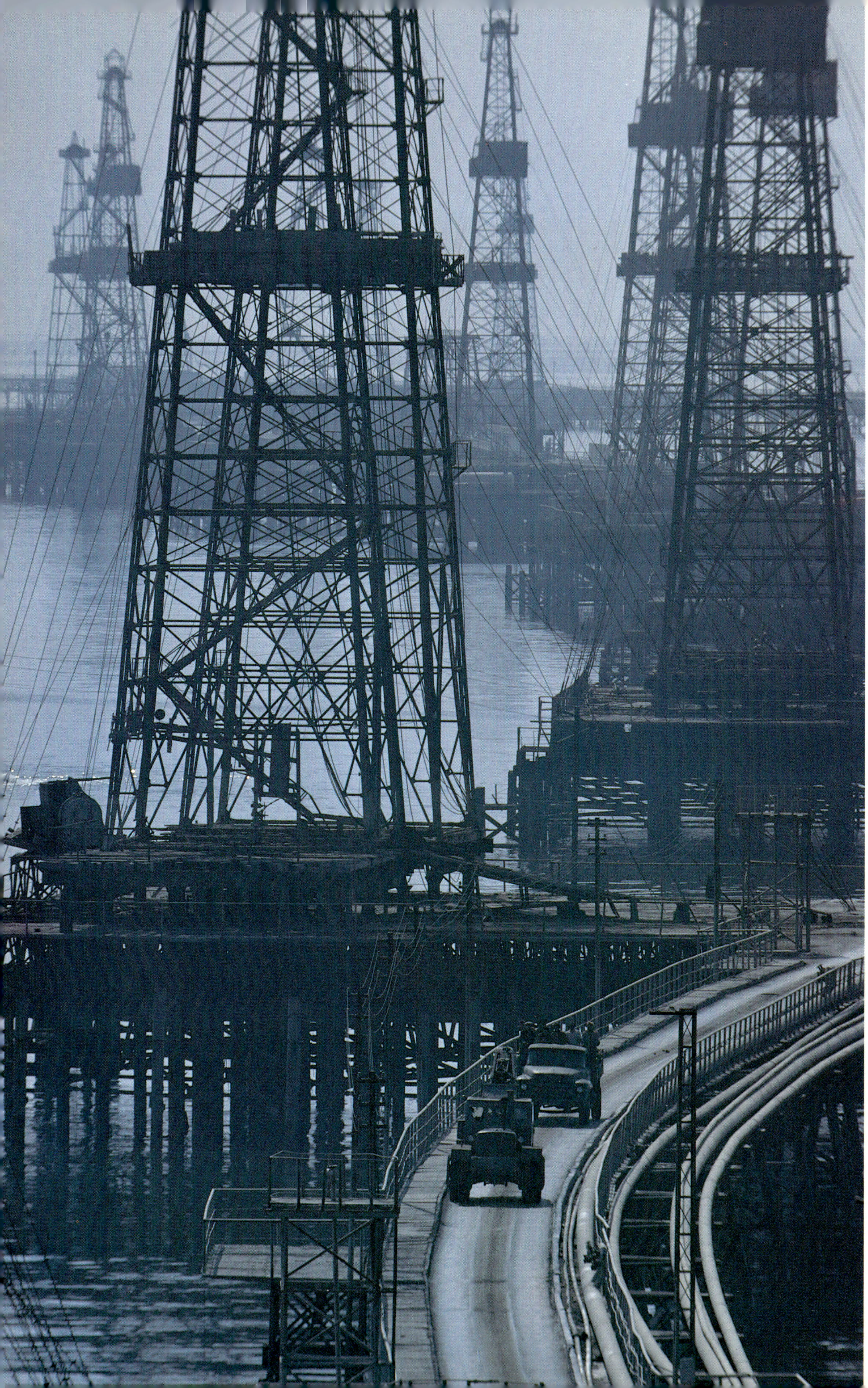

◄32

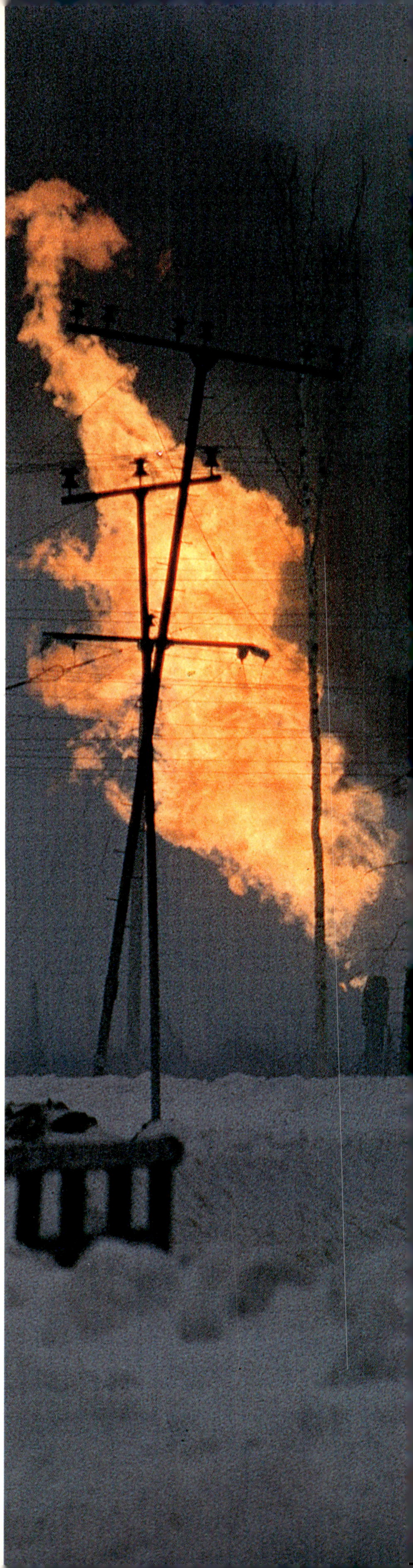

33►

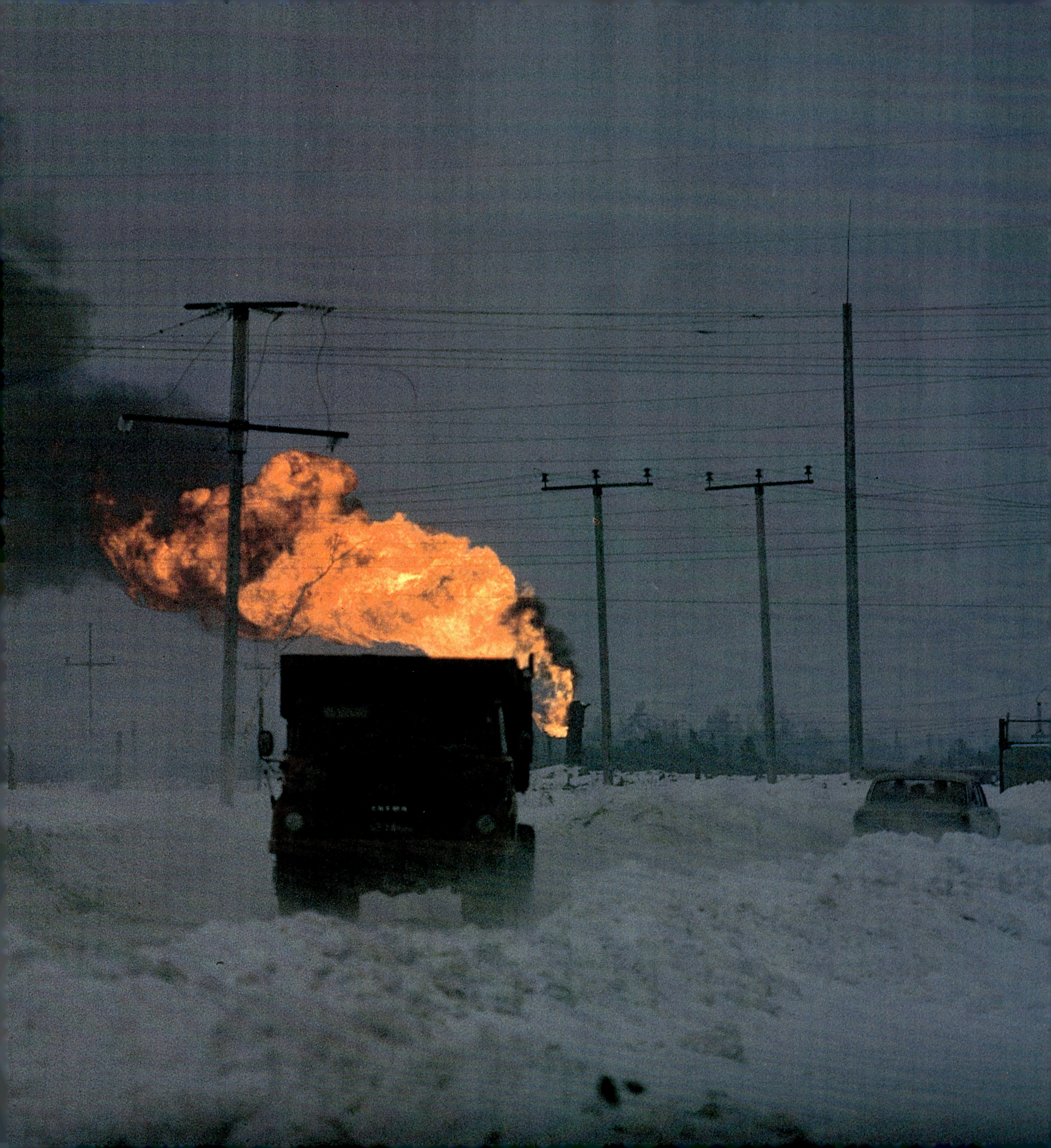

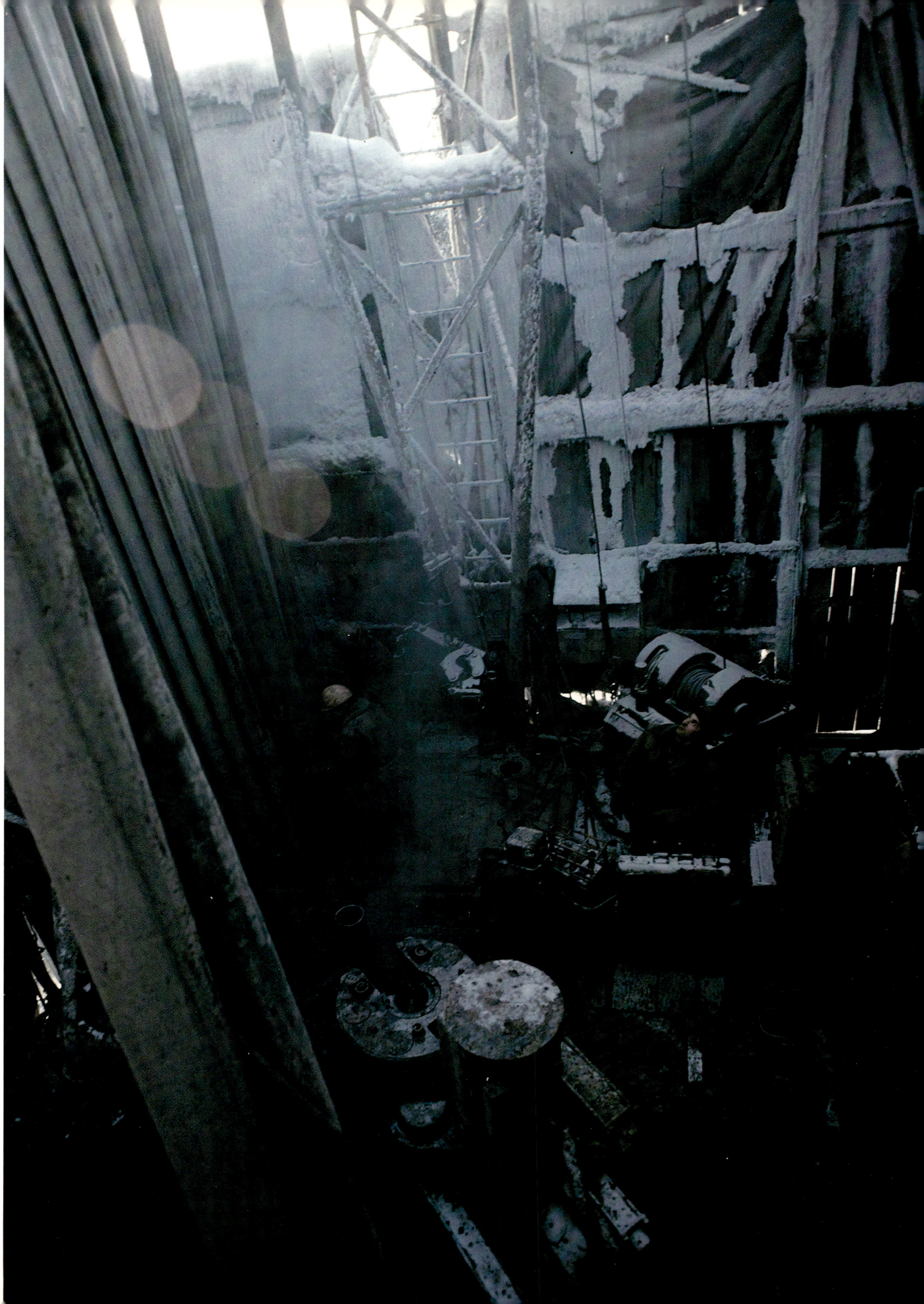

35

36

37

38

39 ▶

ЕВЫПОЛНЕНИЕ — ЧЕСТЬ.

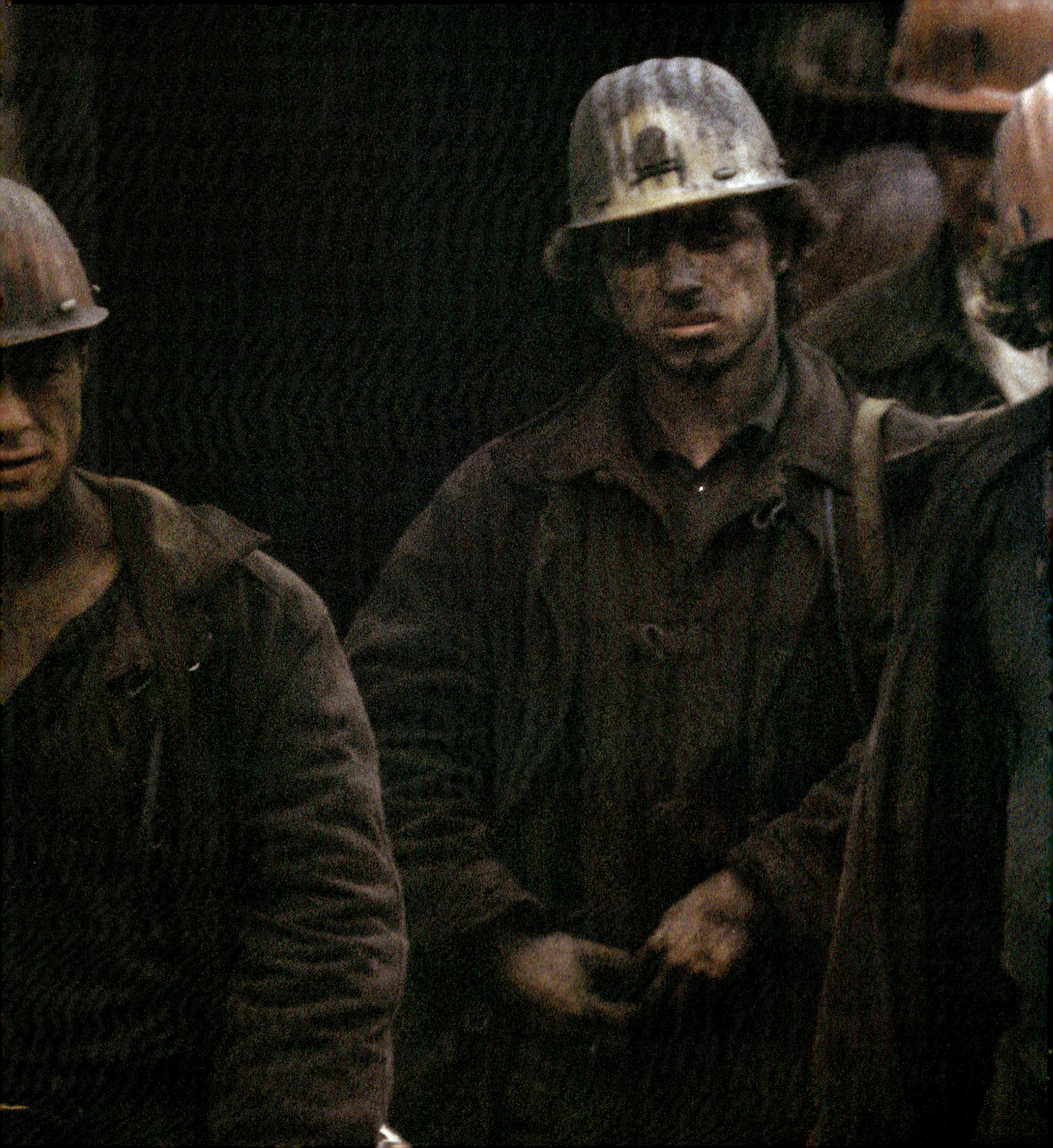

40

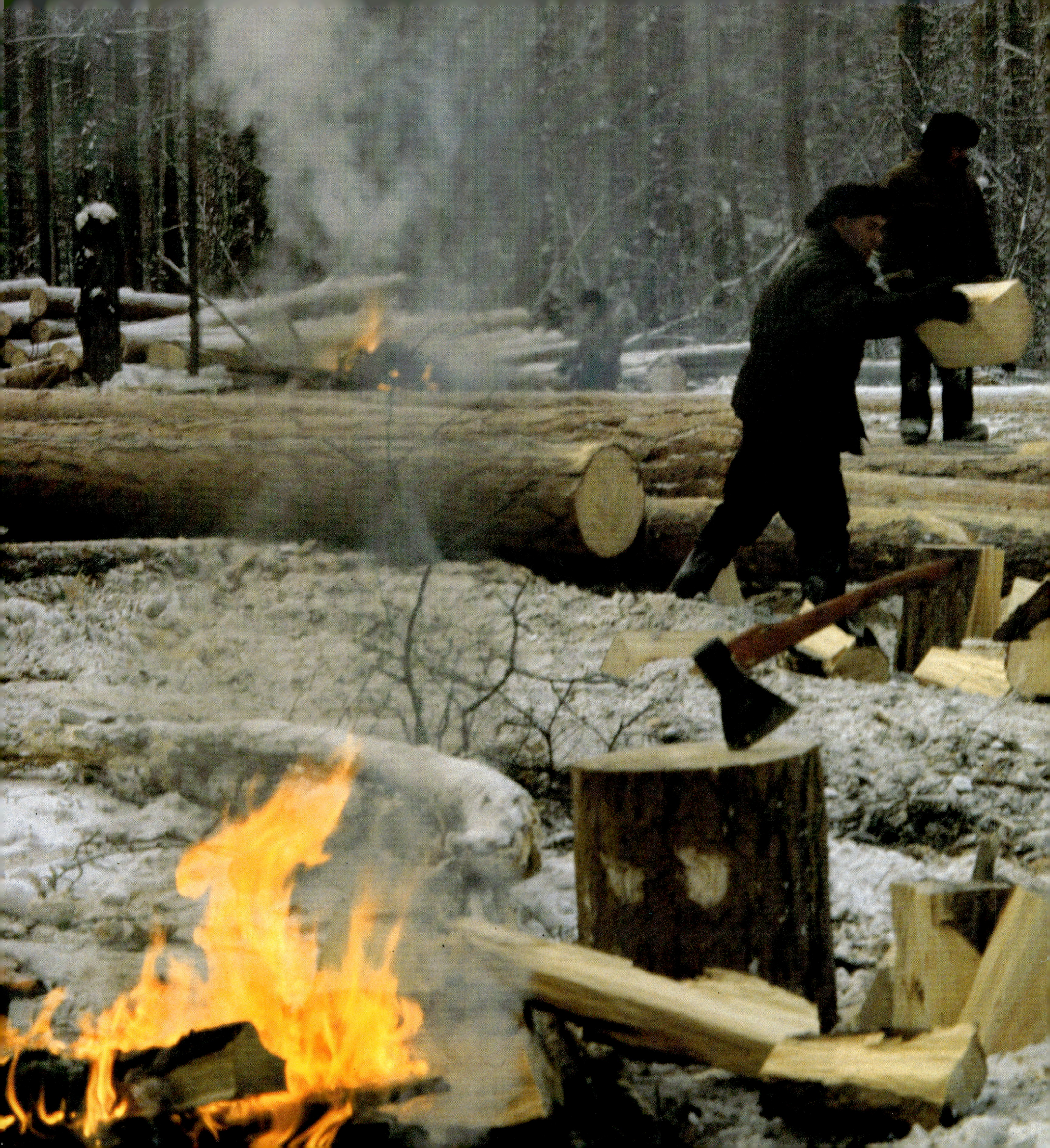

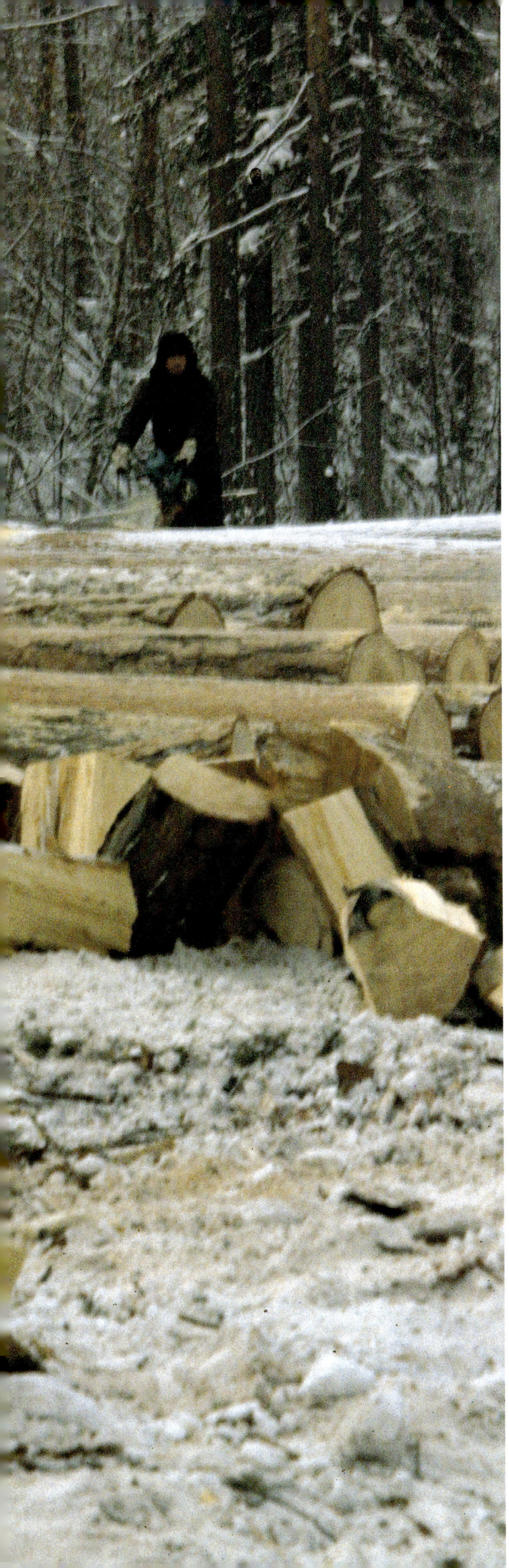

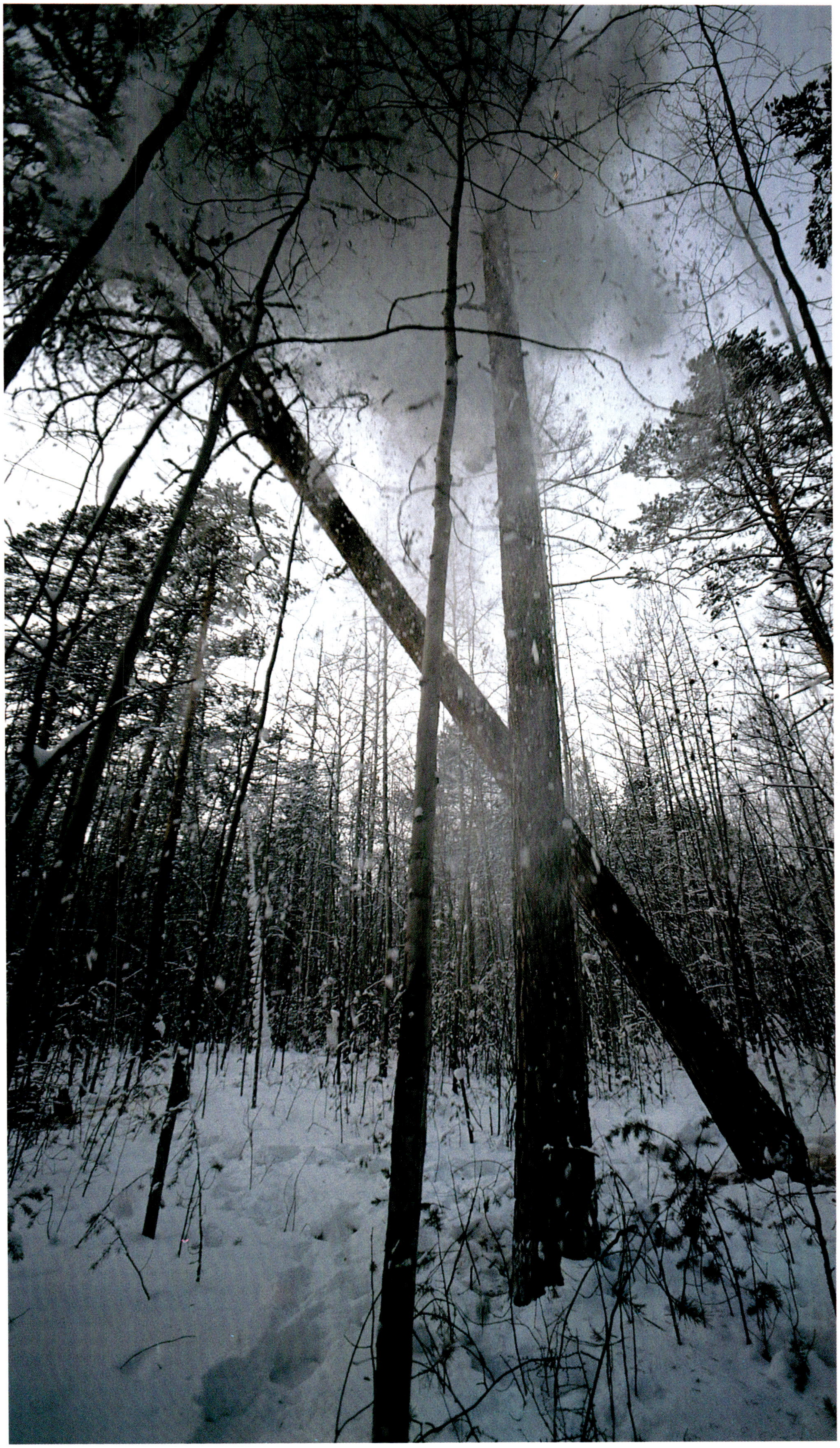

43

44

45

46 ▶

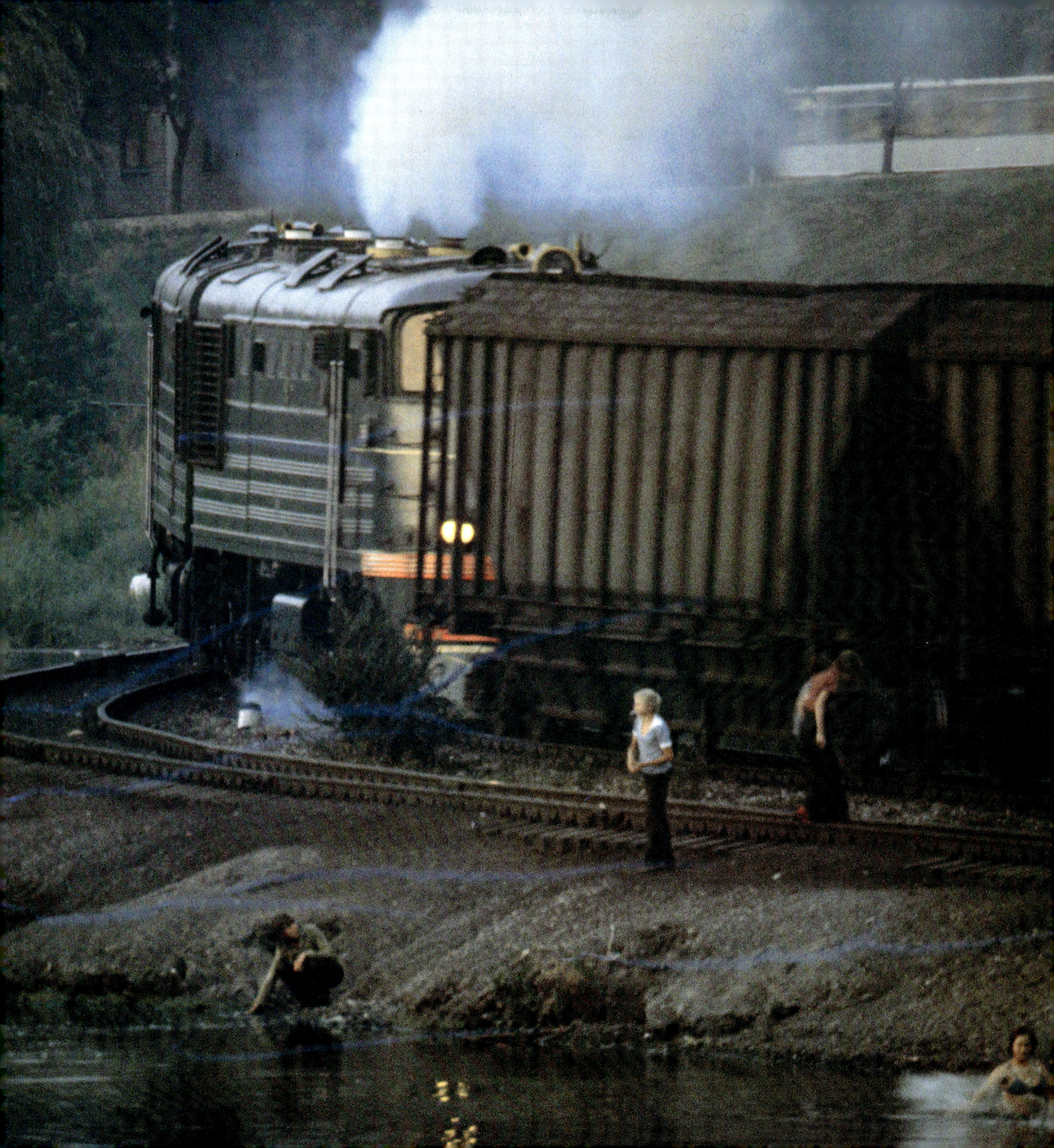

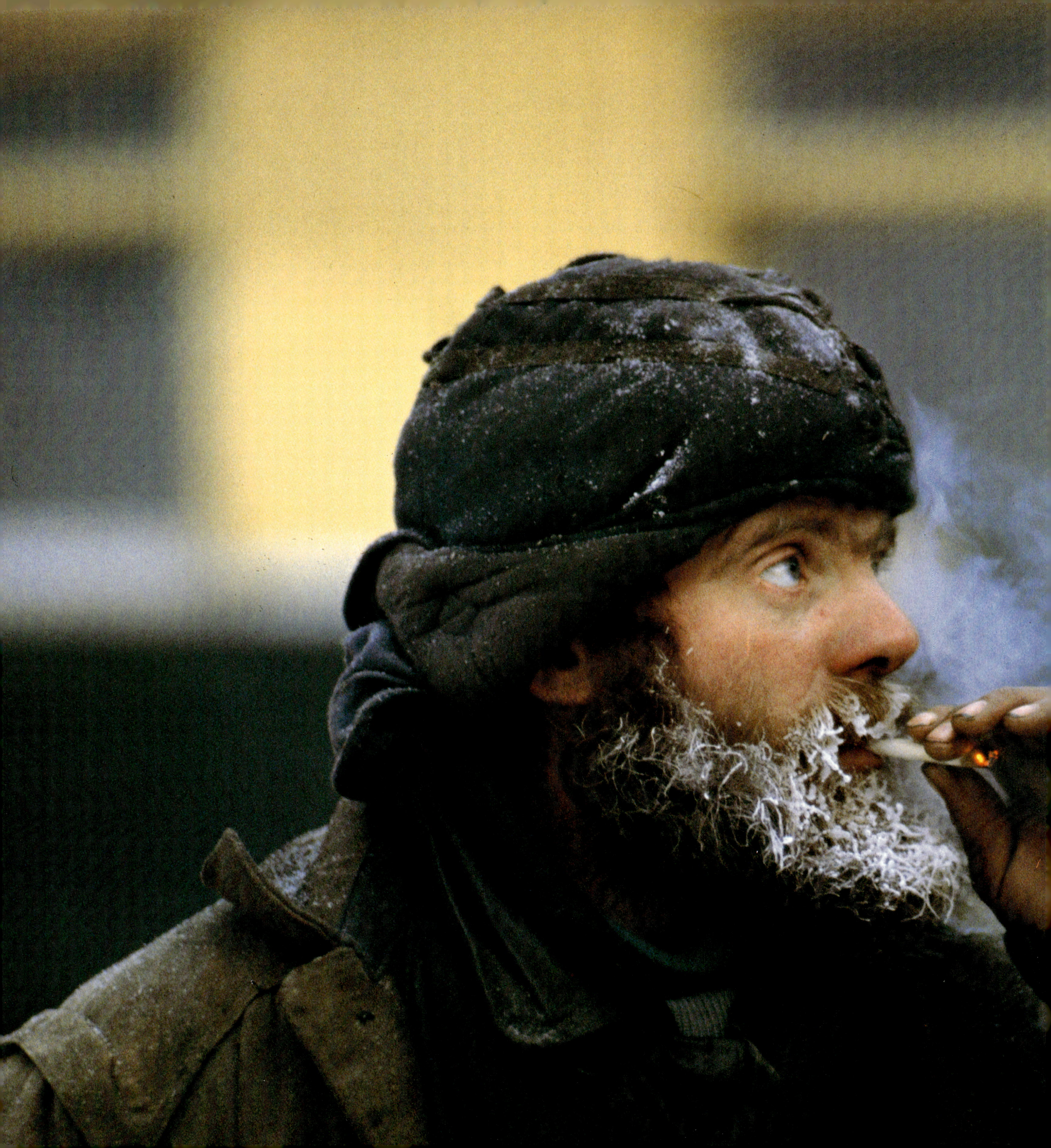

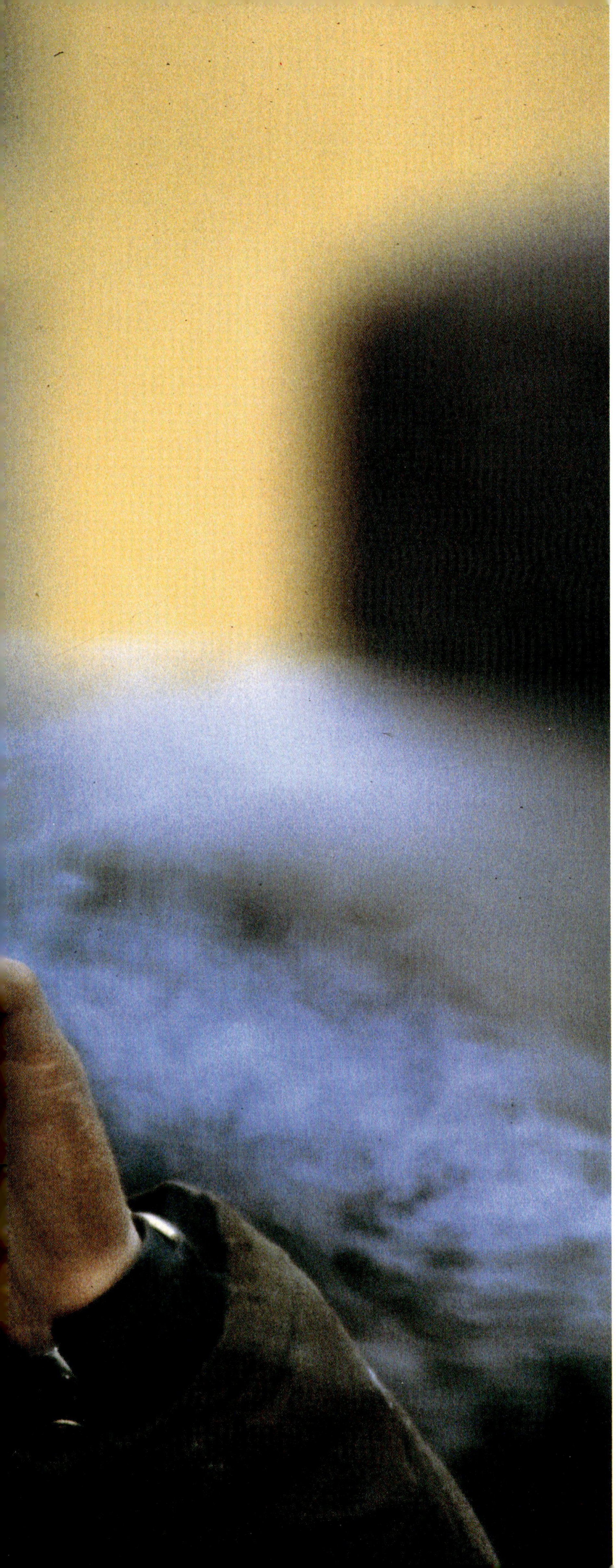

◄47

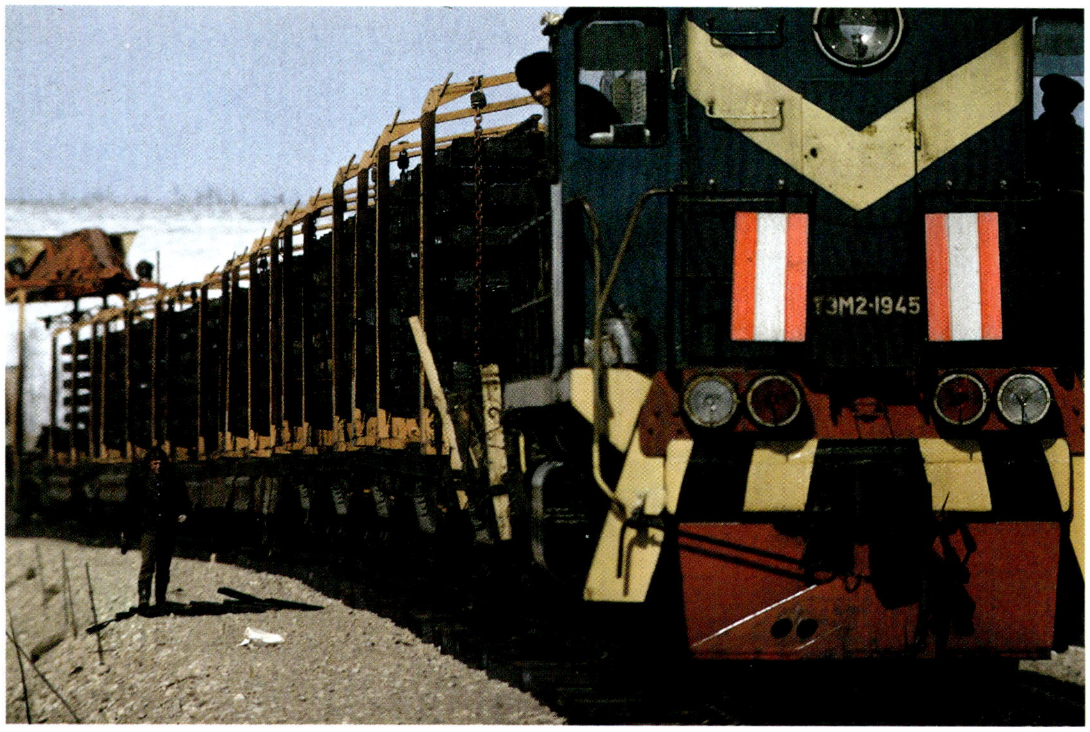

48

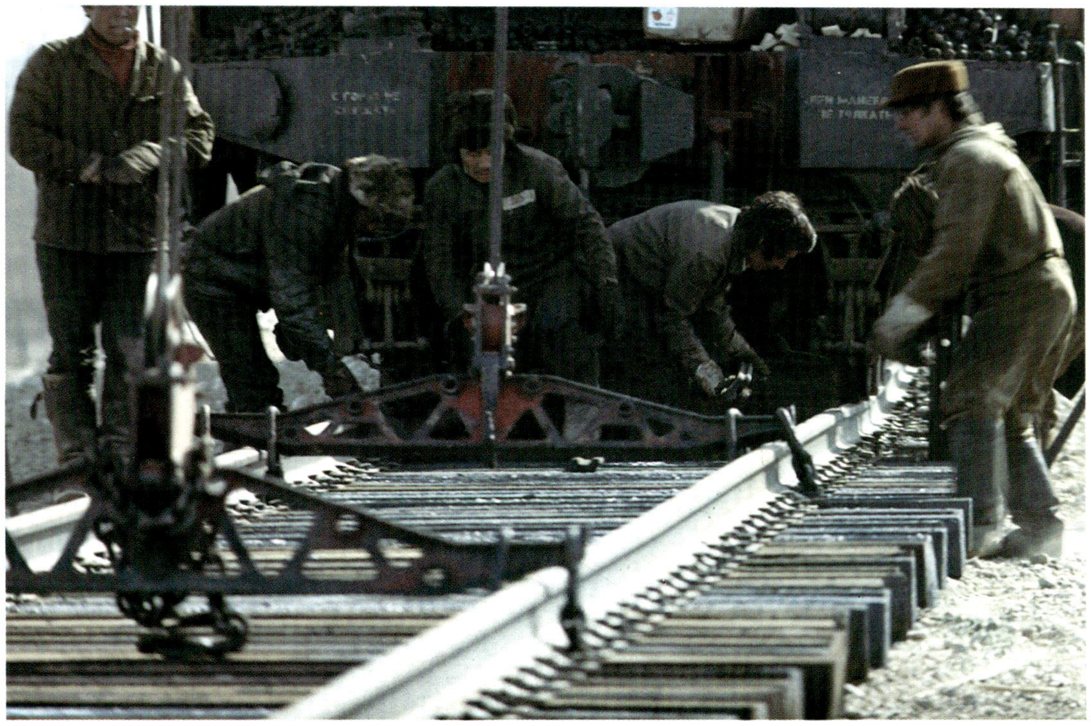

49

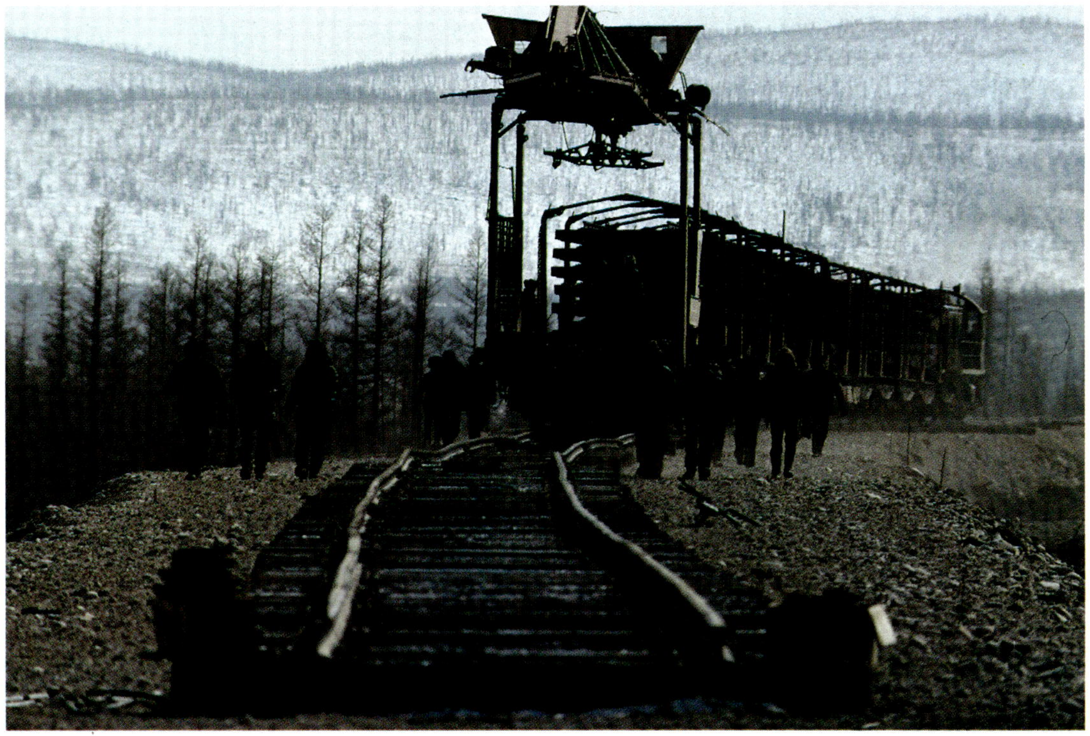

50

51

3. Sozialer Fortschritt und Wohlstand des Volkes

Es ist schwer, auf der Welt einen Menschen zu finden, der nicht an der Sowjetunion interessiert wäre. Die einen ziehen ihre riesigen Räume, die Schönheit und Vielfalt ihrer Natur an. Die anderen begeistern sich für die einzigartigen historischen Denkmäler, die Meisterwerke von Architektur, Kunst und Literatur. Noch andere interessieren sich für den Fortschritt ihrer Wirtschaft, die Leistungen ihrer Wissenschaft und Technik.

Doch das, was die Aufmerksamkeit der Welt wohl in erster Linie fesselt, ist das gesellschaftliche Experiment, das mit der Oktoberrevolution des Jahres 1917 begann.

Der Sprung in die Zukunft

Der sozialistische Aufbau begann im Sowjetstaat unter schwierigen Bedingungen. Das ohnehin wirtschaftlich rückständige Land war durch den Ersten Weltkrieg und den Bürgerkrieg ruiniert. Aber die neue Gesellschaft war ohne moderne, hochentwickelte Ökonomie und Wissenschaft, ohne ein hochentwickeltes Bildungssystem nicht lebensfähig.

Vier Fünftel der russischen Bevölkerung waren Bauern, die in patriarchalischer Rückständigkeit lebten.

Bei dem am Vorabend der Revolution herrschenden Tempo des Schulbaus waren nach Meinung der zaristischen Beamten 150 bis 200 Jahre erforderlich, um das Analphabetentum in den Zentralgebieten Rußlands zu beseitigen, und 400 bis 600 Jahre in den Randgebieten!

Der neuen Regierung stellte sich eine ungeheuer schwierige Aufgabe: Sie mußte die Menschen in kürzester Zeit lesen und schreiben lehren, ihnen professionelle Fertigkeiten und Kenntnisse beibringen und sie zur Arbeit motivieren. Der Sozialismus als System ist undenkbar ohne die bewußte Schaffenskraft der Bürger, ohne ihre Bereitschaft, am Aufbau der neuen Gesellschaft teilzunehmen. Die äußeren Bedingungen begünstigten die Verwirklichung dieser Pläne keineswegs. Von den 60 Jahren der Existenz des sowjetischen Staates machen die dem Land aufgezwungenen Kriege und die Jahre, die durch den Wiederaufbau der zerstörten Wirtschaft verlorengingen, rund ein Drittel aus.

Die modernen Städte, Industriebetriebe und Agrarkomplexe, die Bauplätze und das Transportwesen der Sowjetunion unterscheiden sich kaum von denen anderer industriell hochentwickelter Länder. Das Förderband im Moskauer Autowerk des Leninschen Komsomol, wo der »Moskwitsch« hergestellt wird, ähnelt dem Förderband in Turin oder Boulogne-Billancourt. Das Metall in der grusinischen Stadt Rustaw wird genauso geschmolzen wie jenes im amerikanischen Pittsburgh. Trotzdem weist die sowjetische Wirtschaft einige Besonderheiten auf:

Die Sowjetunion ist das einzige Industrieland, das seinen Rohstoffbedarf praktisch allein deckt, und dessen Landwirtschaft sich unter strengen klimatischen Bedingungen entwickeln muß. Die übrigen Besonderheiten tragen sozialen Charakter.

In der UdSSR gibt es seit ungefähr einem halben Jahrhundert keine Arbeitslosigkeit. Die Wirtschaft des Landes ist so organisiert, daß jeder arbeitsfähige Mensch die Möglichkeit hat, seiner Ausbildung und seinem Streben entsprechend tätig zu sein.

Die Wirtschaft der Sowjetunion entwickelt sich auf der Basis eines einheitlichen allgemeinstaatlichen Planes. Die Planungsorgane legen die allgemeinen Proportionen der Wirtschaft fest und verteilen die wichtigsten Investitionsmittel. Innerhalb dieses Rahmens, der die Interessen der gesamten Gesellschaft umfaßt, haben die einzelnen Betriebe und Arbeiter weiten Spielraum für Eigeninitiativen, die vom Staat materiell und moralisch gefördert werden.

Seit den ersten Fünfjahresplänen hat die Entwicklung der Schwerindustrie, als die Grundlage jeder Wirtschaft, Vorrang. Ohne die Schwerindustrie, das heißt ohne Energiewirtschaft, Metallurgie, Maschinenbau u. ä., wäre es unmöglich, einen

Umschwung in allen Produktionssphären zu erzielen, die wirtschaftliche Unabhängigkeit des Landes und den schnellen Anstieg des Volkswohlstandes sicherzustellen.

Die Metallindustrie des Landes stützt sich auf fünf Basen des Eisenhüttenwesens – im Süden der Ukraine, im Ural, in Zentralrußland, Kasachstan und Sibirien – und auf die Metallverhüttung. Die sowjetische Metallurgie zeichnet sich nicht nur durch Riesenmaßstäbe aus, sondern auch durch ein hohes technisches Niveau. Viele von sowjetischen Ingenieuren geschaffene Neuerungen wurden von anderen Ländern in Lizenz erworben. Die UdSSR macht ihrerseits Gebrauch von den wissenschaftlich-technischen Errungenschaften des Auslandes. In der Nähe der Stadt Staryj Oskol wird in Zusammenarbeit mit der Bundesrepublik Deutschland das größte elektrometallurgische Kombinat der Welt gebaut, in dem es keine Hochöfen mehr geben wird.

Man kann den Maschinenbau ohne Übertreibung als Antriebskraft des sowjetischen Wirtschaftswachstums bezeichnen. Das Land investierte in ihn fast ein Viertel aller für die Entwicklung der Industrie vorgesehenen Mittel. Zu einer Zeit, in der die Handarbeit in der Industrie überwog, stellte sich dem sowjetischen Maschinenbau die Aufgabe, jeden Arbeiter so schnell wie möglich mit maschinellem und mechanischem Gerät auszurüsten. Soviel und so billig wie möglich – dies war das Prinzip der Maschinenbauer, das Ziel der Wissenschaftler und Konstrukteure.

In kurzer Frist entstand an der Kama der Industriegigant »KamAS«, der Lastwagen mit hoher Belastungsfähigkeit und Dieselmotoren auf modernsten Automatenstraßen herstellt. KamAS wurde nach sowjetischen Plänen und mit sowjetischem Gerät gebaut. Jedoch wurden an der Ausstattung des Unternehmens viele westliche Firmen beteiligt, auf deren Erfahrungen man großen Wert legte.

Die hochentwickelte Industrie war ein wichtiger Faktor bei der Umgestaltung der Landwirtschaft. Heute beträgt der Anteil der Landbewohner an der Bevölkerung um die Hälfte weniger als in der vorrevolutionären Zeit. Die Produktivität der Landwirtschaft in der UdSSR hat sich jedoch nicht verringert, sondern ist steil gestiegen. Während früher vier Bauern sich selbst und einen Stadtbewohner nur mit Mühe ernähren konnten, »füttert« heute ein landwirtschaftlicher Arbeiter elf Menschen.

Dies wurde deshalb möglich, weil die kleinen, rückständigen Wirtschaften der Einzelbauern durch die umfassende Warenwirtschaft staatlicher (Sowchosen) und kooperativer Art (Kolchosen), verbunden mit modernster Technik, abgelöst wurden.

Der sozialökonomische Fortschritt bringt beträchtliche Veränderungen in den Bedürfnissen der Menschen mit sich. Der Verbrauch von Brot und Kartoffeln läßt nach, die Nachfrage nach Fleisch, Gemüse, Obst und Milchprodukten steigt, das heißt nach jenen landwirtschaftlichen Produkten, deren Erzeugung in der Sowjetunion der klimatischen Bedingungen wegen besonders erschwert ist. Um mit diesem neuen Problem fertig zu werden, ist eine weitere Umgestaltung der Landwirtschaft auf der Grundlage von Mechanisierung, Melioration und Chemisierung erforderlich.

Der Klang eines einsamen Hornes durchdrang die öde Steppe jenseits des Aralsees. Die Flamme eines Raketenstarts loderte auf, eine kleine Metallkugel schwebte über Ozeanen und Kontinenten und sandte ein Funksignal aus: »Piep-piep-piep-piep . . .«

So begann am 4. Oktober 1957 vor dem Morgengrauen eine neue Ära in der Geschichte der Zivilisation – die kosmische.

Die schneeweißen Obelisken der Raketen, die vom Kosmodrom in Bajkonur starten, sind das Ergebnis der schöpferischen Zusammenarbeit von Wissenschaftlern, Ingenieuren, Technikern und Arbeitern. Die Forschungsorganisation gestattet, gewaltige wissenschaftliche Ressourcen auf die Lösung von Schlüsselproblemen zu konzentrieren.

Eines davon ist die Eroberung des Weltraums. Der erste Sputnik, der erste Weltraumflug eines Menschen, das erste Hinaustreten in den offenen kosmischen Raum, die ersten Fotografien von der Mondrückseite, der erste Lunochod, die erste

Die Revolution in Wissenschaft und Technik

Landung auf der Venus und Fotografien von ihrer Oberfläche, die längsten Erkundungsflüge um die Erde – dies ist nur eine unvollständige Liste der sowjetischen Beiträge zur Erforschung des Weltraums.

In etwas mehr als zwanzig Jahren hat die sowjetische Raumtechnik einen gigantischen Schritt nach vorn gemacht. Der erste Sputnik hatte einen Durchmesser von kaum mehr als einem halben Meter und wog etwa 84 Kilogramm. Die Raumstation »Saljut-6« hat mit zwei aneinandergekoppelten Raumschiffen eine Länge von rund 30 Metern und wiegt mehr als 32 Tonnen. Der Flug Jurij Gagarins dauerte insgesamt 108 Minuten; jetzt sind die Kosmonauten monatelang im All unterwegs.

Bei all ihrem Streben in die Unendlichkeit dient die Kosmonautik in immer größerem Maße als Hilfsmittel in irdischen Angelegenheiten. Kosmische Nachrichtenverbindungen und Meteorologie sind bereits unersetzliche Gewohnheit geworden. Millionen Menschen schauen sich in den entlegenen Gebieten des Landes die Programme des Zentralfernsehens an, die durch das kosmische System »Orbita« übertragen werden. Sputniks sind eingesetzt zum Studium der Weltozeane, des Umweltzustandes und der natürlichen Ressourcen. Innerhalb von vier bis fünf Minuten läßt sich von einem Raumschiff aus das gleiche Territorium aufnehmen wie mit einem Flugzeug in eineinhalb bis zwei Jahren.

Während die Ergebnisse der Kosmonautik offensichtlich sind und von der Romantik gewaltiger Geschwindigkeiten und endloser Räume umweht werden, ist die Welt der Kernphysik ephemer, unsichtbar, beinahe unfaßbar. Damit die Elementarteilchen ein schwaches Flimmern auf den Schirmen der Oszillographen erscheinen lassen, wurden Beschleuniger gebaut, die einen fast kosmischen Energieaufwand verlangen. Um aus dem All kommende Neutrinos zu entdecken, mußte ein Spezialteleskop von der Größe eines Vieretagenhauses im Massiv der kaukasischen Berge untergebracht werden.

Die Sowjetunion bringt für das Studium des Atomkerns erhebliche Mittel auf. In seinem Bemühen, ins Innere der Materie vorzudringen, wie in die Erforschung des Alls, wird der Mensch nicht nur von Wissensdurst, sondern auch von der Sorge um die Zukunft des Planeten geleitet. Je weiter sich die Zivilisation entwickelt, desto weiter wächst unvermeidlich der Energieverbrauch. Berechnungen zeigen, daß sich die traditionellen Quellen – Hydroenergie, Kohle, Erdöl und -gas – schon im nächsten Jahrhundert als unzureichend erweisen werden.

Die moderne Wissenschaft verfügt über eine Methode, um das Energiedefizit um wenigstens 100 Jahre hinauszuzögern. Es handelt sich um die atomare Energieversorgung, die in der UdSSR bereits ein hohes Entwicklungsniveau erreicht hat. Im Jahre 1954 wurde in Obninsk bei Moskau das erste atomare Elektrokraftwerk der Welt geschaffen.

Zwischen der Erforschung des Atomkerns und der Eroberung des Alls, diesen extremen Grenzen der Wissenschaft, liegt ein äußerst breites Spektrum der traditionellen Wissenszweige, die sich mit Mensch, Natur und Gesellschaft beschäftigen.

Seit langem sind Infektionskrankheiten in der Sowjetunion kein Problem mehr. Die Bemühungen der medizinischen Wissenschaft konzentrieren sich auf die Krankheitsprophylaxe und auf die Suche effektiver Methoden zur Heilung von Krebs und Herzgefäßerkrankungen, den häufigsten Todesursachen. In den Kliniken treten neben dem Arzt immer häufiger Vertreter anderer Fachrichtungen auf.

Als bemerkenswertes Resultat der wissenschaftlichen Zusammenarbeit werden zu Recht künstliche Herzen, Lungen und Nieren bezeichnet, die den Kranken in Situationen zu Hilfe kommen, die noch vor wenigen Jahren als hoffnungslos galten. Das kostenlose Gesundheitswesen erleichtert die Entwicklung komplizierter technischer Heilmittel nicht nur, sondern gibt auch die Möglichkeit, sie, nur von ärztlichen Zweckmäßigkeitsüberlegungen bestimmt, in Krankenhäusern anzuwenden.

Während sie die Erfolge der präzisen Wissenschaften in das kostenlose Gesundheitswesen einbringen, richten die Ärzte immer mehr Aufmerksamkeit darauf, auch die natürlichen inneren Möglichkeiten des menschlichen Organismus zu mobilisieren. »Lebensverlängerung« – so heißt eines der gewaltigen und komplexen staatlichen Forschungsprogramme – mit dem Ziel, den Mechanismus des Alterns aufzudecken und Methoden zu aktiver, vollwertiger Langlebigkeit auszuarbeiten. Die Siedlungen in den Bergen des Kaukasus und in der jakutischen Tundra, wo fröhliche, energiegeladene Menschen, die ihren hundertsten Geburtstag längst hinter sich haben, keine Seltenheit sind, wurden zum Laboratorium eigener Art für die Gerontologen.

An der Nahtstelle zwischen Biologie, Chemie, Physik und Mathematik entsteht die Gentechnik. Die Methoden der Selektion und Genetik erlauben, hochproduktive Tierrassen und äußerst fruchtbare Pflanzenarten zu züchten, die Frösten, Dürre und Krankheiten gegenüber beständig sind. Viele Entdeckungen der Wissenschaftler werden bereits in der Praxis verwertet. Gleichzeitig werden in den Laboratorien neue Experimente durchgeführt, wie dem Weizen die Gene von im Boden lebenden Bakterien einzupflanzen, die den atmosphärischen Stickstoff aufnehmen. Wenn das gelingt, entfällt die Notwendigkeit, teure Stickstoffdüngemittel zu verwenden.

Die Seele der Automatik ist die elektronische Rechentechnik. Wissenschaftliche Leistungen, die es möglich machen, den Umfang der elektronischen Elemente hunderttausendfach zu komprimieren, wurden als Resultat des Ideenaustausches zwischen den Wissenschaftlern verschiedener Länder der Erde erzielt.

Die Anwendungssphären elektronischer Rechenmaschinen sind noch gar nicht überschaubar. Ihre Rolle für die Geschichte der materiellen Kultur läßt sich wahrscheinlich nur mit jener des Hebels oder des Rades vergleichen.

Die Verbindung des Computers mit neuen technologischen Prozessen führt zur Entwicklung neuer Maschinen.

Die Angehörigen des Kiewer E.-O.-Paton-Instituts für Elektroschweißerei entdeckten, daß das Metall und die Schutzsubstanz – die beiden Hauptkomponenten des elektrischen Schweißens – in einem einzigen Material untergebracht werden können: einem sich selbst schützenden Pulverdraht. Dies bedeutet eine gleichbleibend hohe Qualität der Schweißnaht unter beliebigen Bedingungen, ohne direkte Einwirkung des Menschen. Man baute im Institut einen zigarrenförmigen »Torpedo«. Wenn er sich innerhalb einer Rohrleitung bewegt, spannt und zentriert er ein Rohr nach dem anderen. Der Schweißer drückt nur noch auf den Startknopf, und innerhalb von zehn Minuten schafft der Automat das, was früher rund eine Stunde dauerte.

Ein bekannter sowjetischer Mathematiker und Mechaniker, das Akademiemitglied Michail Lawrentjew, träumte seit langem von einer besonderen Wissenschaftsstadt. Er überzeugte die Akademie der Wissenschaften und die Regierung des Landes davon, daß es zweckmäßig sei, seine Idee zu verwirklichen.

Im Frühling des Jahres 1957 wählte Lawrentjew den Bauplatz seines zukünftigen »Akademgorodok« (»Wissenschaftsstädtchen«). In kurzer Frist wuchsen am Ufer des Ob-Stausees, 25 Kilometer von Nowosibirsk entfernt, Einfamilienhäuser und Vieletagengebäude empor, verteilten sich die Trakte der Forschungslaboratorien, Experimentierhallen und des Rechenzentrums. Das Akademgorodok verwandelte sich in eines der Zentren der Weltwissenschaft.

Lawrentjews Traum zog sowohl viele bekannte Gelehrte als auch junge Wissenschaftler an. Hier leben und arbeiten mehr als 6000 Menschen.

Die Nowosibirsker Wissenschaftler arbeiten an der Lösung der gleichen Probleme, die auch ihre Kollegen in Cambridge, an der Sorbonne, in Princeton und Kiel beschäftigen. Doch am nächsten stehen ihnen die Probleme des Gebietes, das ihnen seine Gastfreundschaft erwiesen hat.

Die Gedanken der Wissenschaftler sind schneller als das Erschließungstempo in den östlichen Gegenden der UdSSR. Der Programmkomplex »Sibirien«, der die Anstrengungen von Dutzenden wissenschaftlicher Forschungsinstitute vereint, soll den Bauarbeitern nicht nur die Mittel zur Unterwerfung der Natur in die Hand geben, sondern auch das notwendige soziale Resultat der Umwandlungstätigkeit garantieren: die Erhaltung des ökologischen Gleichgewichts.

Die extensive Ausbeutung der westsibirischen Erdöl- und Erdgasvorkommen steht noch am Anfang, aber die Wissenschaftler suchen schon neue Fundstätten in den tieferen Schichten des westsibirischen Erdinneren, in Ostsibirien, auf dem Kontinentalschelf der fernöstlichen Meere. Die Kansk-Atschinsker Braunkohlelagerstätten sind bisher kaum angerührt, doch in den Laboratorien des Akademgorodok werden schon neue Abbaumethoden erprobt, die keine Rückstände hinterlassen. Die Bauarbeiter an der BAM-Trasse führen noch einen erbitterten Kampf mit der Taiga, während die Forstwissenschaftler schon ein Programm entwickeln, wie die unvermeidlichen Verletzungen der Vegetationsdecke zu beseitigen sind. Die Stahlgleise haben die unter schwer zugänglichen Bergen verborgenen Lagerstätten noch nicht erreicht, aber in Nowosibirsk werden schon mögliche Vor- und Nachteile verschiedener Förderungs- und Verarbeitungsvarianten diskutiert. Man konstruiert besondere, auch in Sibirien haltbare und zuverlässige Maschinen, entwirft neuartige Gebäude und sogar spezielle Bekleidungsarten.

Zum Wohle des Menschen

Viele Menschen aus dem Westen sind oft darüber überrascht, daß die Konsumgüter bei einem so hohen Entwicklungsniveau der Schwerindustrie recht bescheiden wirken und hinter der Mode herhinken, daß im Dienstleistungsbereich vieles zu wünschen übrigläßt und daß die Wohnhäuser sich nicht durch Vielfalt und hohe Fertigungsqualität auszeichnen. Nur der historische Rückblick ermöglicht eine Antwort auf diese Frage.

Vor der Revolution drängten sich 80 Prozent der Bevölkerung des Russischen Reiches in Behausungen aus Holz, Lehm und Erde. Für die Arbeiter gab es kaum neue Unterkünfte. Es ist charakteristisch, daß die Mehrheit der Petersburger Arbeiter – und sie gehörten noch zu den am besten bezahlten – keine Wohnung und nicht einmal ein Zimmer mietete, sondern im besten Falle ein halbes Zimmer, meistens jedoch nur eine Ecke, ein Bett oder sogar ein halbes Bett. Das heißt, in einem Bett schliefen abwechselnd in verschiedenen Schichten arbeitende Menschen.

Nach der Revolution begann der Staat allmählich, die Wohnbedingungen zu verbessern, indem er die schon bestehenden Behausungen umverteilte und neue baute. Der Zweite Weltkrieg fügte dem Land unermeßlichen Schaden zu. In den westlichen Gebieten des Landes blieben 25 Millionen Menschen ohne Dach über dem Kopf.

Noch vor 20 Jahren hatte die durchschnittliche sowjetische Familie ein bis zwei Zimmer in einer Wohnung, in der noch mehrere andere Familien lebten. In der Regel besaß eine Familie weder ein Auto noch ein Motorrad; Fernsehgeräte, Kühlschränke, Waschmaschinen oder Staubsauger waren Seltenheiten, und auch Kleidung und Schuhwerk waren nicht leicht zu bekommen.

Und das ist kein Wunder: Das Land hatte lange um das Überleben gekämpft. Unter diesen Bedingungen mußte vor allem in die Verteidigungs- und Schwerindustrie investiert werden. Der Wohlstand des Volkes wuchs ebenfalls, doch nicht so rasch, wie man es sich gewünscht hätte.

In den letzten 20 Jahren vollzog sich jedoch ein Umschwung in den Lebensverhältnissen der sowjetischen Menschen. Ein umfassendes Wohnungsbauprogramm hat schon vier Fünftel der Stadtbewohner in bequeme Einzelwohnungen mit Gas, Elektrizität, Wasser, Kanalisation und Zentralheizung einziehen lassen.

Obwohl sich die Qualität der Wohnungen beträchtlich erhöht hat und die Einkünfte der Bevölkerung um das Mehrfache gestiegen sind, ist die Miete in der UdSSR seit 1928 gleichgeblieben. Sie »belastet« heute mit etwa 2,5 Prozent das Familienbudget. Die große Mehrheit der sowjetischen Familien besitzt die wichtigsten langlebigen Konsumartikel. Es gibt immer mehr Privatautos, Warenqualität und Mode stehen im Vordergrund.

Obwohl die Sowjetunion in der Lastwagenproduktion ständig einen der ersten Plätze in der Welt einnahm, blieb sie bei PKWs lange hinter anderen industriell entwickelten Ländern zurück. Seit den ersten Jahren der Sowjetmacht wurde Nachdruck auf die Entwicklung eines billigen und effektiven, allen zugänglichen gesellschaftlichen Transportsystems gelegt. Praktisch in jeder Stadt gibt es ein enges Netz von Straßenbahn-, Trolleybus- oder Autobuslinien. In elf Städten mit einer Bevölkerung von mehr als einer Million Menschen wurde eine Untergrundbahn gebaut, die es möglich macht, die Stadt unter der Erde schneller als mit dem Auto zu durchqueren. Die Fahrt mit einem städtischen oder gesellschaftlichen Transportmittel kostet, unabhängig von der Entfernung, drei bis fünf Kopeken. Es liegt auf der Hand, daß ein Privatkraftwagen unter diesen Umständen nicht unbedingt notwendig, sondern eher als Mittel zur vielseitigeren Freizeitgestaltung erscheint. Trotzdem wurde die Produktion von Personenkraftwagen erheblich erhöht, sobald hinreichende ökonomische Möglichkeiten gegeben waren.

In der Sowjetunion ist die persönliche Arbeit die Haupteinkommensquelle. Die materielle Stimulierung der Arbeit und der persönlichen Initiative ist das Unterpfand des Fortschritts.

Deshalb erhält derjenige, der mehr und besser als andere arbeitet, einen höheren Lohn. Die gesellschaftlichen Konsumfonds korrigieren die sich in diesem Zusammenhang ergebende Ungleichheit der Einkommen. Sie stellen alle Bürger in die gleiche Situation, was die wichtigsten Lebensbedürfnisse angeht: die Erziehung der Kinder, die Ausbildung, den Gesundheitsschutz, die Wohnung, die Benutzung gesellschaftlicher Transportmittel, Freizeit und Urlaub, gesichertes Alter.

Wie in jedem anderen Land der Welt beginnt der Lebensweg der Kinder in der UdSSR innerhalb der Familie. Die Familie bleibt der bedeutendste Erziehungsfaktor. Doch schon in einem frühen Entwicklungsstadium des jungen Menschen haben die Eltern die Möglichkeit, die häusliche Erziehung durch verschiedene Arten der gesellschaftlichen Vorschulausbildung zu ergänzen. Jedes dritte sowjetische Kind besucht eine Krippe oder einen Kindergarten. Der Staat übernimmt 80 Prozent der damit verbundenen Ausgaben.

Im Alter von sieben Jahren beginnt das Kind mit dem Schulbesuch. Die Absolvierung der Mittelschule ist in der UdSSR bindend. Den Schülern wird nicht nur Wissen vermittelt, sondern man führt sie auch an die geistigen Werte der Gesellschaft heran, in der sie einmal leben und arbeiten sollen. Den Kindern wird das Interesse an der Geschichte, den Sprachen und der Kultur der Völker anderer Länder eingeprägt. In der Sowjetunion gibt es nicht wenig Schulen, in denen viele Fächer in Fremdsprachen unterrichtet werden. Für begabte Kinder wurden Tausende von Musik-, Kunst- und Mathematikschulen geschaffen. Besonders berühmt ist die physikalisch-mathematische Schule in Nowosibirsk, an der Wissenschaftler von Weltgeltung, die in der sibirischen Filiale der Akademie der Wissenschaften der UdSSR arbeiten, unterrichten. In ihr werden – durch schwierige Auswahlwettbewerbe – die jungen Talente ganz Sibiriens vereinigt.

Über welche materiellen und geistigen Werte der Mensch auch verfügen mag, die Hauptbedingung seines Wohlbefindens ist die Gesundheit. Auch in schwierigsten Zeiten stellte die sowjetische Gesellschaft beträchtliche Mittel für die Entwicklung des Gesundheitsschutzes bereit. Infolgedessen ist die gesamte Bevölkerung des Landes kostenlos mit qualifizierter ärztlicher Fürsorge versehen.

Die sowjetischen Ärzte richten ihr Hauptaugenmerk auf vorbeugenden Gesundheitsschutz. Diesem Ziel dienen regelmäßige Massenuntersuchungen der Bevölkerung und ein riesiges Netz von Sanatorien, Erholungsheimen, Pensionen und Touristenstützpunkten.

Auch die Förderung des Sportes in der UdSSR ist ein bedeutsamer Teil der allgemeinen nationalen Gesundheitspolitik. In den Vorschuleinrichtungen werden nach einem bestimmten Programm Bewegungsspiele und -übungen durchgeführt. In Schulen und Hochschulen ist körperliche Betätigung obligatorisch. Jeder Mensch hat, unabhängig von seinem Alter, Gelegenheit, kostenlos Sport zu treiben.

Aus diesem Grund hat der sowjetische Sport eine Massenbasis. Die 500 Athleten der olympischen Klasse sind die besten der 55 Millionen sowjetischen Sportler.

Die XXII. Olympischen Spiele in Moskau sind ein großes Ereignis. Es wurde alles getan, damit bei der Olympiade eine Atmosphäre von Freundschaft und ehrlichem sportlichen Kampf herrscht, damit man sie für immer als strahlendes Weltsportfest im Gedächtnis behält.

Bilderläuterungen zu Kapitel 3

52 Der Frühling in Usbekistan ist besonders schön mit seinem blauen, tiefen Himmel, seiner noch sanften Sonne und dem weiß-rosigen Blühen der Gärten. Nach getaner Arbeit macht eine Pause unter den blühenden Bäumen Freude, und das Essen schmeckt noch einmal so gut.

53 Heuernte für den eigenen Bedarf, nicht weit von Susdal. Jedem landwirtschaftlichen Arbeiter steht ein Stück Land zur privaten Nutzung zur Verfügung.

54 Harte Arbeit kennzeichnet das Gesicht des grusinischen Weinbauern.

55 Mitarbeiter im Versuchsgarten am Wissenschaftlichen Forschungsinstitut für Gartenbau bei Taschkent bei der Bodenbearbeitung.

56 Frühbeete auf den Kolchosenfeldern Usbekistans.

57 Die endlosen Felder des Kuban-Gebietes. Getreide ist der Hauptreichtum dieser Landschaft; fast zwei Drittel des Bodens sind mit Winterweizen bebaut.

58 Die Getreideernte dauert sieben bis neun Tage. Wenn man es schafft, in dieser Zeit die Ernte einzubringen, dann hat man hochwertiges Korn. In diesen Tagen arbeiten die Mähdrescher auch nachts.

59 In den Kollektiv- und Staatswirtschaften wird kerngesundes Herdbuchvieh gehalten.

60 Kluge »Sarkatwello«-Maschinen pflücken vorsichtig – wie mit zarten Fingern – Teeblätter. Die Plantagen Grusiniens liefern 95 Prozent des sowjetischen Tees. Was die Weichheit des Aromas und die Stärke des Aufgusses angeht, so ist der grusinische Tee der Marke »Extra« eine der besten Sorten.

61 Mähdrescher bringen auf den Kolchosfeldern des Kuban-Gebiets die Weizenernte ein.

62 Der Weg in die Siedlung Platnirowskaja am Kuban, vom Hubschrauber aus gesehen.

63 Gänseidylle in Platnirowskaja.

64 Unendliche Getreidefelder ziehen sich an der Straße entlang bis hin zum Horizont. Auf diesen Feldern ist die Ernte fast beendet.

65 Ein usbekischer »Sjusane«, bestickt von den Meisterinnen einer Taschkenter Fabrik für Kunsthandwerk, erregt durch Farbe und Originalität seiner Muster Aufsehen. Seit Jahrhunderten entstehen im Volk die Zeichnungen und Ornamente für diese Gobelins. Mit den Entwürfen beleben die Künstler die besten Werke der alten Meister neu und verwenden traditionelle Elemente bei der Herstellung neuer Motive.

66/67 Seide aus Samarkand war bereits im Altertum bekannt. Die modernen Seidenwebereien der Stadt stellen Gewebe her, deren Zeichnung seit Jahrhunderten überliefert ist. Die helle eigentümliche Färbung dieser Stoffe ist auch von den modebewußten Frauen unseres Jahrhunderts begehrt.

68 Hüttenwerk in Rustawi.

69, 70, 71 Aufnahmen aus den Montagehallen des größten Lastkraftwagenwerkes der Welt, KamAS. Diese gigantische Fabrik – an dem Fluß Kama gelegen – wurde nach sowjetischen Plänen mit Hilfe vieler westlicher Firmen errichtet.

72 In der Moskauer Staatsuniversität. Ein zufällig vor der Ehrentafel der Wissenschaftler stehender Wächter ist nicht entzückt, daß er fotografiert werden soll.

73 Bei einer Vorlesung für Physik an der Moskauer Staatsuniversität.

74 Schülerin aus Nishnewartowsk.

75 Chefarzt Jason Gogawa, seit vierzig Jahren Betreuer der Kranken im Sanatorium »Adscharija« in der Nähe von Batumi in Grusinien, leitet eine Belegschaftsversammlung.

76 Operation in einem der größten Onkologie-Zentren der Welt. Der klinische Komplex im Südosten Moskaus schließt ein Behandlungsgebäude mit einem Krankenhaus für tausend Betten, einen chirurgischen Block mit zwanzig Operationssälen, eine postoperative Abteilung und einen diagnostischen Dienst mit Laboratorium ein. Außerdem gibt es dort eine Kinder- und eine radiologische Klinik, Polikliniken und zwei Gästehäuser. Bezahlt wurde dieser Riesenkomplex durch die Mittel, welche durch unbezahlte freiwillige Samstagsarbeit der sowjetischen Bevölkerung erbracht werden konnten.

77/78 Frau Professor Nadeshda Putschkowskaja untersucht Kranke nach der Operation. Sie ist eine Schülerin des berühmten Augenchirurgen Wladimir Filatow und leitet das von ihm in Odessa geschaffene wissenschaftliche Forschungsinstitut für Augenkrankheiten und Gewebetherapie. Eines der Hauptprobleme, mit denen sich das Institut beschäftigt, ist die Wiederherstellung der Sehkraft von Menschen, die durch den weißen Star erblindet sind.

Technische Angaben zu Kapitel 3

52 In der Nähe von Taschkent trafen wir die Arbeiter einer Kollektivwirtschaft unter blühenden Bäumen beim Mittagessen an.

53, 54, 55, 56, 57, 58, 59 Bäuerliche Idyllen erlebten wir im Gebiet von Krasnodar.

60 Besonders eindrucksvoll aber war die gigantische Schlacht um die Ernteeinbringung, die ich vom Hubschrauber aus fotografierte.

61 In Batumi waren wir bei der Tee-Ernte dabei.

Alle Aufnahmen wurden mit der Leicaflex SL 2 und dem 400-mm-Objektiv gemacht. Verwendet wurden die Filme Agfachrome 18 DIN und Ektachrome 200.

65 Volkstrachtenherstellung in Taschkent. Diese volkstümlichen Kleidungsstücke werden viel getragen, es herrscht rege Nachfrage. Die Arbeiterinnen arbeiten im Leistungslohn.
Um eine starke Tiefe in das Bild zu bringen, stellte ich das 180 mm Telyt auf ein kleines Stativ, wobei ich sehr stark abblendete. In der Kamera hatte ich den Kodachrome 64.

66/67 Färberei und Weberei in Samarkand. Die Aufnahmemöglichkeiten erwiesen sich rein technisch als sehr schwierig. In den Räumen herrschte neben intensivstem Licht relative Dunkelheit. Diese Kontraste konnte ich nur mit dem sehr hochempfindlichen Farbnegativfilm von Agfa-Gevaert ausgleichen. Der Film vertrug mühelos eine Steigerung der Empfindlichkeit um 6 DIN. Die Aufnahmen wurden mit der größten Öffnung 1:1,4 gemacht.

68 Im Eisenwerk von Rustawi, in der Nähe von Tiflis (Tblissi), herrschten ebenfalls sehr harte Kontraste. Hier war Tageslicht vermischt mit Kunstlicht, so daß ich hier den hochempfindlichen Ektachrome 400 einsetzte.

69, 70, 71 Als erster westlicher Fotograf durfte ich in den Lastkraftwagenwerken von KamAS Aufnahmen machen.

72 In der Moskauer Lomonossow-Universität hängt eine große Ehrentafel mit den Bildern verdienter Wissenschaftler. Ich machte diese Aufnahme mit dem 50-mm-Objektiv 1:1,4 und dem Ektachrome 200.

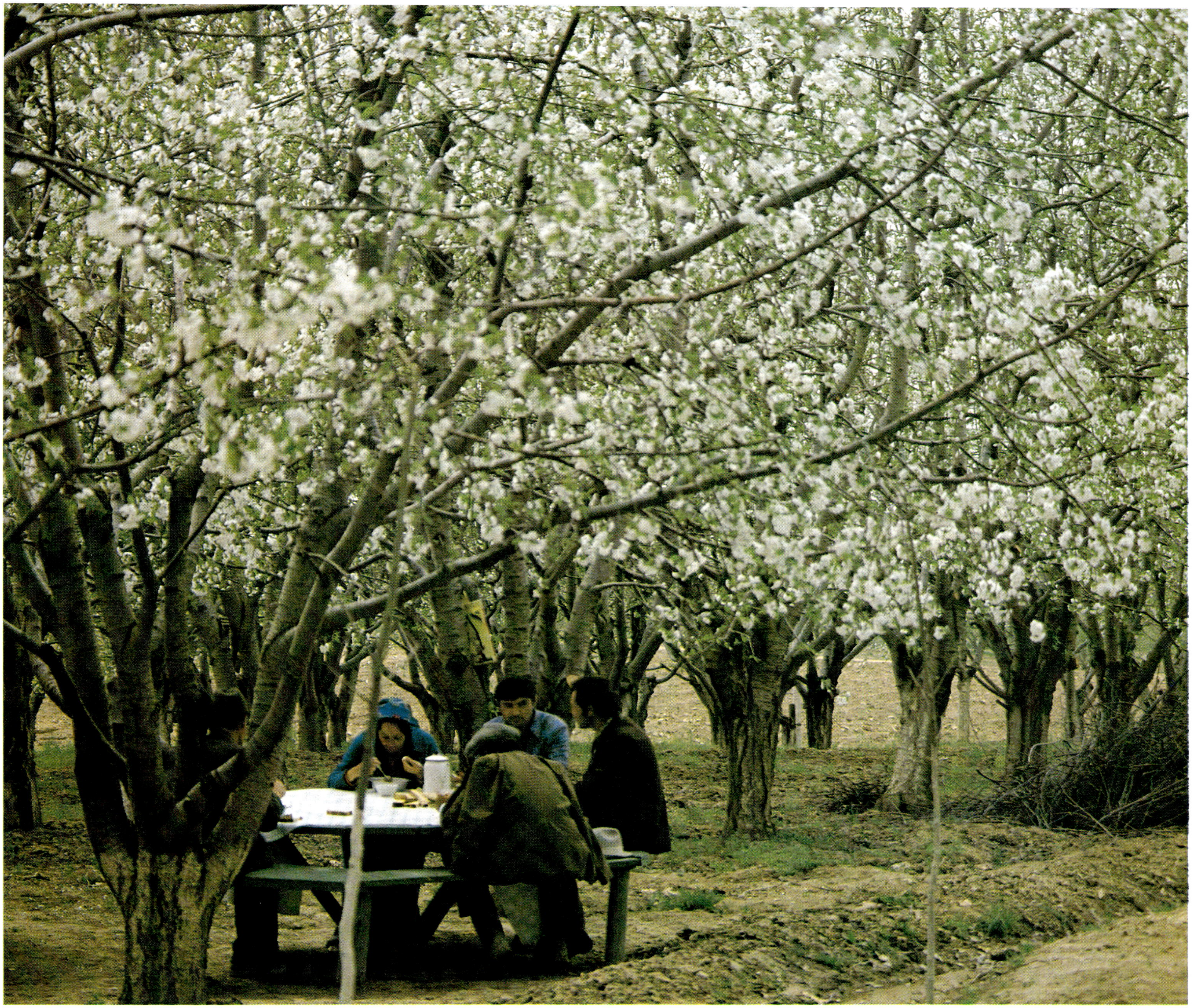

53

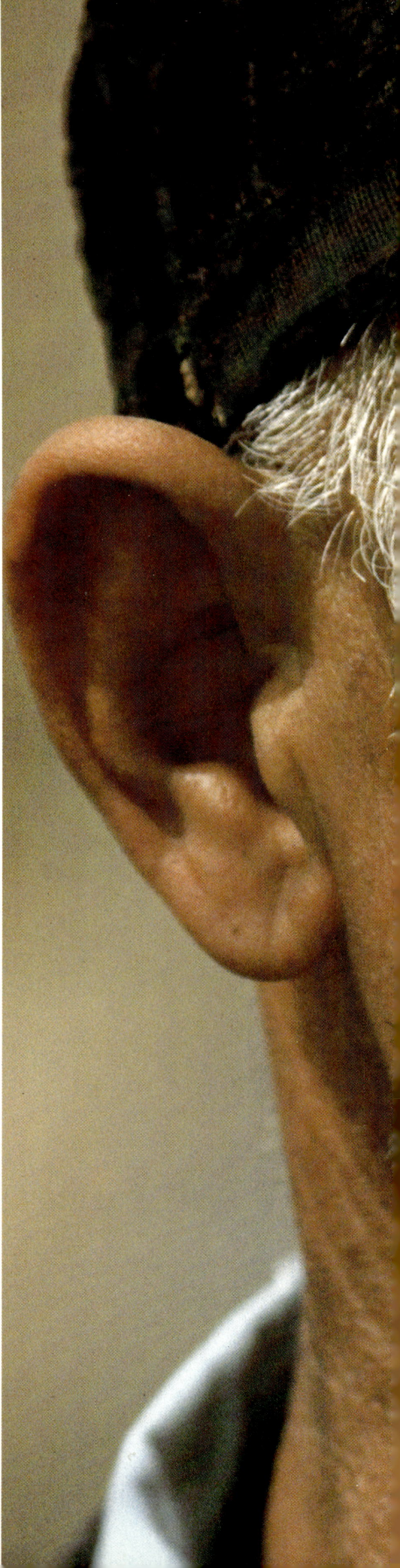

54▶

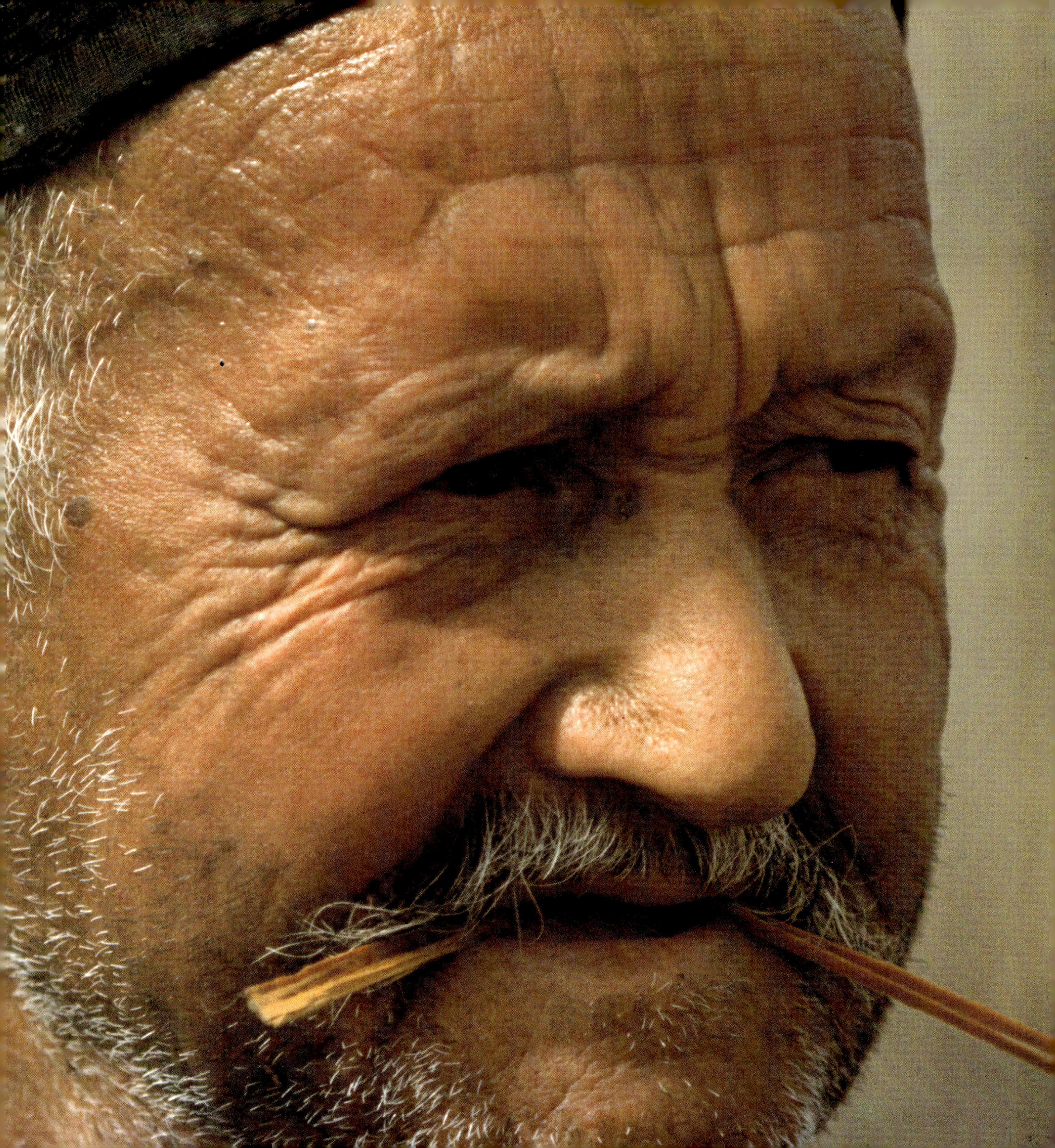

55

56

57

58

59 ▼

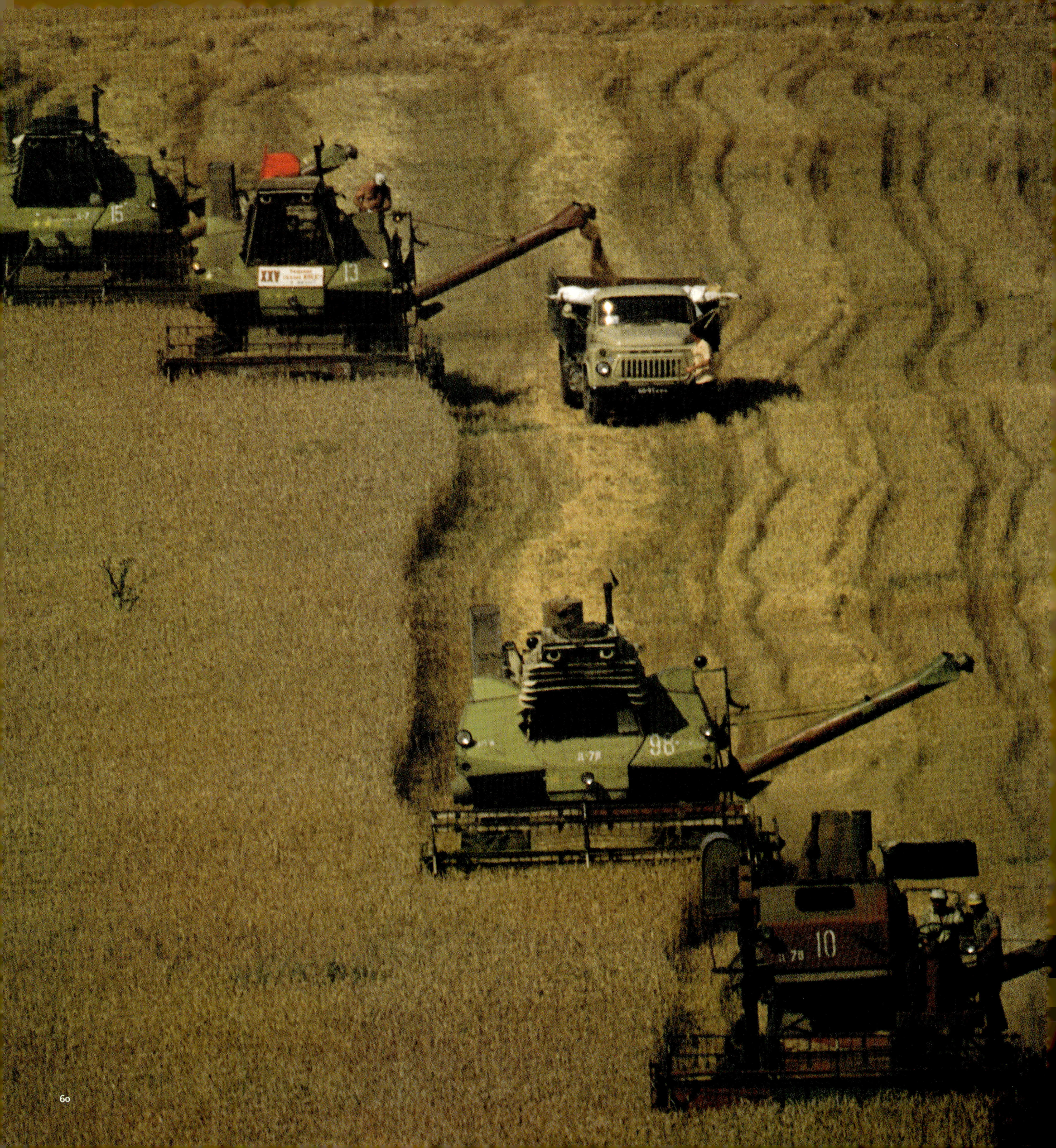
15
13
XXV
98
10

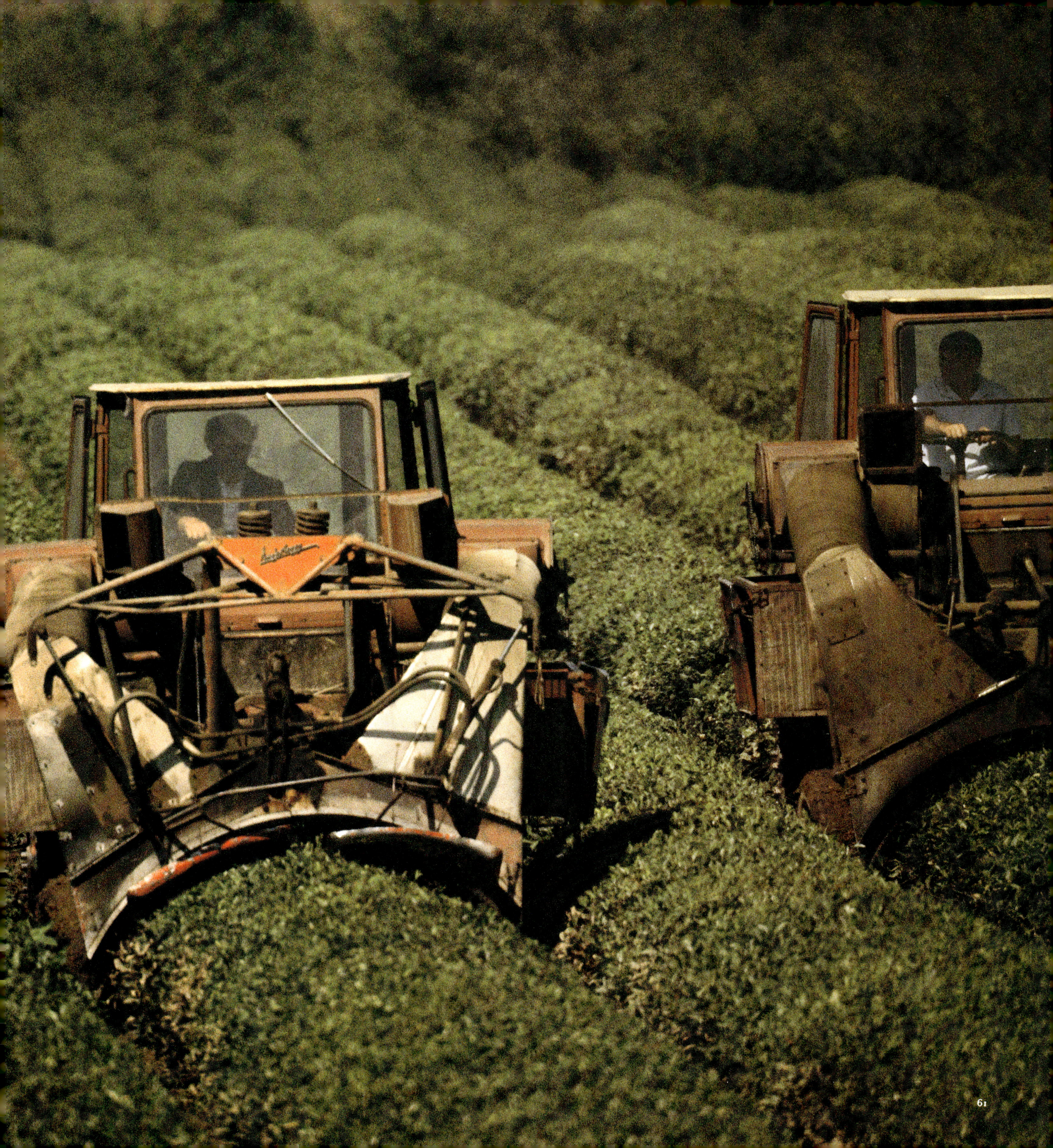

62

63

64▶

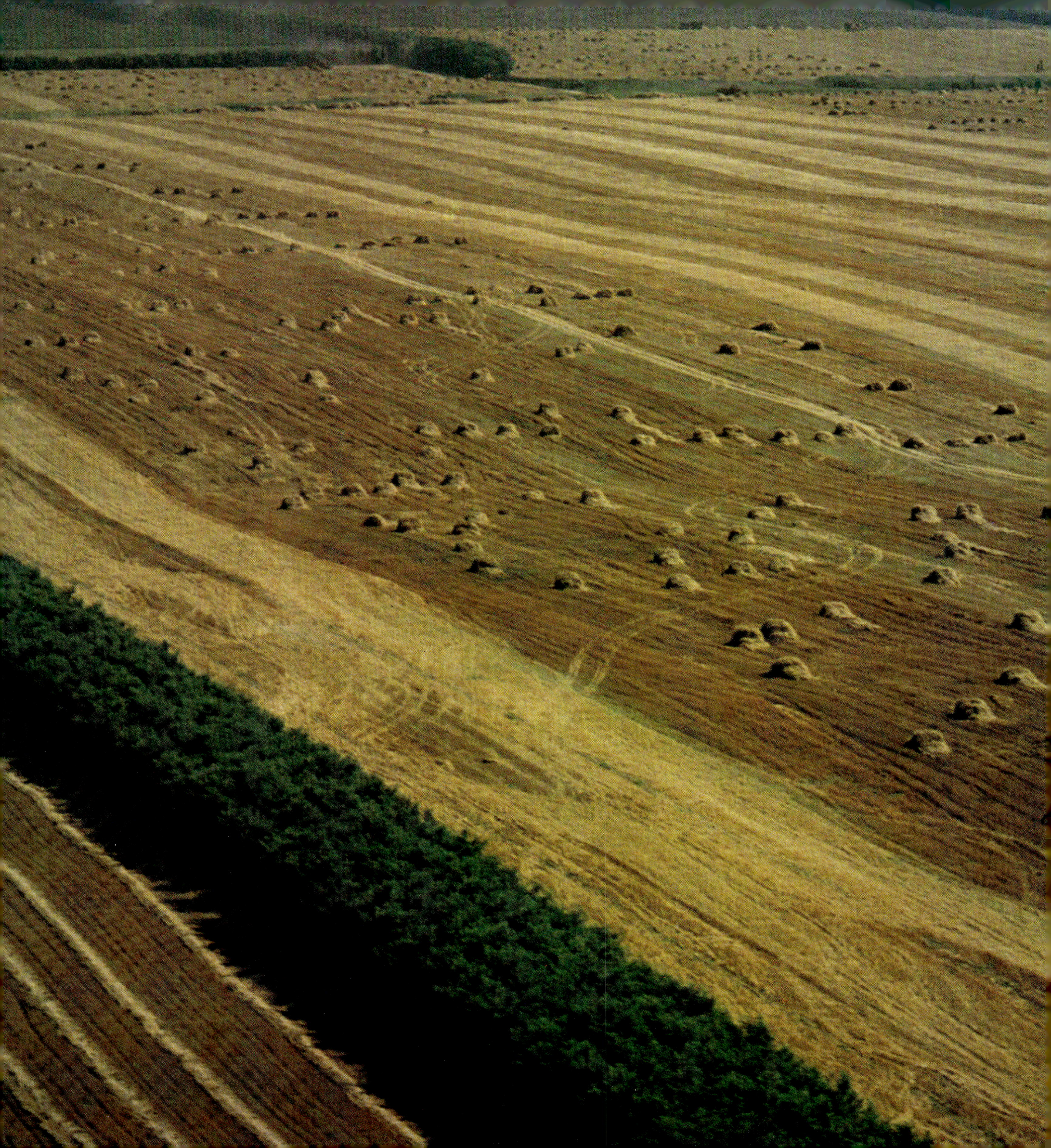

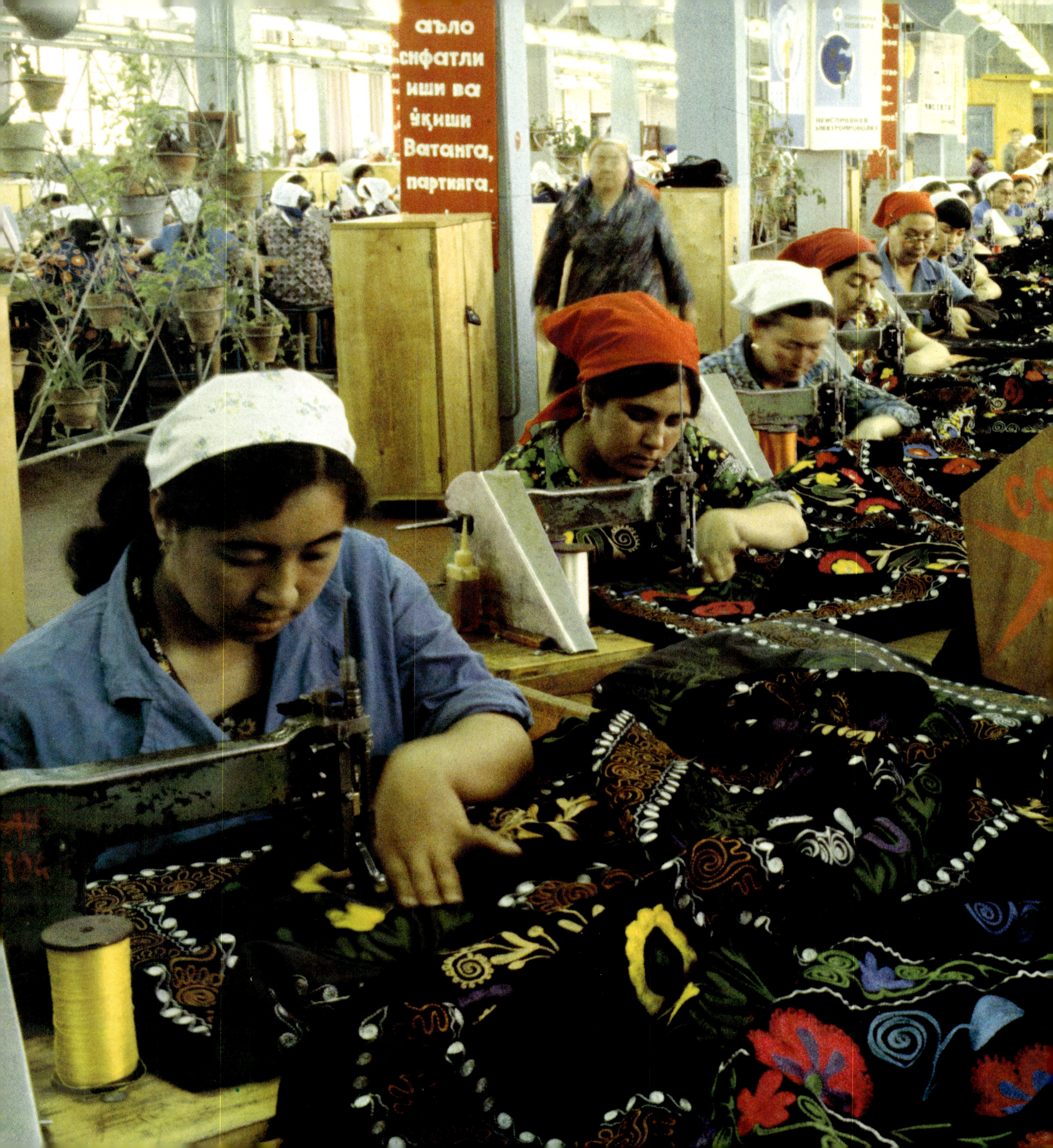
аъло
сифатли
иши ва
ўқиши
Ватанга,
партияга.

65

66

67

68▶

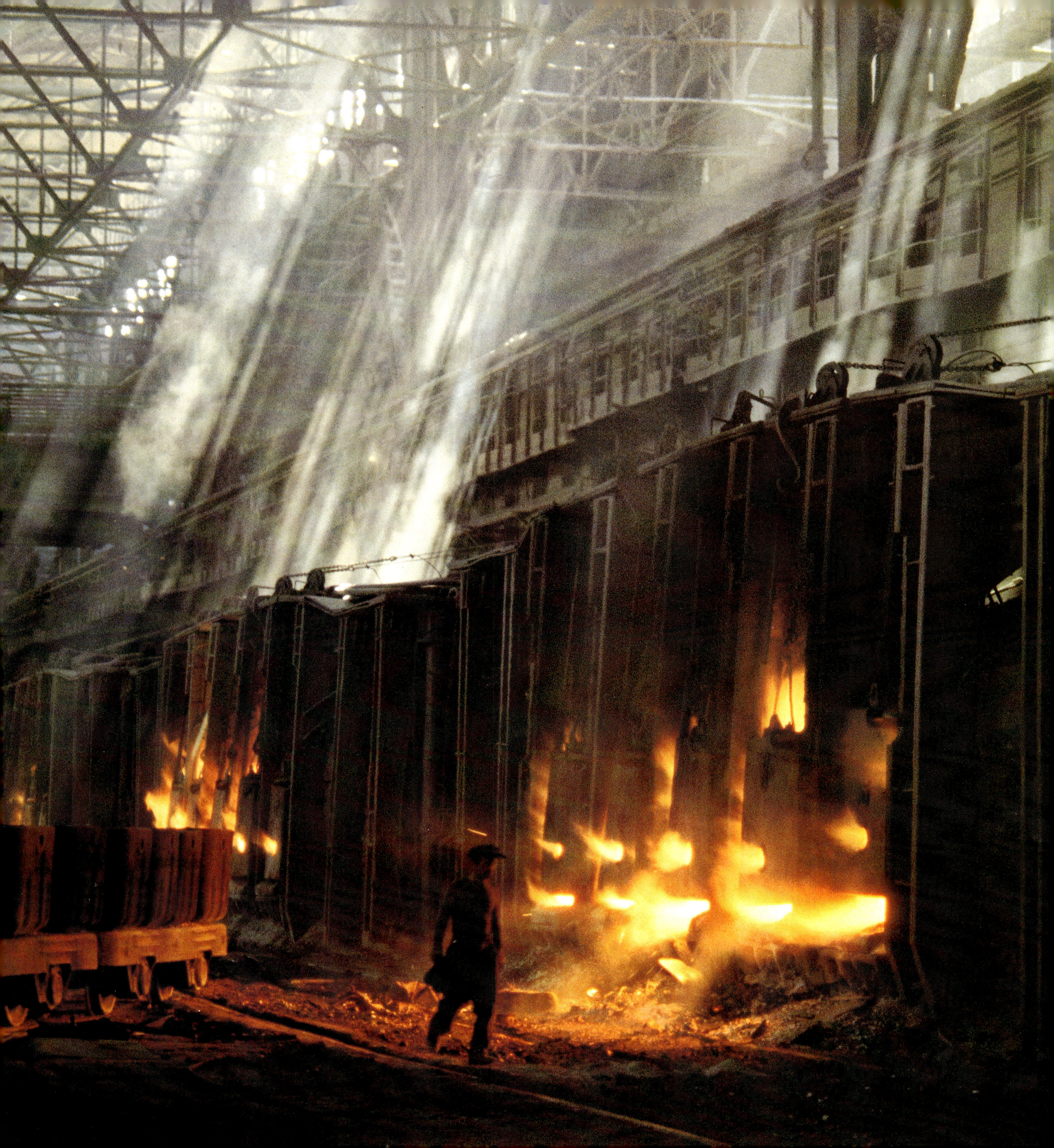

69

70

71

72▶

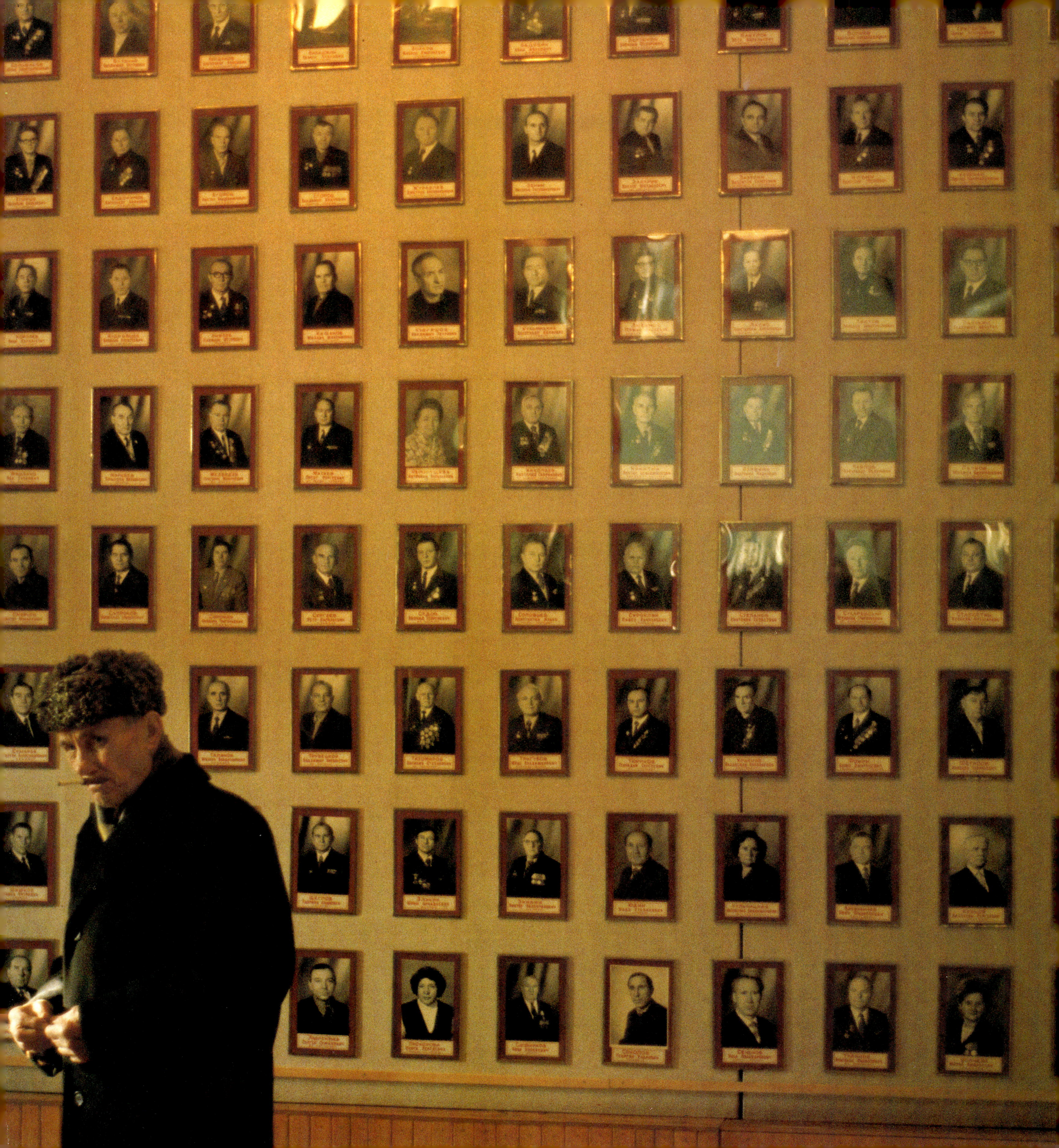

73

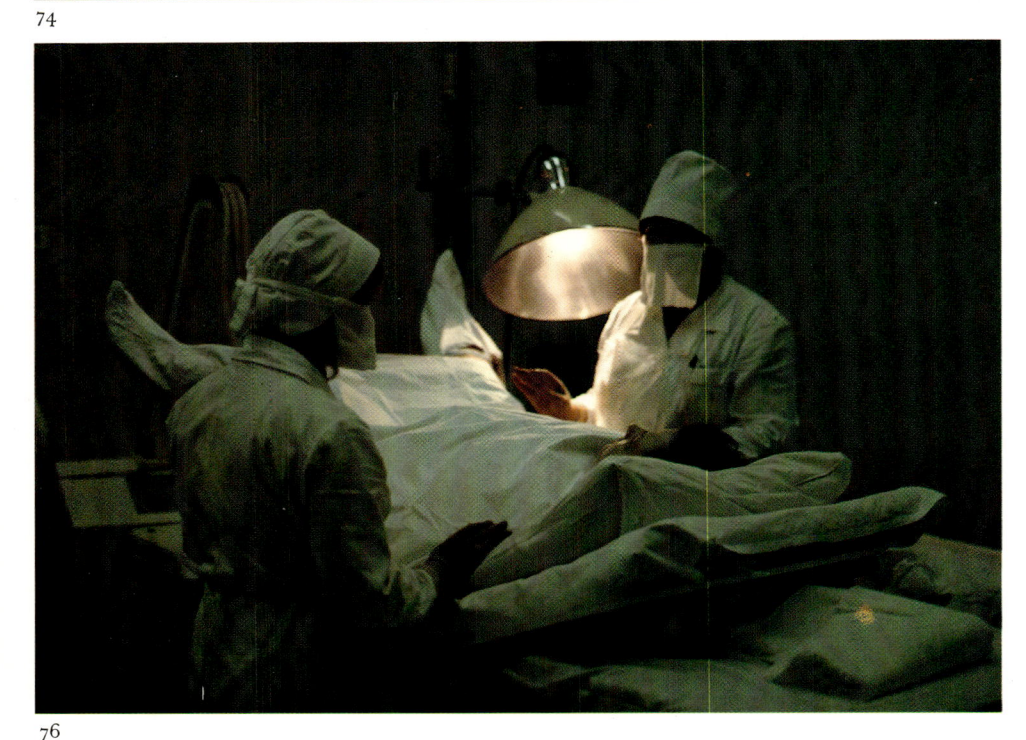

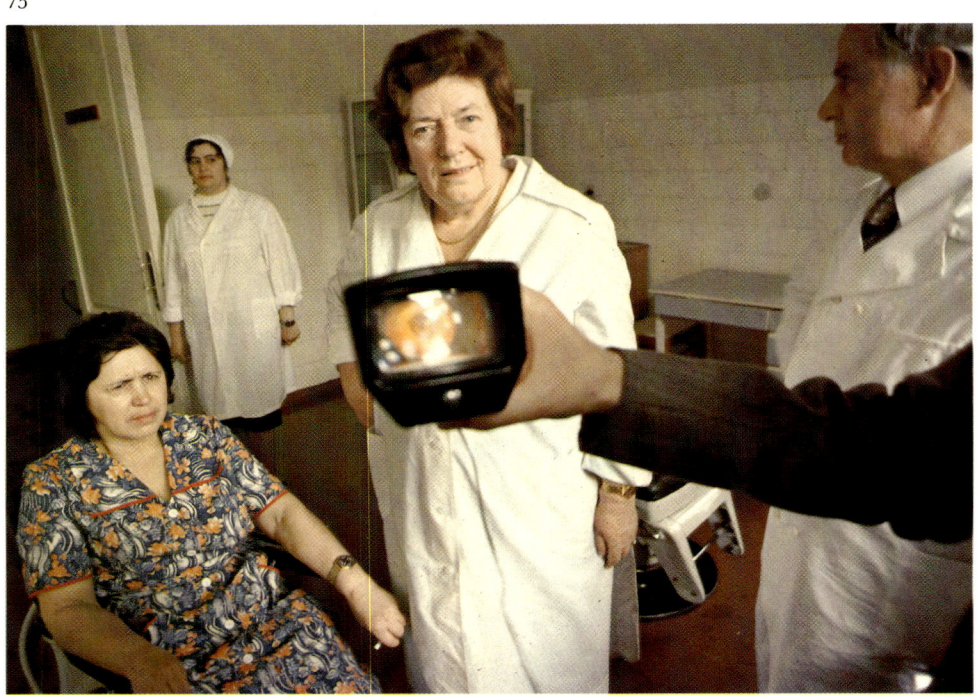

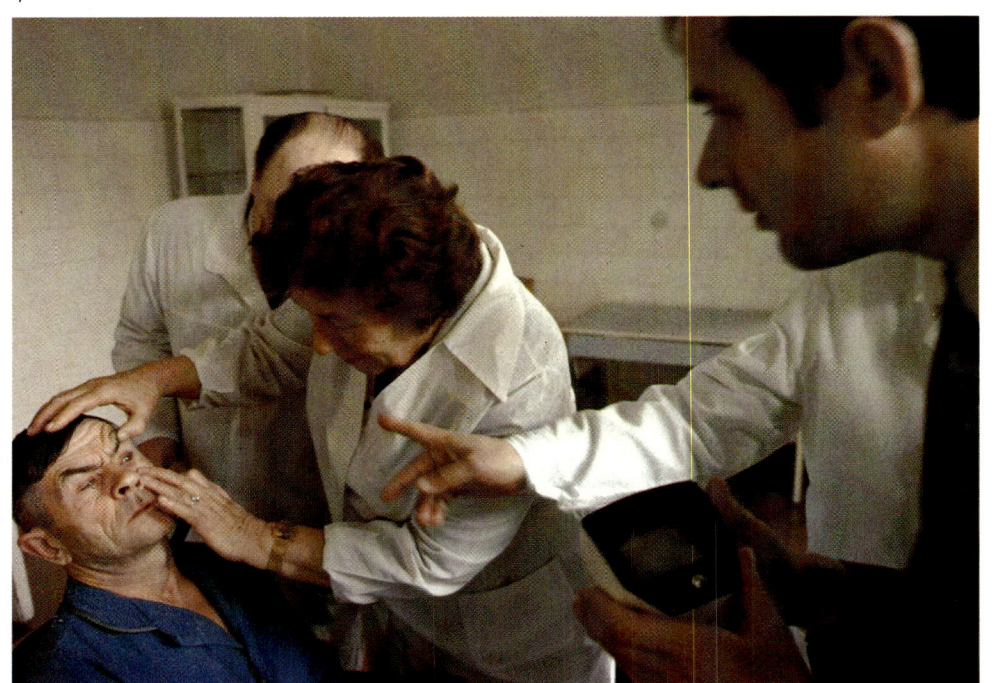

74

75

76

77

78

4. Der sowjetische Mensch

Die sowjetischen Menschen – das sind 262 Millionen Männer und Frauen, die 130 verschiedene Sprachen sprechen: Russen und Ukrainer, Usbeken und Weißrussen, Kasachen und Tataren, Juden und Zigeuner, Karelier und Uiguren, Nganassen und Aleutenbewohner – riesige Völker, die aus Millionen Menschen bestehen, und kleine, die kaum mehrere hundert Menschen zählen.

Die Spannbreite der nationalen Eigenheiten und Berufe, der Lebensbedingungen und örtlichen Traditionen der Bevölkerung ist gewaltig.

All diese einander so unähnlichen Menschen stimmen in dem überein, was die fundamentalen Prinzipien ihrer Lebensweise betrifft. Alle zusammen bilden ein Ganzes: das sowjetische Volk.

In Artikel 14 der Verfassung der UdSSR heißt es: »Die gesellschaftlich nützliche Arbeit und ihre Ergebnisse bestimmen die Situation des Menschen in der Gesellschaft.«

Auf den Straßen altertümlicher Städte und an den Neubauten Sibiriens, in Betrieben und Institutionen – überall in der Sowjetunion sind große Bildtafeln zu sehen. Es sind die Ehrentafeln, die auf Beschluß der gesellschaftlichen Organisationen die Fotografien der besten Arbeiter zeigen.

Zeitungen, Rundfunk und Fernsehen informieren über die Arbeitsergebnisse, Filme und Bücher erzählen von den Helden der Arbeit. Den besten der Besten werden Titel verliehen wie »hervorragende Bergarbeiter«, »hervorragende Melkerinnen«, »hervorragende Metallarbeiter«. Alljährlich findet für die besten Leistungen die Verleihung von Staatspreisen statt. Unter den Preisträgern sind Wissenschaftler und Schriftsteller, Maler und Schauspieler, Arbeiter und Kolchosenangehörige.

Die Erhöhung des Menschen der Arbeit entspricht dem Wesen der Gesellschaft, die von den Werktätigen selbst regiert wird. In das sowjetische Parlament, den Obersten Sowjet der UdSSR, werden Vertreter aller sozialen Schichten gewählt, Arbeiter und Kolchosenangehörige stellen jedoch die Mehrzahl der Abgeordneten. Sie werden zur allgemeinen Volksabstimmung von ihren Arbeitskollektiven vorgeschlagen, in denen sie nicht nur ihr berufliches Können, sondern auch ihre organisatorischen Fähigkeiten und das Vermögen, im staatlichen Maßstab zu denken, bewiesen haben.

Im Sozialismus erfolgt die Bezahlung der Arbeit nach der Leistung. Prämien erhalten diejenigen, welche die gesetzten Normen übertreffen oder wesentliche Einsparungen erzielen. Die höchste staatliche Auszeichnung in der UdSSR ist der Titel eines »Helden der Sozialistischen Arbeit«. Doch nicht das Streben nach Auszeichnung veranlaßt die sowjetischen Menschen, sich um hohe Arbeitsergebnisse zu bemühen. Die Hauptsache ist, daß die Arbeit nicht nur zum Mittel wird, um den Lebensunterhalt zu bestreiten, sondern zu einer Sphäre, in der die schöpferischen Fähigkeiten des Menschen verwirklicht werden, in der seine Persönlichkeit sich selbst bestätigt. Wie sonst wäre zu erklären, daß Menschen in der erbarmungslosen sibirischen Kälte, in der es nach allen Regeln des Arbeitsschutzes nicht gestattet ist, unter freiem Himmel zu arbeiten, freiwillig weiterschaffen? Nicht das Geld interessiert sie, sondern die konkreten, realen Resultate, auf die andere schon ungeduldig warten.

Achtung und Liebe zur Arbeit werden den Kindern wie ein Stafettenstab übergeben. Man lehrt sie vom frühesten Alter an, zu arbeiten und die Arbeit anderer zu ehren.

Die sowjetische Gesellschaft hat den Menschen Optimismus, Entschiedenheit, Glauben an die Zukunft eingeprägt. Geselligkeit, Offenheit, Güte, Hilfsbereitschaft – das sind die typischsten Züge der Menschen dieser neuen Gesellschaft. Sie haben viele Interessen, ein intensives Geistesleben und den Wunsch nach Frieden, Schöpfertum, Wissen und Kultur.

Dies ist der neue Mensch des Sowjetlandes. Man kann an ihn glauben oder nicht, doch an seiner Existenz läßt sich nicht rütteln.

Bilderläuterungen zu Kapitel 4

79 Pensionäre in Alma-Ata, der Hauptstadt Kasachstans.

80 Die Bilder der besten Arbeiter auf den Straßen der Städte – hier in Bratsk – und in den Betrieben sind ein Dank für ihre Leistungen und gleichzeitig ein Ansporn für ihre Kollegen.

81 Semjon Kanew, Rentierzüchter aus dem Saamen-Dorf Lowosero siegte beim 45. Fest des Nordens in Murmansk im Wettstreit der Rentiergespanne und im Schleppen eines Skifahrers durch ein Rentier.

82 An die starken sibirischen Fröste von fünfzig Grad, die durch Mark und Bein gehenden Stürme und an die eisigen Winde gewöhnt man sich nie. Da bleibt nichts übrig, als die Mütze herunterzuziehen und den Kragen hochzuschlagen.

83 Die sibirische Delikatesse »Stroganina« kann man nur bei Frost essen. Der gefangene Fisch wird in den eisigen Schnee geworfen. Nach einer halben Stunde wird der bei 40 Grad Frost gefrorene Fisch abgeschabt und zergeht buchstäblich im Munde. Ein köstlicher Genuß!

84 Etwas Warmes braucht der Mensch auch an der BAM!

85 Nicht immer hält die Technik dem Frost stand! Und solange Mechaniker die Fehlerquelle suchen, kann man sich an einem Feuerchen aufwärmen.

86 Kinder vor der Ewigen Flamme am Grabmal der Gefallenen in Chanty-Manssisk.

87 Eine provisorische Siedlung der BAM-Erbauer.

88 Altes Holzhaus in Jakutsk mit meterdicken Wänden und Dreifachfenstern. Solche Häuser schützen zuverlässig vor der Kälte des langen sibirischen Winters. Aber bald werden sie abgerissen, da man jetzt neue Methoden entwickelt hat, die es erlauben, vielgeschossige Häuser auf dem Dauerfrostboden zu errichten.

89 Winterliche Straße in Nowosibirsk.

90 Blick auf das Lenin-Denkmal im Stadtzentrum von Nowosibirsk.

91 Frostiger Morgen in Irkutsk. Diese alte sibirische Stadt liegt an den Ufern der wilden Angara, nicht weit vom Ort ihres Ursprungs, dem Baikalsee. Ihren Namen hat die Stadt jedoch von einem Nebenfluß, dem Irkut.

92 Denkmal der Kosmonauten im Sternstädtchen bei Moskau. Hier wohnen die sowjetischen Weltraumfahrer, und hier befindet sich auch das Vorbereitungszentrum für Weltraumflüge.

93/94 Manche Leute vom Sport nennen unser Jahrhundert »das Jahrhundert der Frau«, da der moderne Sport ohne die Frauen unvorstellbar wäre. Kunstturnen und Kunstspringen sind Sportarten, die vor allem durch exakte Ausführung und Ästhetik entzücken.

95 Die ganzjährig geöffnete Hochgebirgseisbahn Medeo bei Alma-Ata wird »Fabrik der Rekorde« genannt.

96 Von Jahr zu Jahr wächst die Beliebtheit des Marathonlaufs von Murmansk. Mehr als tausend Skiläufer kommen aus der Sowjetunion und dem Ausland zum Start in Dolina Ujuta. Vierundfünfzig Kilometer sind zurückzulegen. Für ältere Teilnehmer geht die Strecke jedoch »nur« über siebenundzwanzig Kilometer. 1979 war der älteste Teilnehmer ein fünfundsiebzigjähriger Schweizer.

97 Eishockey-Match im Moskauer Lenin-Stadion im Stadtteil Lushniki.

98 An arbeitsfreien Tagen geht es im Stadtpark von Krasnodar, das zwischen dem alten und dem neuen Bett des Kuban liegt, lebhaft zu. Das warme Wasser verlockt zum Rudern.

99 Wer nicht rudert oder spazierengeht, freut sich auch so seines Lebens.

100 Freizeitangler am Wolchow-Fluß. Hier verlief einst der große Wasserweg von den Warägern zu den Griechen, der die russischen Lande mit Byzanz und dem Westen verband. Am Wolchow entstand eine der reichsten und schönsten Städte der alten Rus: Nowgorod, berühmt durch seinen Kreml, seine Kathedralen und Klöster.

101 Küstenpromenade in Odessa. Immer wenn sich Dominospieler treffen, versammeln sich die Kiebitze. Solche Bilder sieht man in sowjetischen Städten überall. Nicht nur bei Pensionären sind Schach, Dame und Domino beliebt.

102 Bushaltestelle in Susdal. Die Hausfrauen waren auf dem Markt einkaufen und fahren nun mit prallen Netzen und Taschen wieder in ihre Dörfer in der Umgebung zurück.

103 Eine »privilegierte Klasse« gibt es in der Sowjetunion doch: die Kinder! Sie sind die Zukunft des Landes, und für diese Zukunft muß gesorgt werden. Diese Kinder sollen in Frieden, in gegenseitiger Achtung und Freundschaft aufwachsen.

104 Moskau hat zahlreiche Erholungsparks, in denen man sehr häufig Großväter mit den Enkeln spazierengehen sehen kann, während die Eltern der täglichen Arbeit nachgehen.

105/106 Das Haus der Bühnenveteranen in Moskau. Es wurde für pensionierte Schauspielerehepaare und Ledige, denen es schwerfällt, ohne fremde Hilfe zurechtzukommen, eingerichtet. Das Haus liegt inmitten eines großen Parks, in dem es ein kleines Krankenhaus, ein Casino, eine Bibliothek, einen Konzertsaal und noch einige Gästezimmer gibt. Die Wohnungen sind nicht groß, aber komfortabel, so daß jeder Bewohner sich daheim fühlen kann. Die Benutzung aller Einrichtungen ist kostenlos, da für den Unterhalt die Allrussische Theatergesellschaft aufkommt.

107/108 Auf dem Basar von Samarkand geht es lebhaft und geräuschvoll zu. Die orientalische Atmosphäre nimmt den Zuschauer sofort gefangen. Wer nur einmal die Samarkander Fladen mit Mohn probiert hat, wird nie mehr vergessen, wie gut sie schmecken. Und obwohl sie in den Stadtbäckereien in Massen hergestellt werden, so sind doch die Fladen am appetitlichsten, die auf dem Basar ein alter Mann vom Land verkauft, dem noch seine Großväter das »Geheimrezept« verraten haben.

109 Jakutenmädchen in seiner Nationaltracht, zu der auch dieser originelle Schmuck gehört.

110 Rentierzüchter aus dem Saamen-Dorf Lowosero, nicht weit von Murmansk.

111 Russische Troika.

112 BAM-Erbauer.

113 Junges Paar beim Sängerfest in Tallin.

114 Hubschrauberpilot.

115 Jakutischer Elfenbeinschnitzer.

116 Besucherin beim »Fest des Nordens« in Murmansk.

117 Frisch vermähltes Paar in Donezk.

79 Plakatkunst in Alma-Ata.

80 Bilder von vorbildlichen Arbeitern säumen den Weg zu einer Fabrik in Bratsk.

81 Sieger im Rentierschlittenrennen in Murmansk.
Bei all diesen Aufnahmen war das ausgezeichnete 400 mm Schnellschuß-Objektiv im Einsatz.

82 Ein verdienter Arbeiter der BAM

83/84 Geschnetzelter Fisch, einmal geeist, einmal gebraten: Delikatesse in Belaja Gora

85 Fünf Minuten Pause pro Stunde gibt es für den sowjetischen Arbeiter in den eisigen Temperaturen Sibiriens. Für Wärme sorgt ein ausrangierter Autoreifen. Die Aufnahme wurde mit dem 35-mm-Objektiv und dem Ektachrome 200 gemacht.

86 Kinder vor dem Grabmal des Unbekannten Soldaten in Chanty-Manssisk. Innerhalb weniger Stunden sank das Thermometer um 15 Grad. Dieses Bild entstand mit dem 90-mm-Objektiv 1:2,0.

87 Romantisches Bild einer harten Wirklichkeit in der eisigen Kälte Sibiriens. Aufgenommen mit Kodachrome 64 und dem Zoom-Objektiv 80–200 mm von Leitz.

88 Solch anheimelnde schöne alte Holzhäuser – wie dieses hier in Jakutsk – wird es bald nicht mehr geben. Dafür werden riesige Wohnblocks errichtet, deren Häuser auf Stelzen stehen. Da der Boden Sibiriens metertief gefroren ist, würde er durch die von den Häusern abgegebene Wärme auftauen und die Gebäude absinken lassen. Aus diesem Grund werden die Häuser durch Stelzen bzw. Pfeiler abgestützt. Der Wind kann durchpfeifen und hält den Boden kalt.

89 Winterliches Straßenbild in Nowosibirsk.

90 oben: Nowosibirsk. Diese Aufnahme des Lenin-Denkmals machte ich aus dem Theater heraus. Die elektronische Einrichtung der R 3 mit dem 90-mm-Objektiv arbeitete im Gegenlicht einwandfrei.

91 unten: Frostiger Morgen in Irkutsk. Genau 49 Grad Kälte machten der Leicaflex SL gar nichts aus.

92 Diese Aufnahme entstand im Sternstädtchen, dem Wohnort der sowjetischen Kosmonauten. Als ein Spazier-

Technische
Angaben
zu Kapitel 4

gänger am Gagarin-Denkmal vorüberging, nahm ich dieses Bild blitzschnell mit der Elektronik-Kamera R 3 und dem 21-mm-Objektiv auf.

93/94 Training für die Olympischen Spiele 1980.
Diesen Sprung ins Wasser nahm ich mit einem heftig gepuschten Agfacolor Negativfilm 400 auf 33 DIN mit 1/500 sec auf. Aber ich mußte länger als eine Stunde warten, bis sich der durch den warmen Wasserdampf entstandene Beschlag auf der Linse verflüchtigte.

95 Das Medeo-Eisstadion liegt in einer herrlichen Umgebung in der Nähe von Alma-Ata.
Dieses Bild konnte ich erst am frühen Abend aufnehmen, da tagsüber das Licht für eine Spiegelung im Eis zu grell war. Die Farben begannen erst zu leuchten, als die Strahlen der Sonne durch Wolken abgeschwächt wurden. Ich verwandte die Leica R 3 mit dem Zoom-Objektiv und den Ektachrome 200.

96 Tausende von Skiläufern starten in Murmansk zu einem Marathonlauf, den ich mit der Leicaflex und dem 400-mm-Objektiv fotografierte.

97 Diese spannende Situation beim Eishockey in Moskau ließ sich bei ungünstigen Lichtverhältnissen nur sehr schwer aufnehmen. Ich setzte dabei den Farbnegativfilm von Agfa-Gevaert und den 180 mm Telyt 1:2,8 ein.

100 Nowgorod am Wolchow ist eine sehr alte schöne Stadt, deren Kreml gut erhalten geblieben ist. Der Fluß bietet Freizeitfischern gleichermaßen Unterhaltung und guten Fang. Das Zoom war für dieses Bild das richtige Objektiv.

101/102 Die dominospielenden Männer in Odessa und die Frauen an der Bushaltestelle in Susdal wurden mit dem Zoom fotografiert.

103 Da die Mütter fast alle berufstätig sind, werden die Kinder in Krippen und Kindergärten mit viel Liebe betreut.

104 Um Großvater und Enkel in einem Moskauer Park festhalten zu können, mußte ich mit der Elektronik-Kamera und dem Zoom 80–200 unverzüglich »schießen«.

105/106 Im Moskauer Altersheim für Künstler wurden wir gastfreundlich aufgenommen. In den engen Räumen mußte ich das 15-mm-Objektiv der Contax einsetzen, außerdem verwandte ich auch das 80-mm-Objektiv mit Lichtstärke 1:1,4. Der Film war der Ektachrome 200.

107/108 Auf einem kleinen Markt in Samarkand werden Brot, Gemüse, Pfeffer und viele Ingredienzen verkauft. Die Bilder geben die Vielfalt der in der Sowjetunion lebenden Völkerschaften wieder. Beide Aufnahmen wurden mit dem Ektachrome 400 und dem 400-mm-Objektiv fotografiert.

109/110 Mädchen aus Belaja Gora, tief in Sibirien. Hier, wie überall in der Sowjetunion, werden Volksbräuche und Volkstrachten gepflegt. Dieses Bild – wie auch die Aufnahme des Rentierzüchters aus Murmansk – machte ich mit dem 180 mm Telyt und dem Kodachrome 64.

111 Das Troikafahren – selbst wenn es jetzt nur noch Touristenattraktion ist – stirbt nicht aus. Dieses schöne Gespann fotografierte ich mit dem 400 mm Telyt und 1/125 sec. Als Film setzte ich den Ektachrome 200 ein.

112, 113, 114, 115, 116, 117 Menschen in der Sowjetunion.

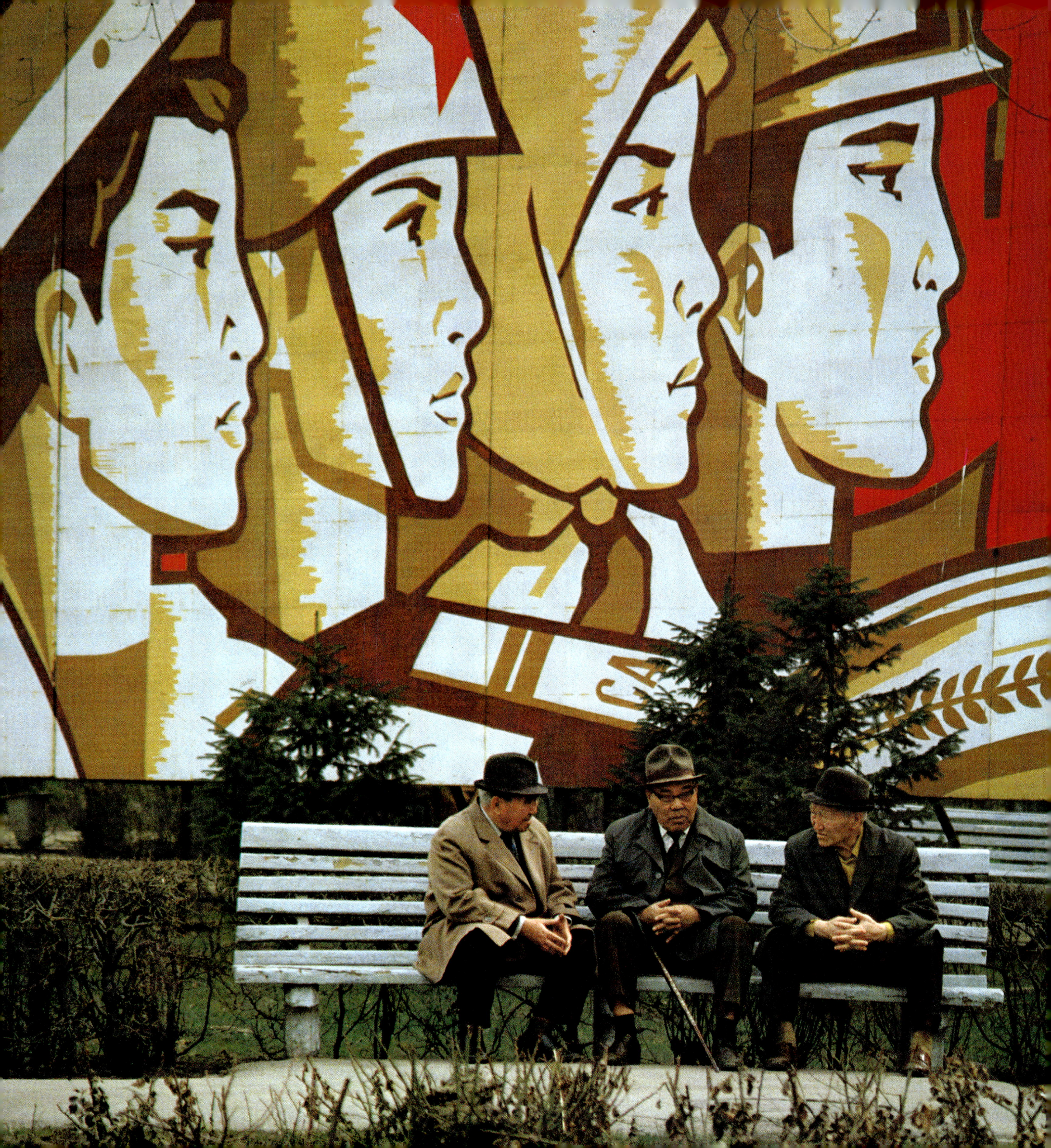

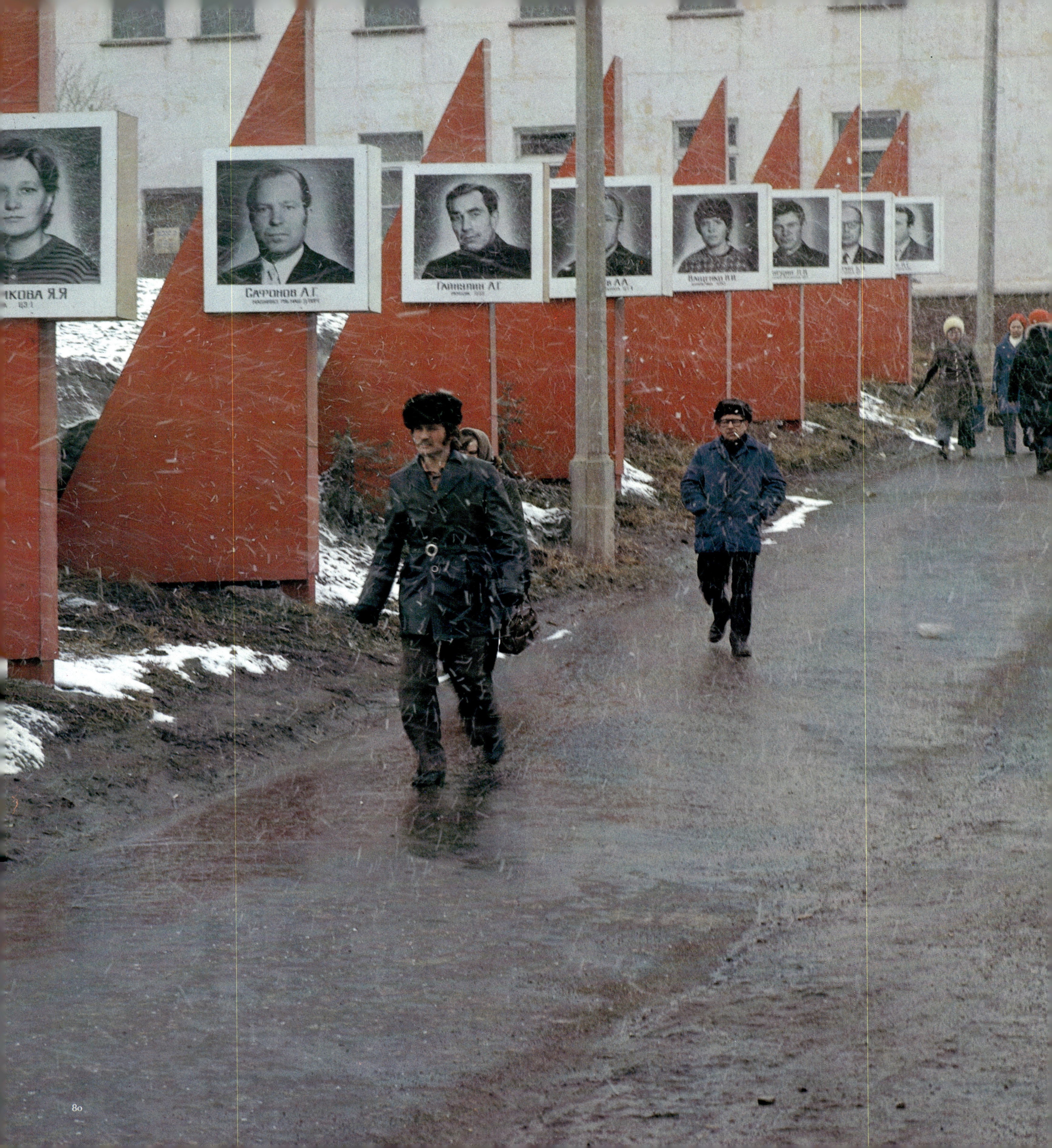
ИКОВА Я.Я
САФОНОВ А.Г.

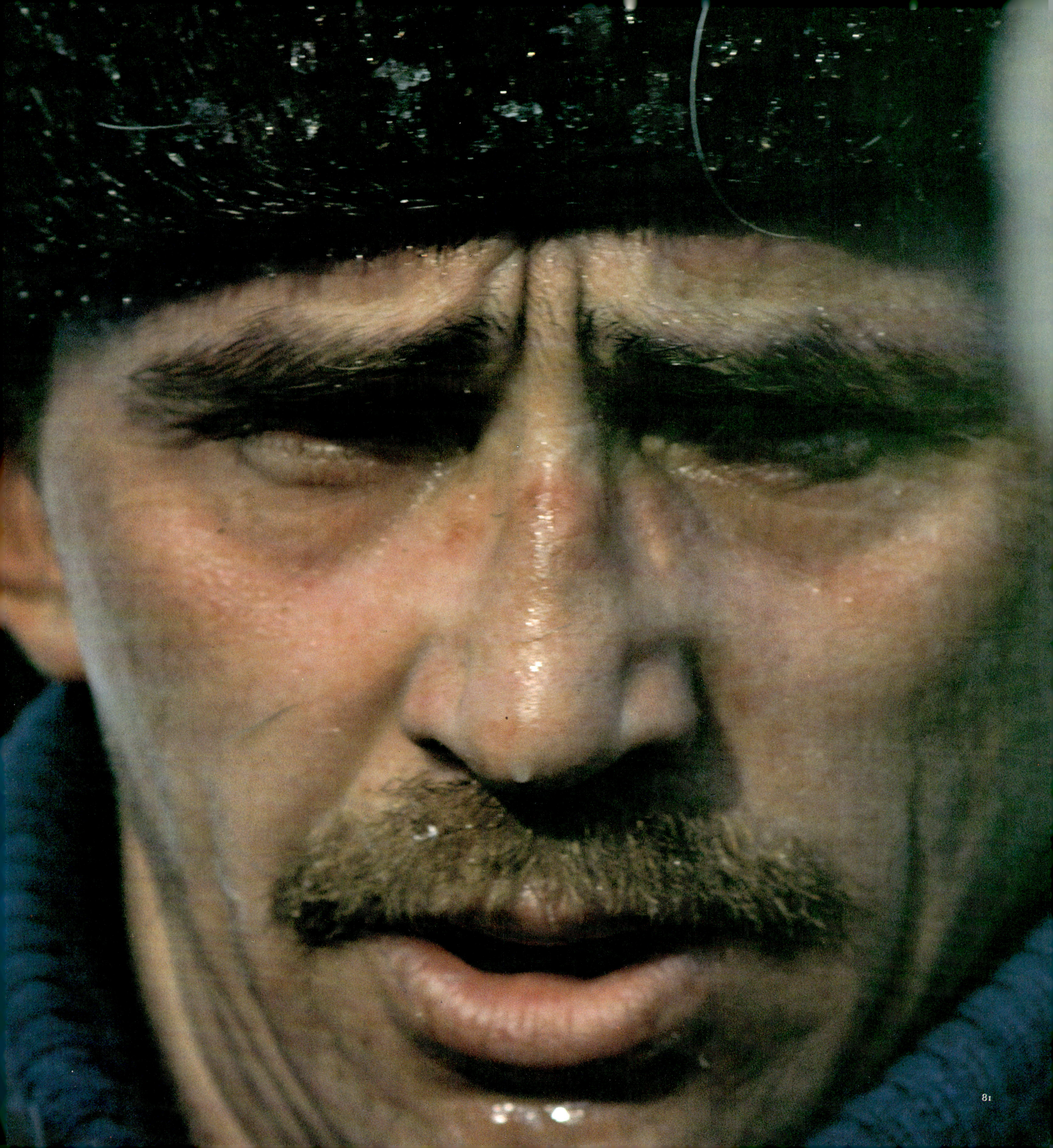

82

83

84

85

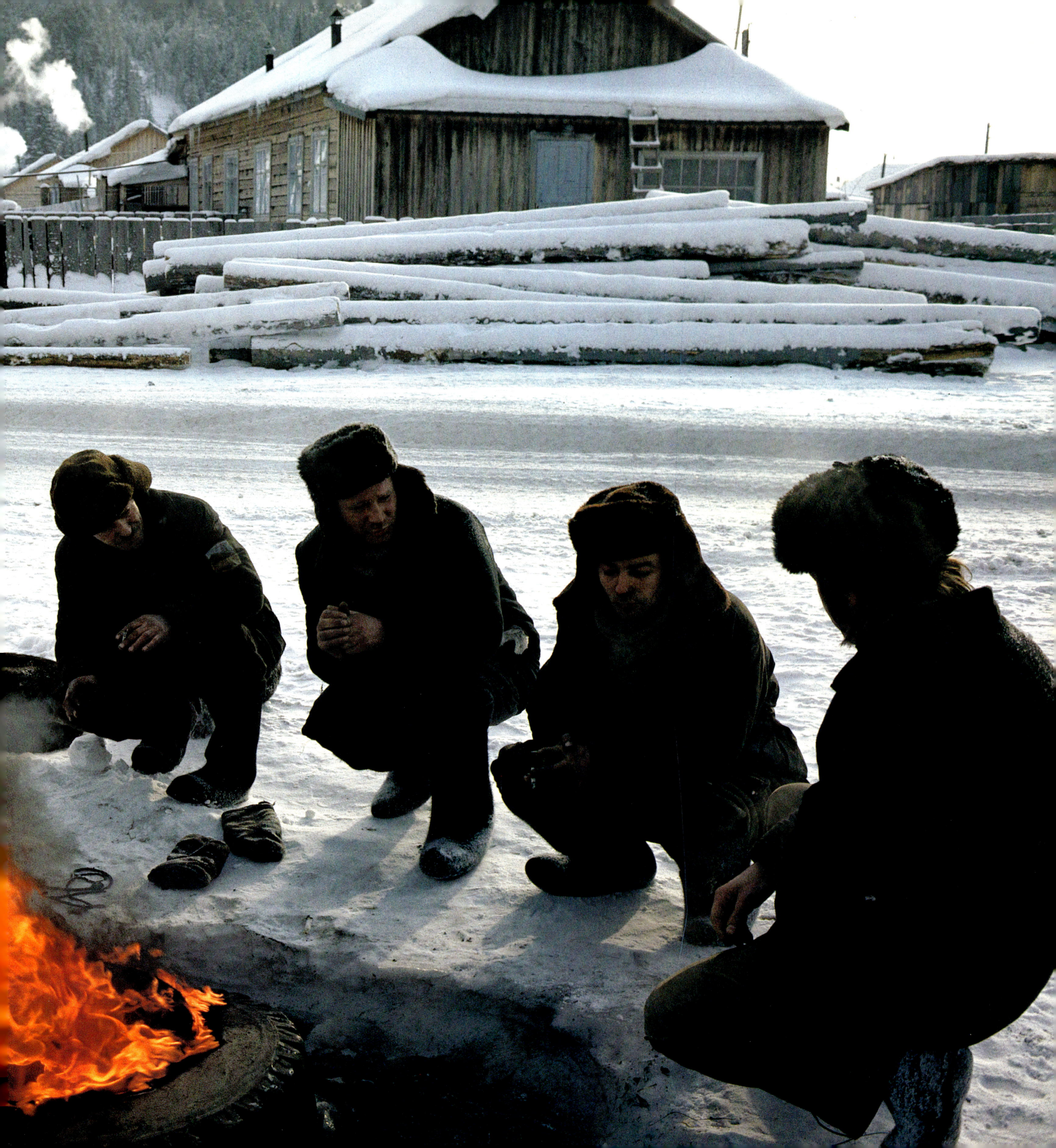

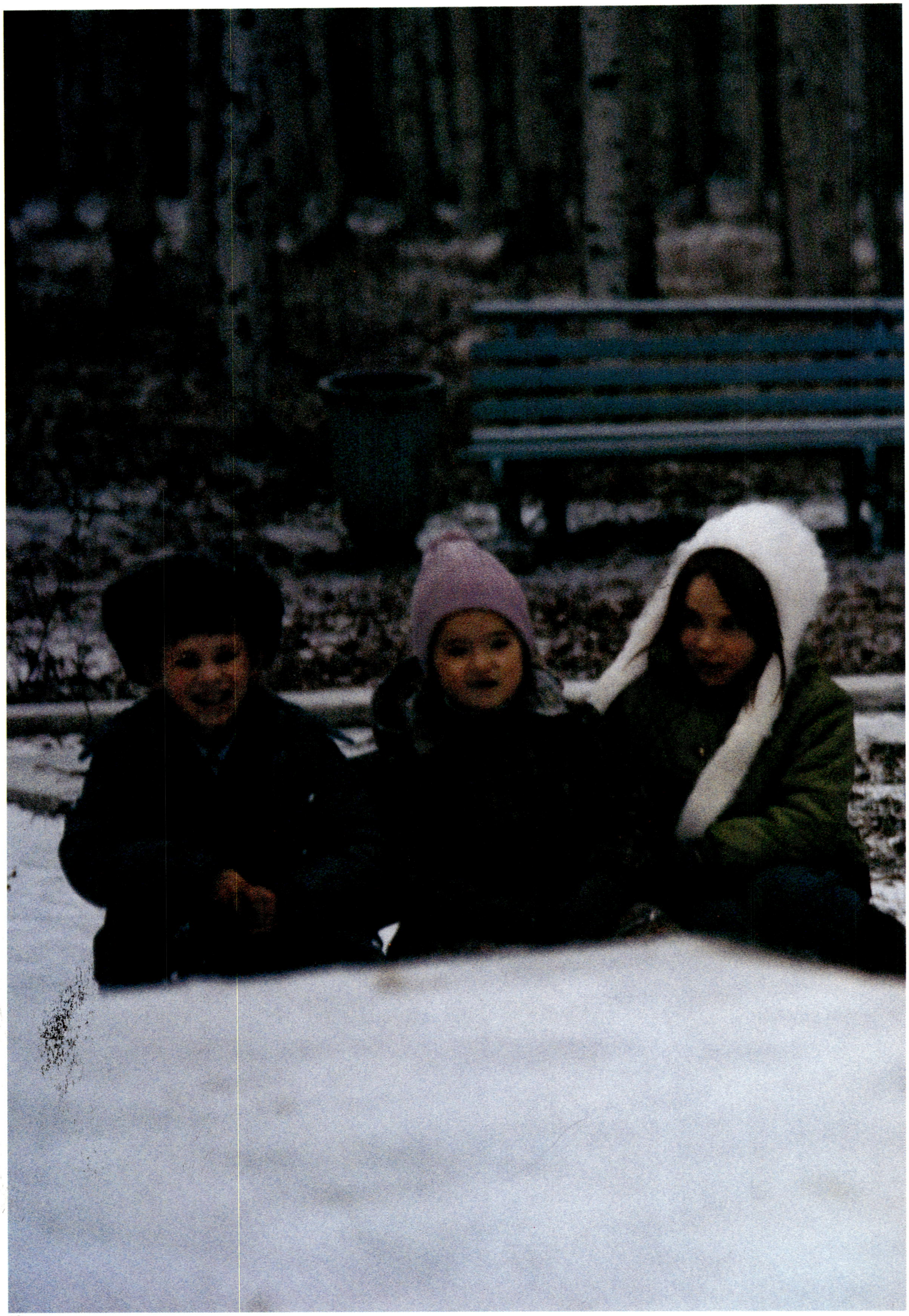

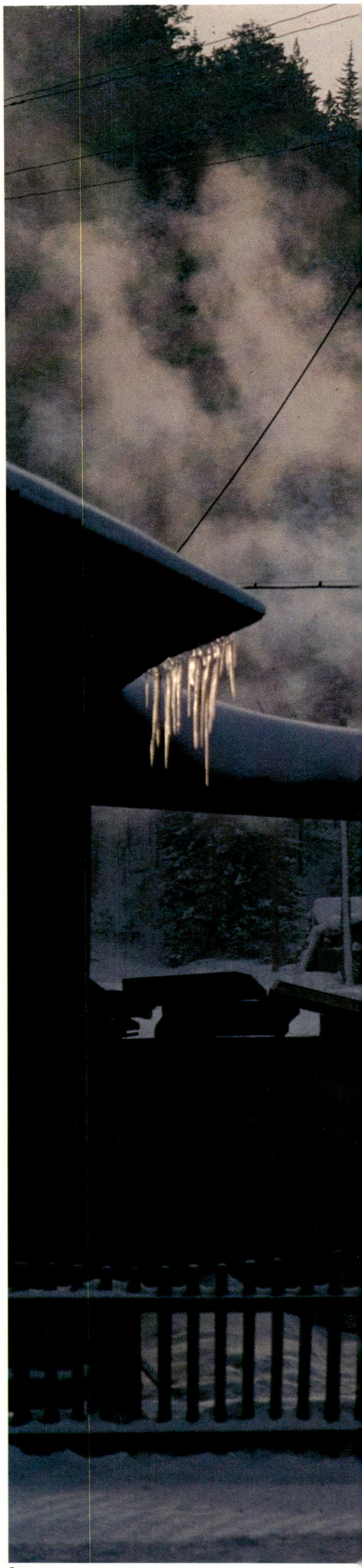

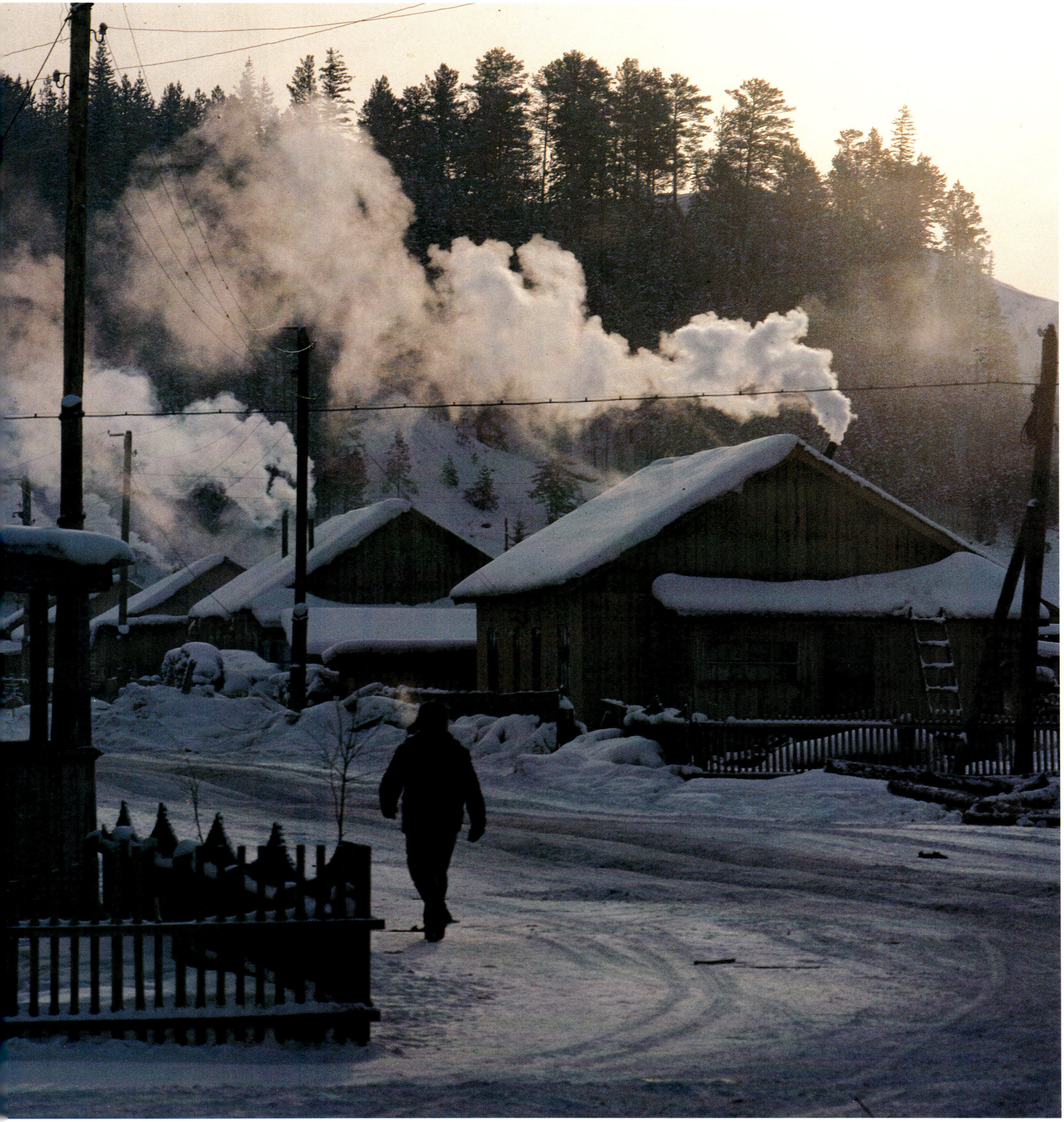

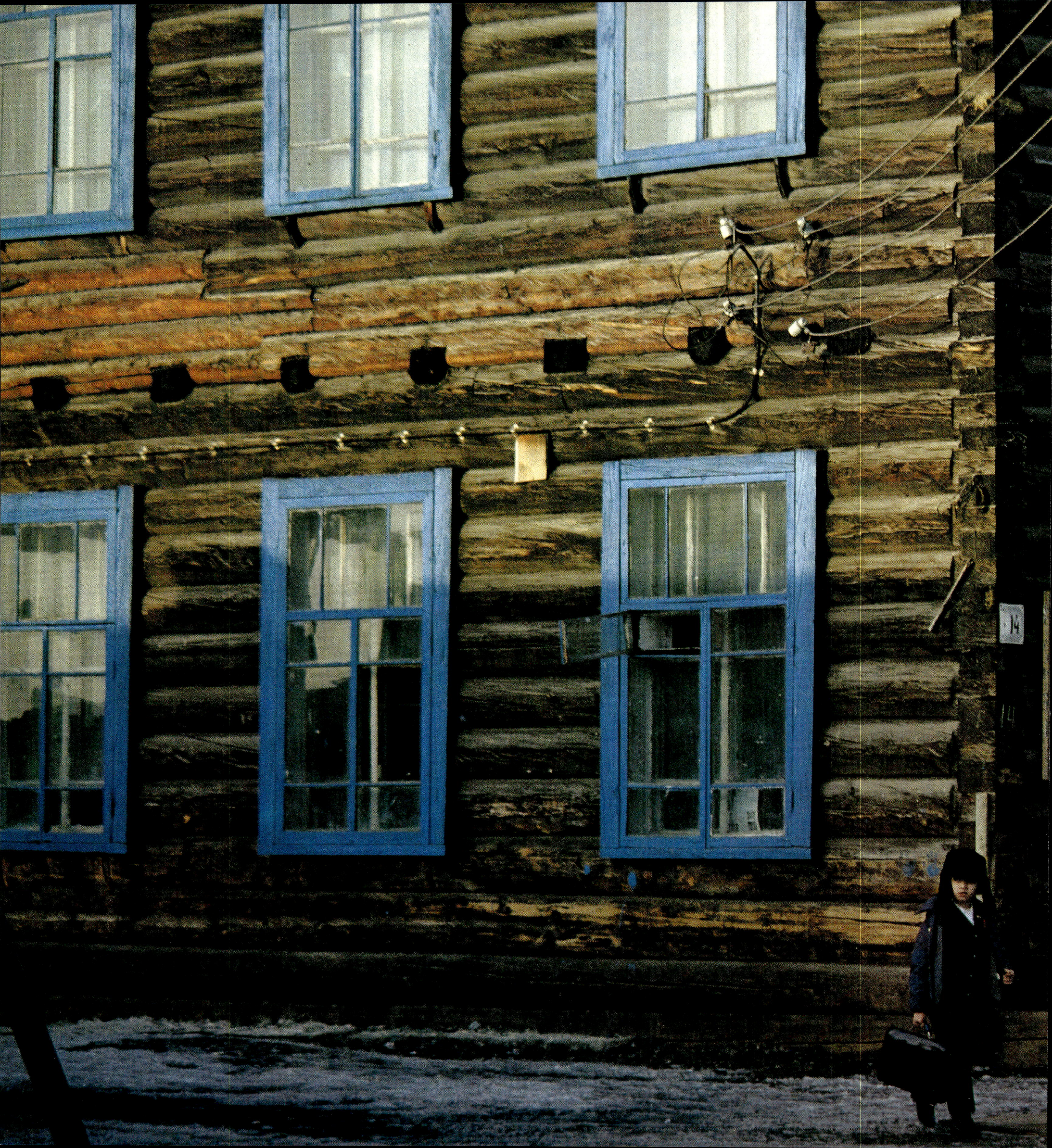
14

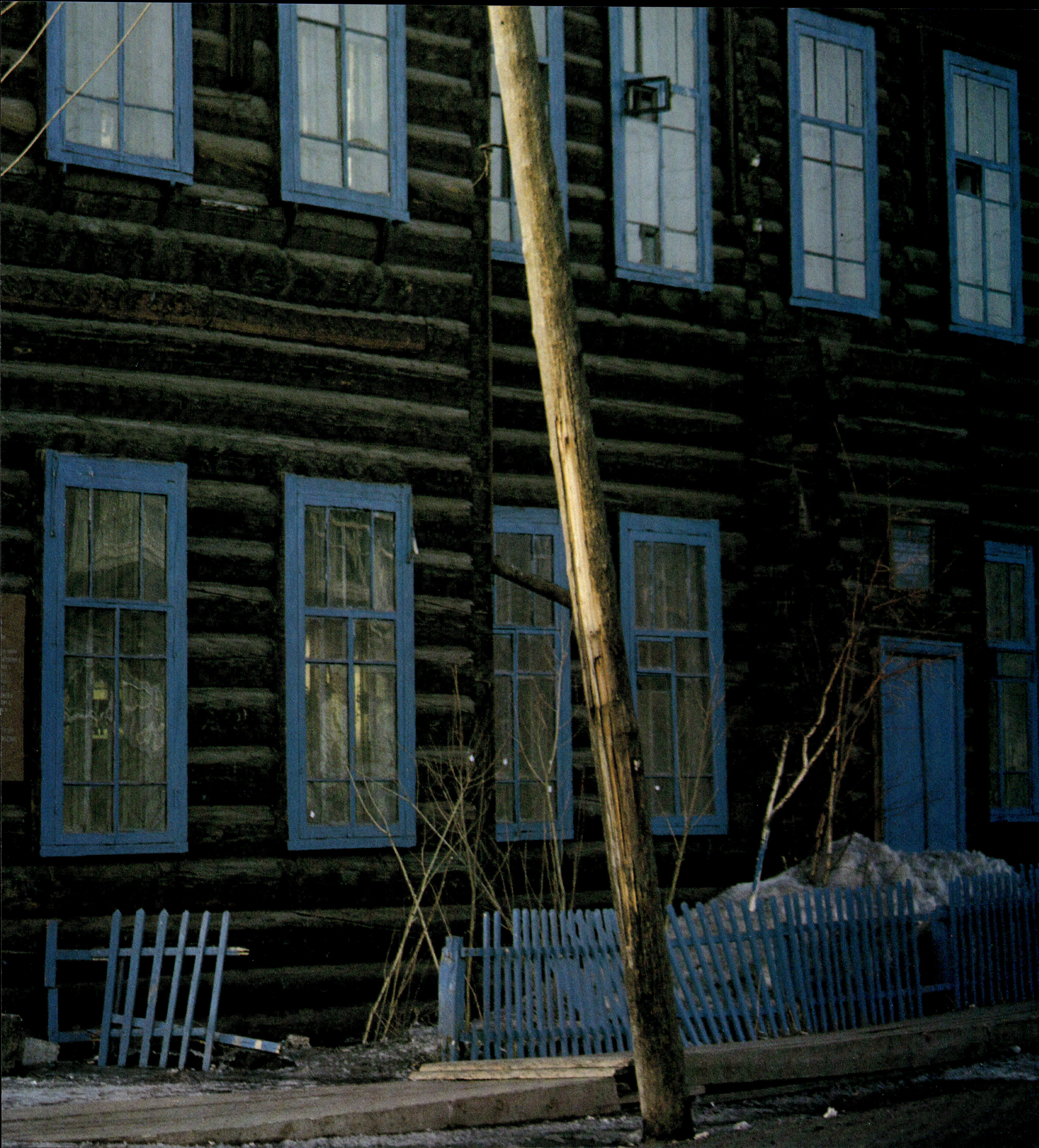

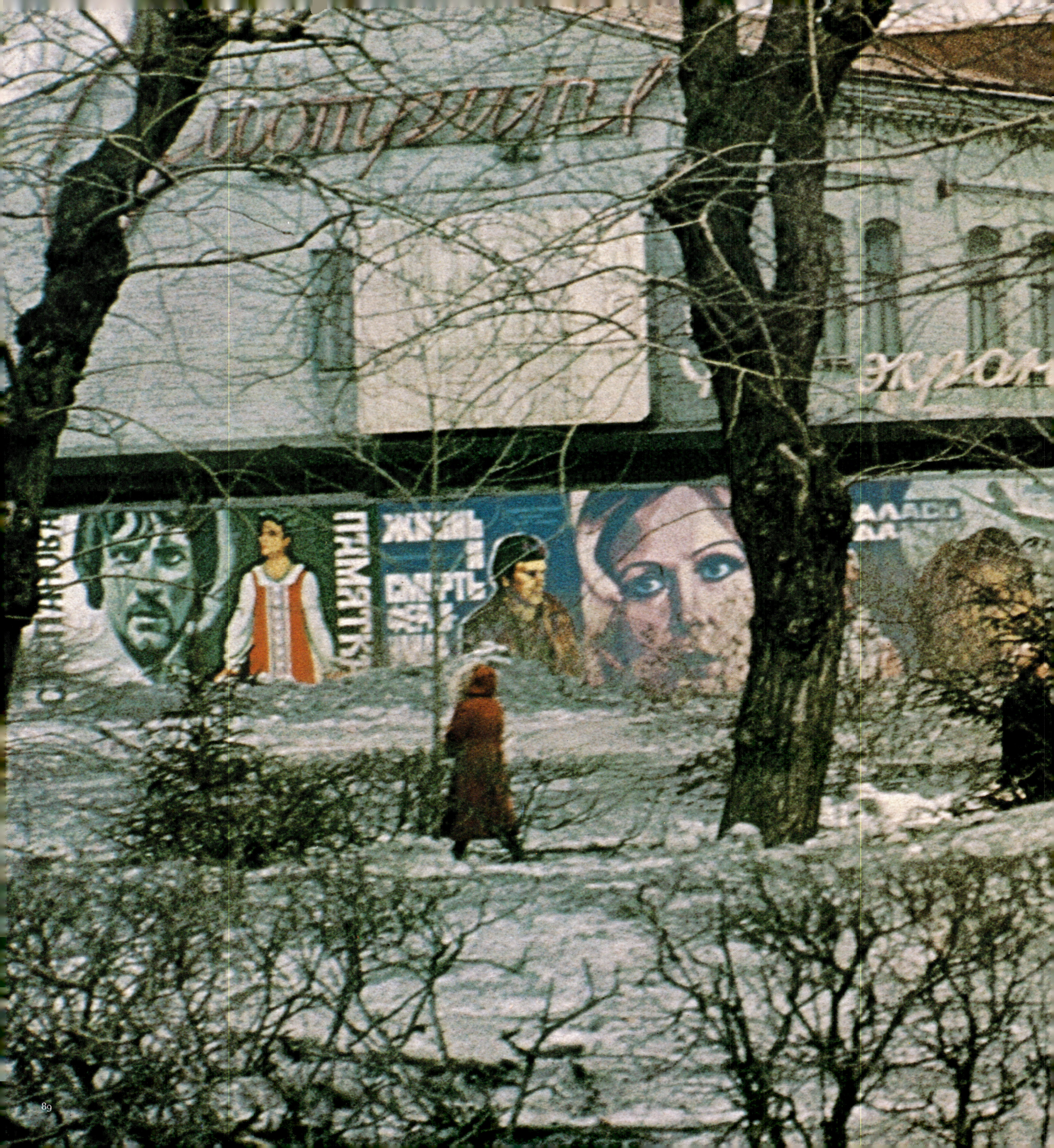
ЖИЗНЬ И СМЕРТЬ

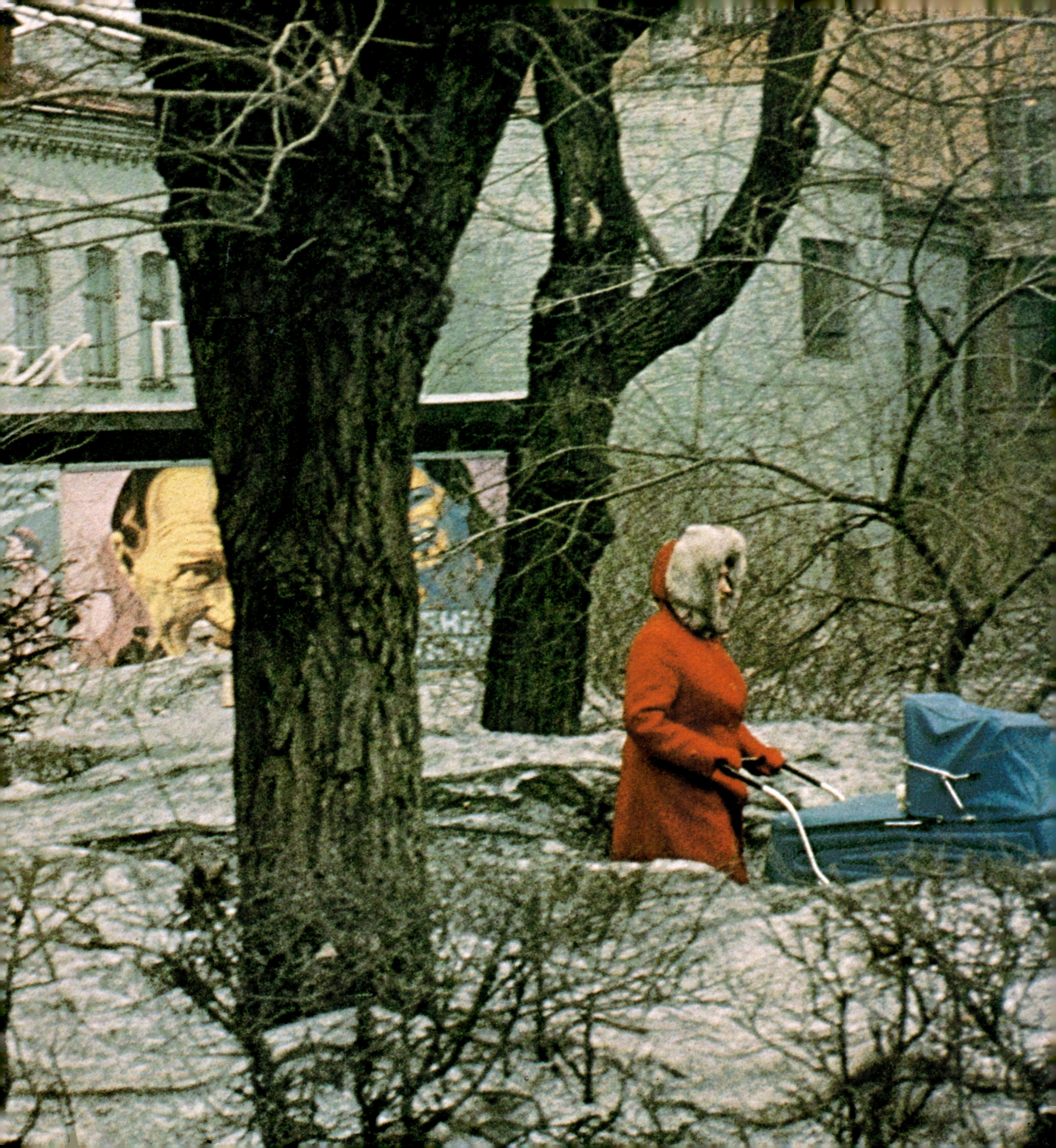

90

91

92

ишонидан-ОЛИ

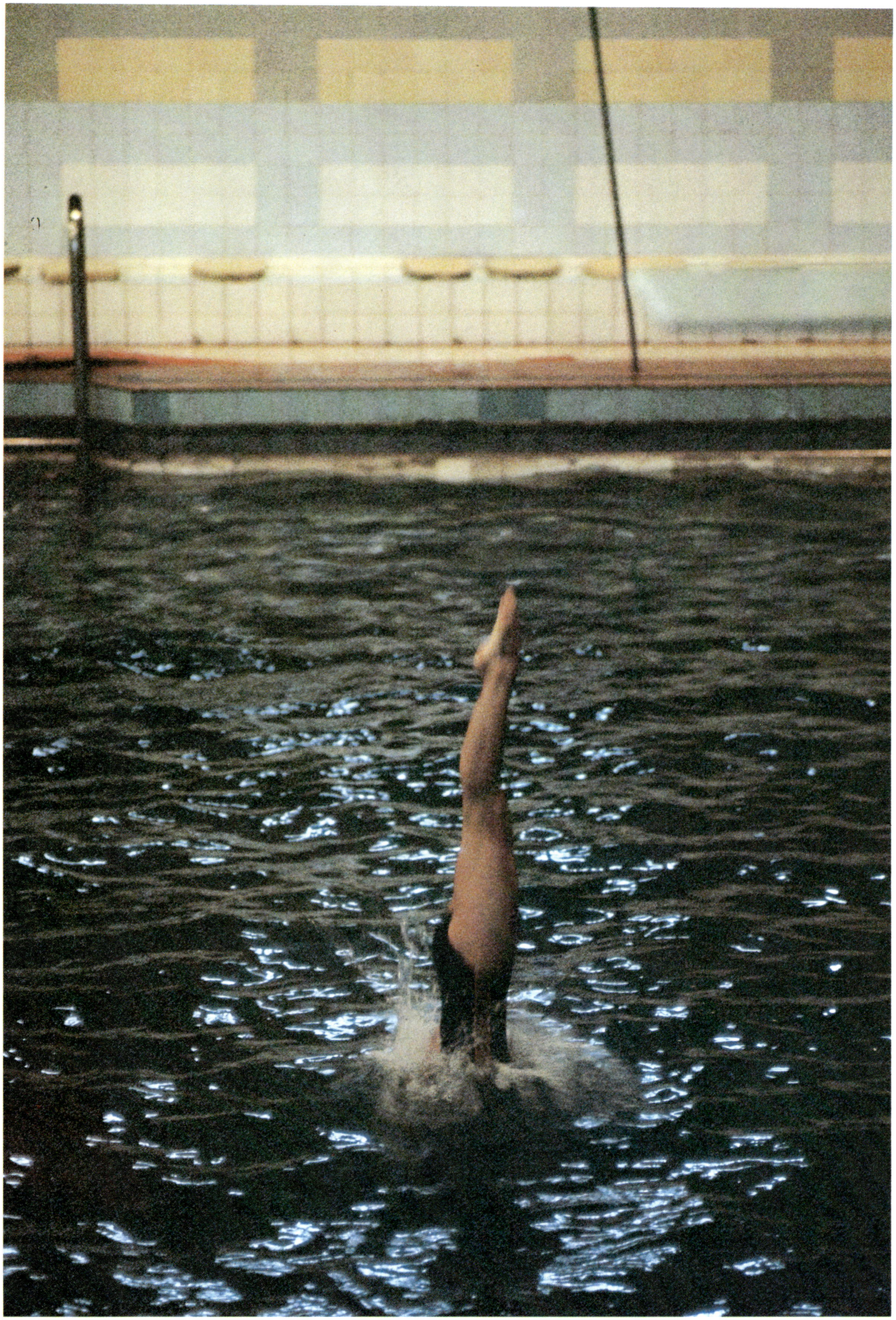

◀93

94

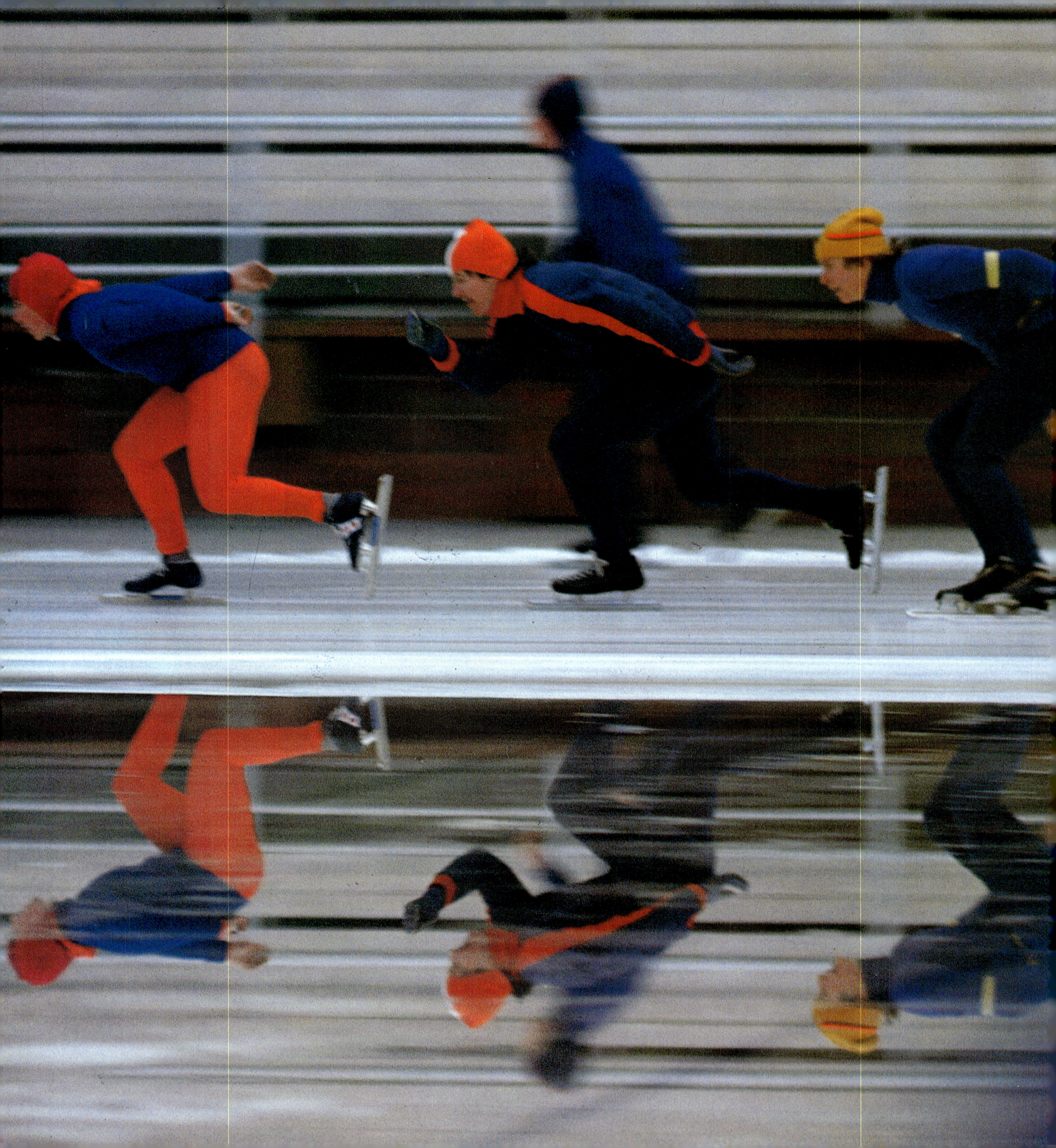

96

97

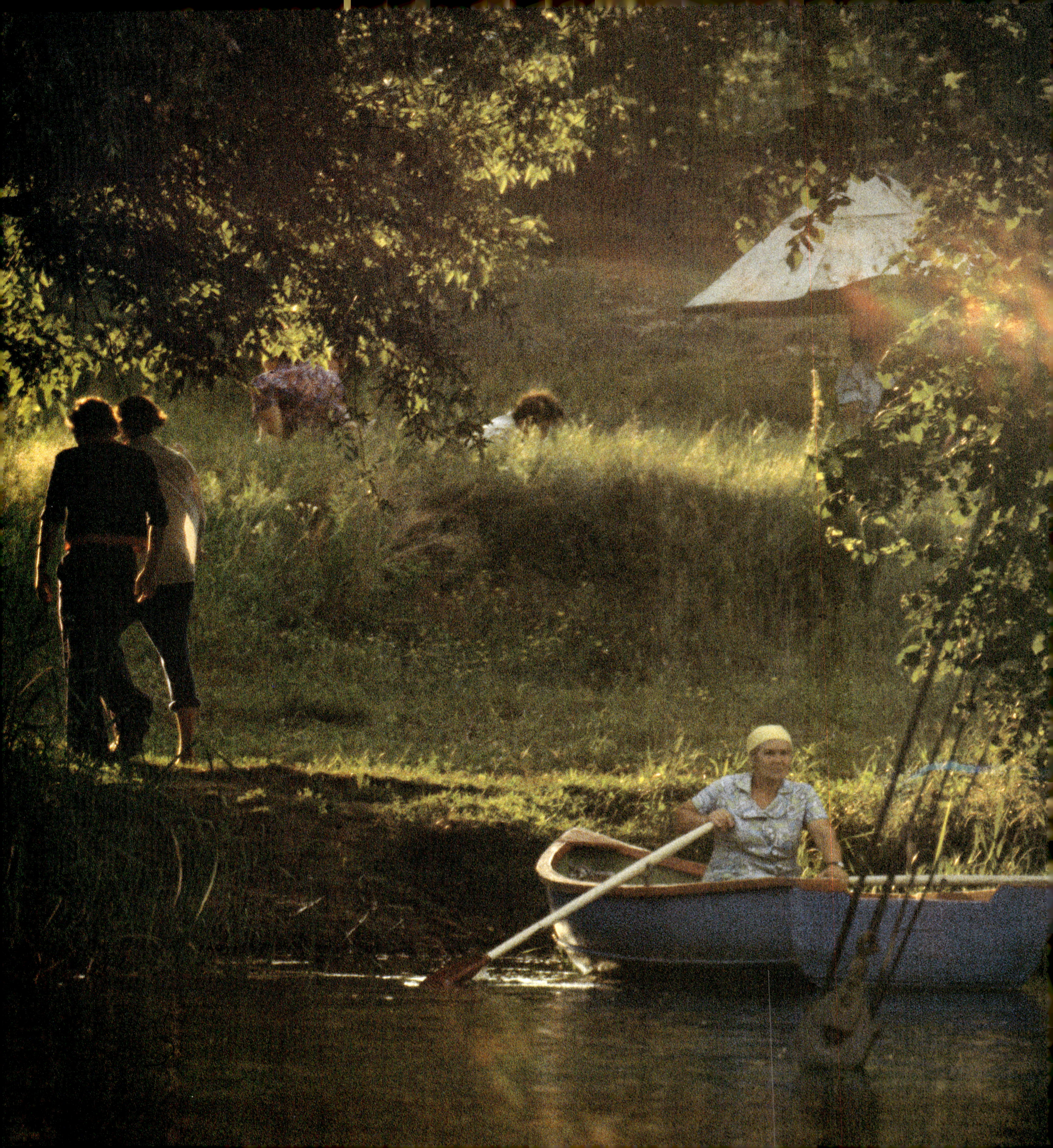

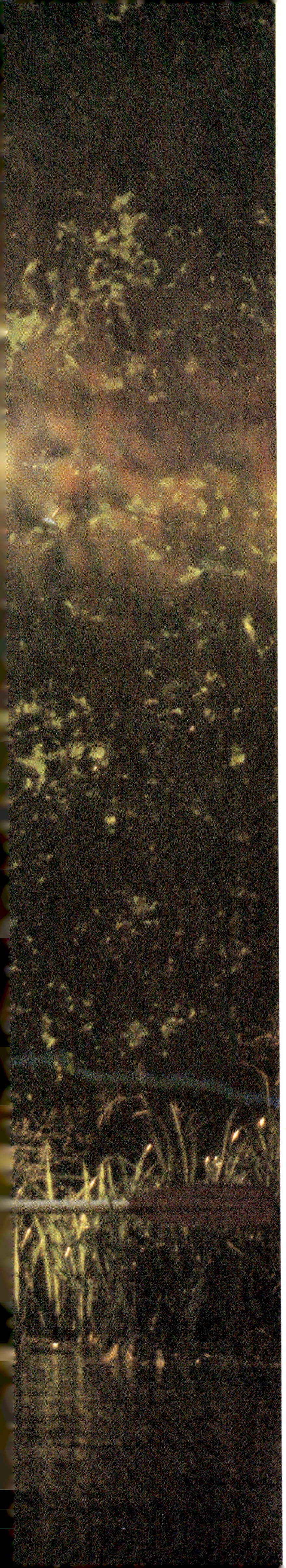

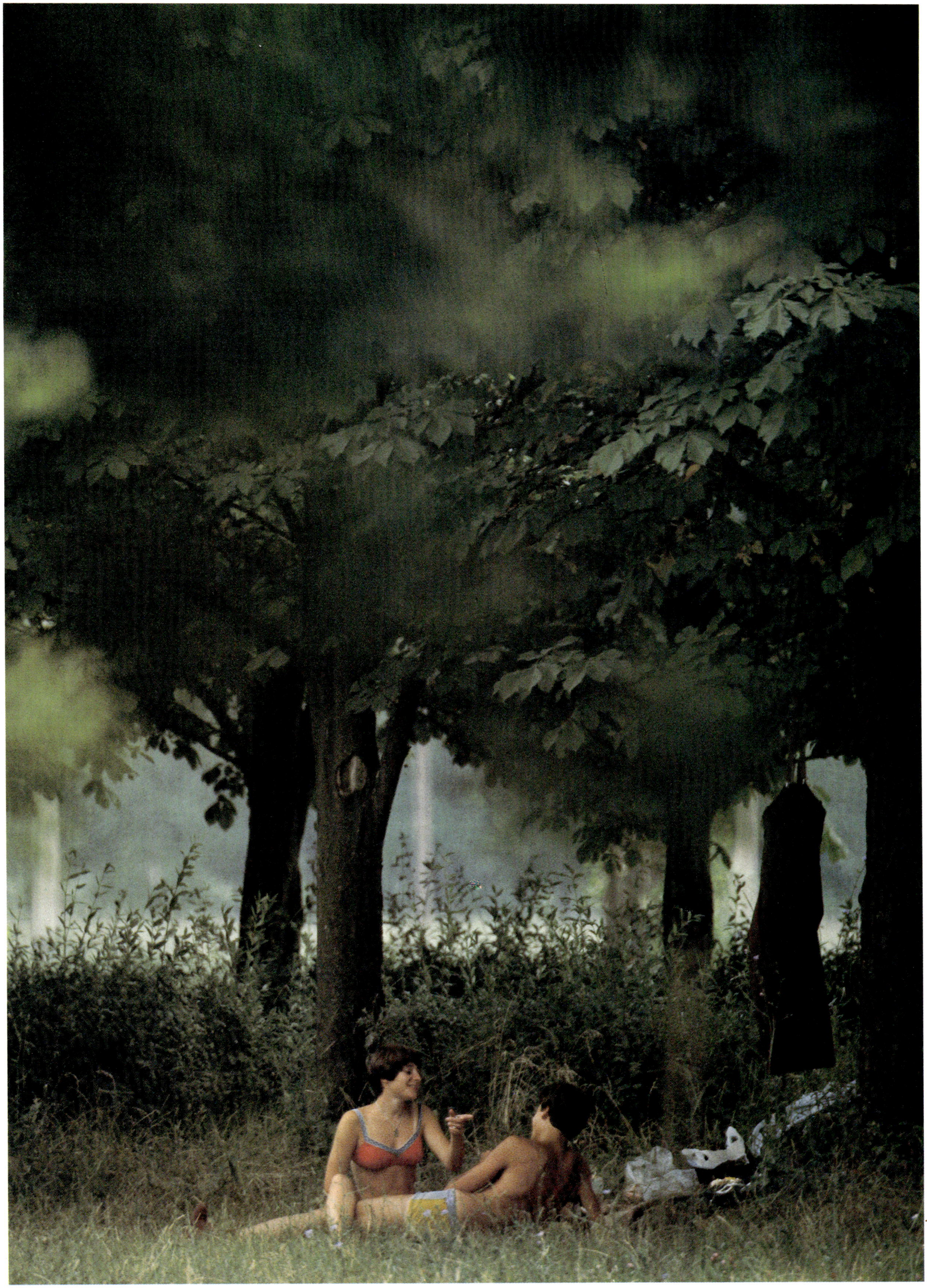

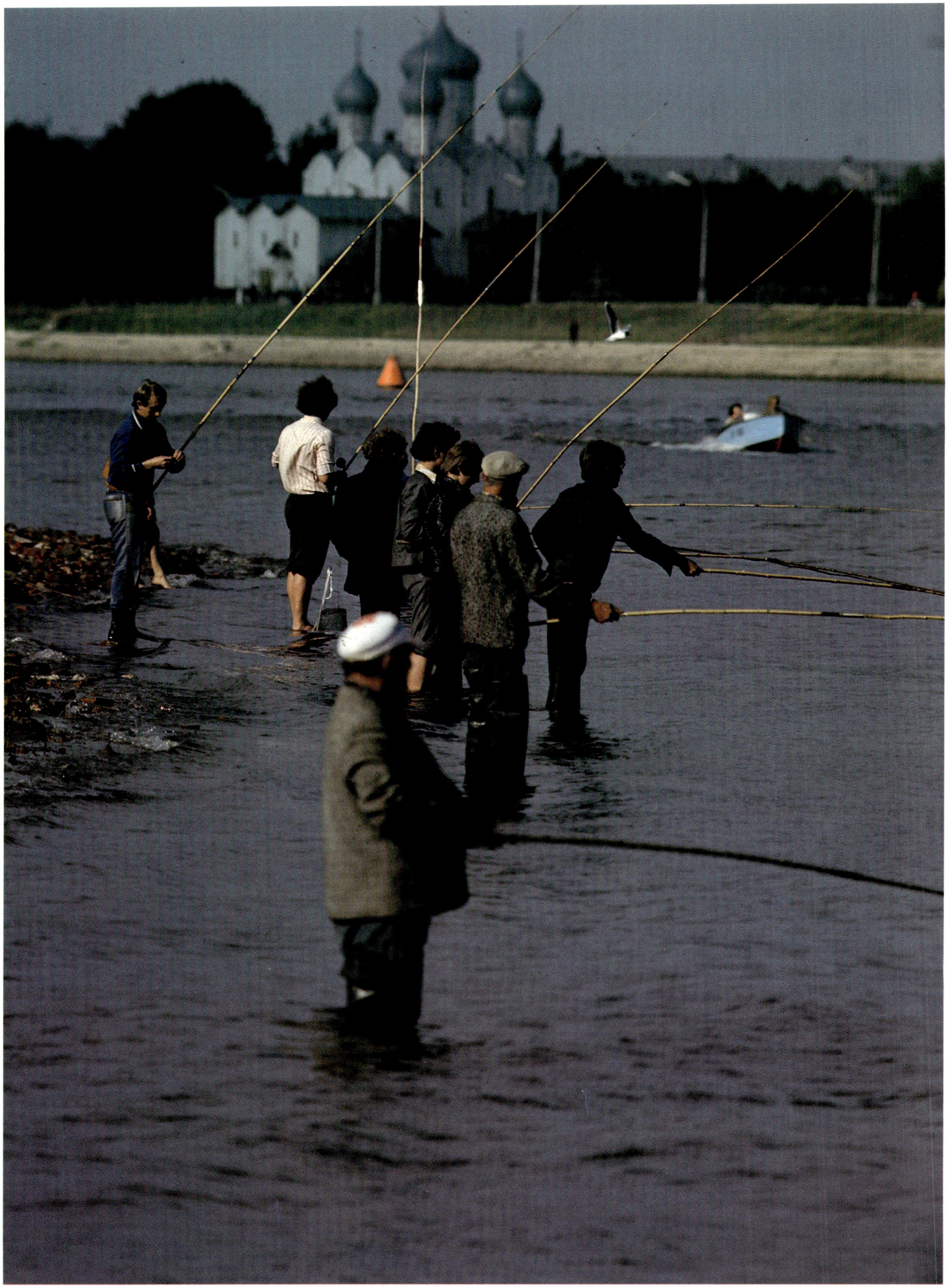

101

102

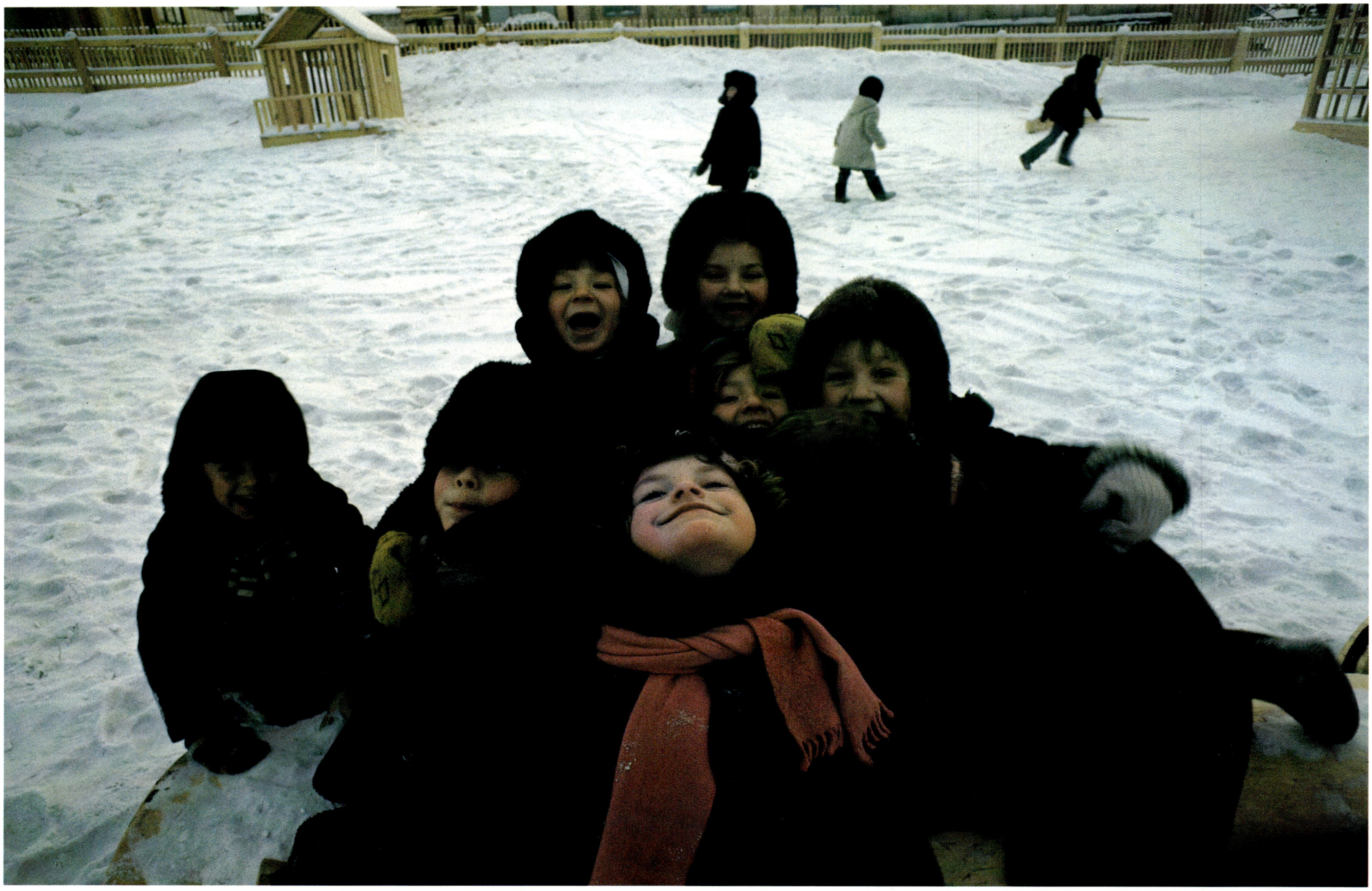

103

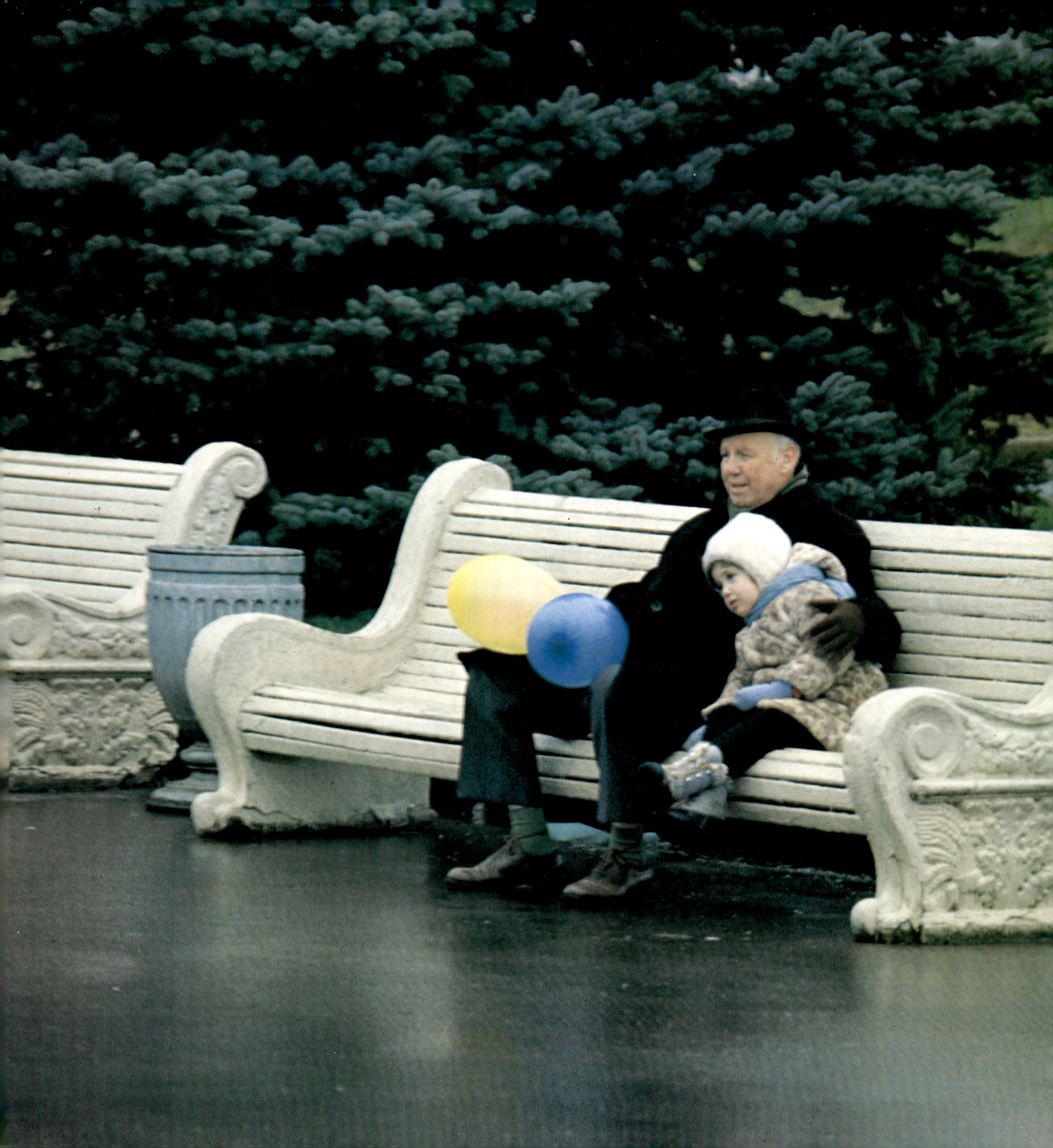

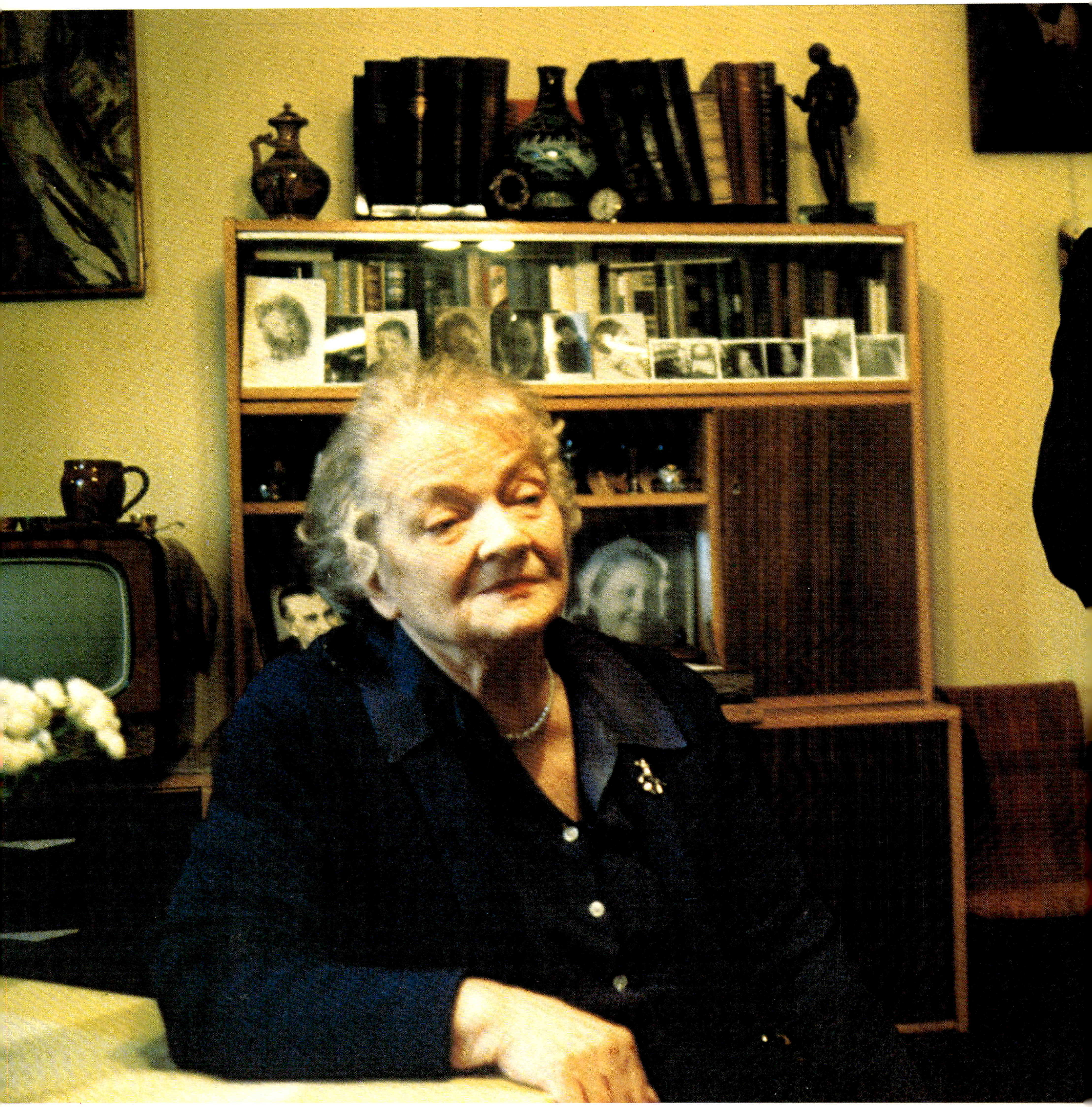

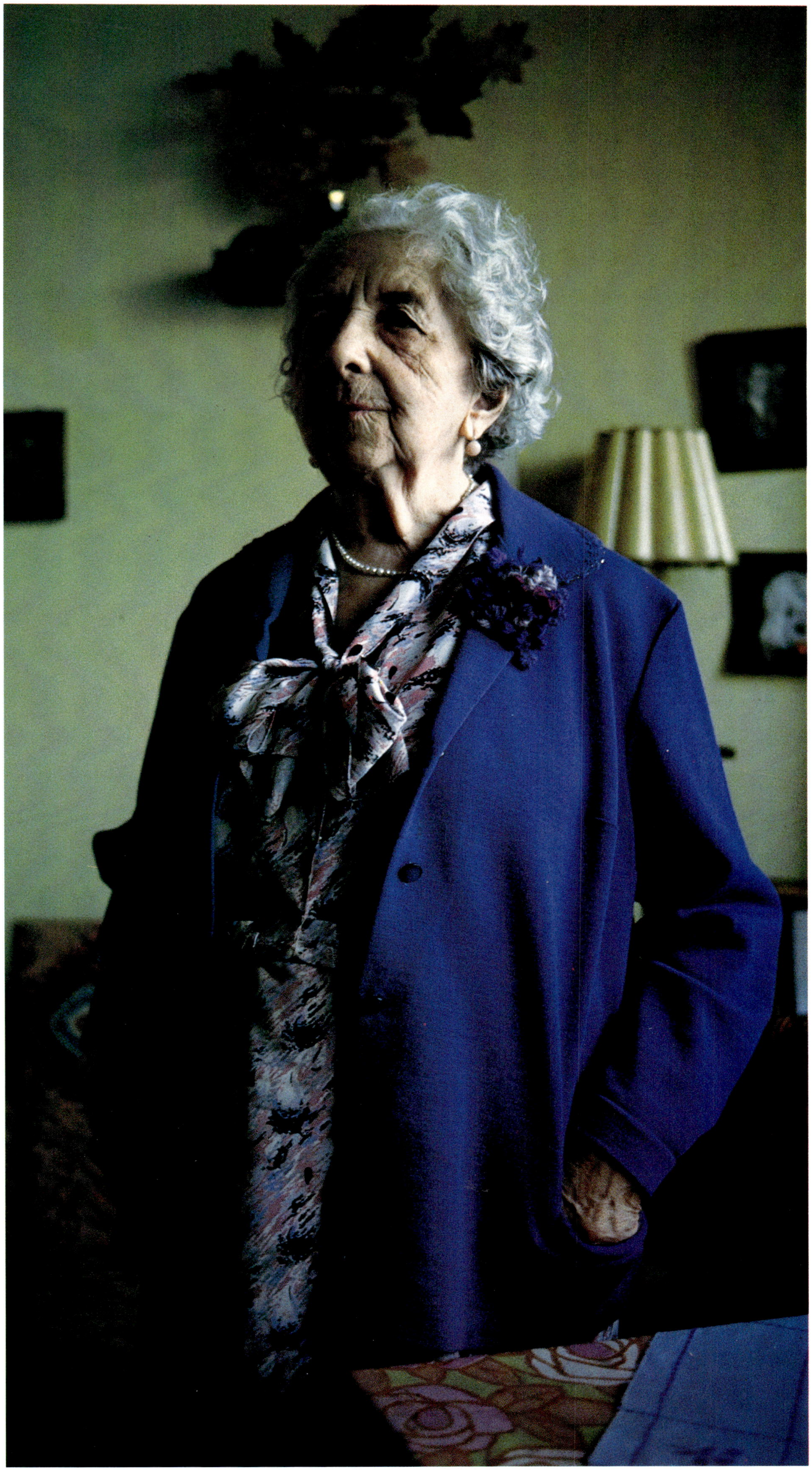

107

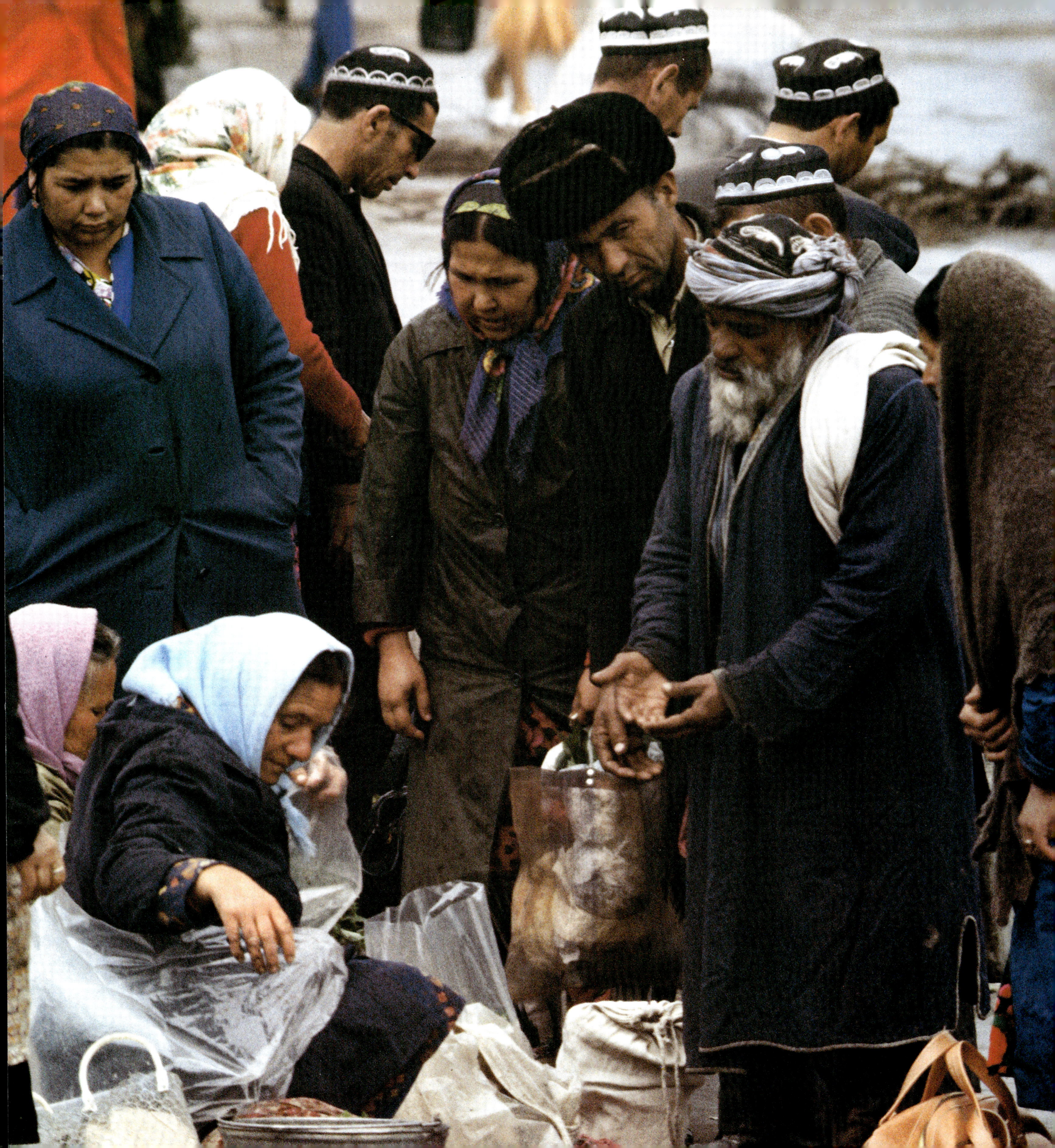

109

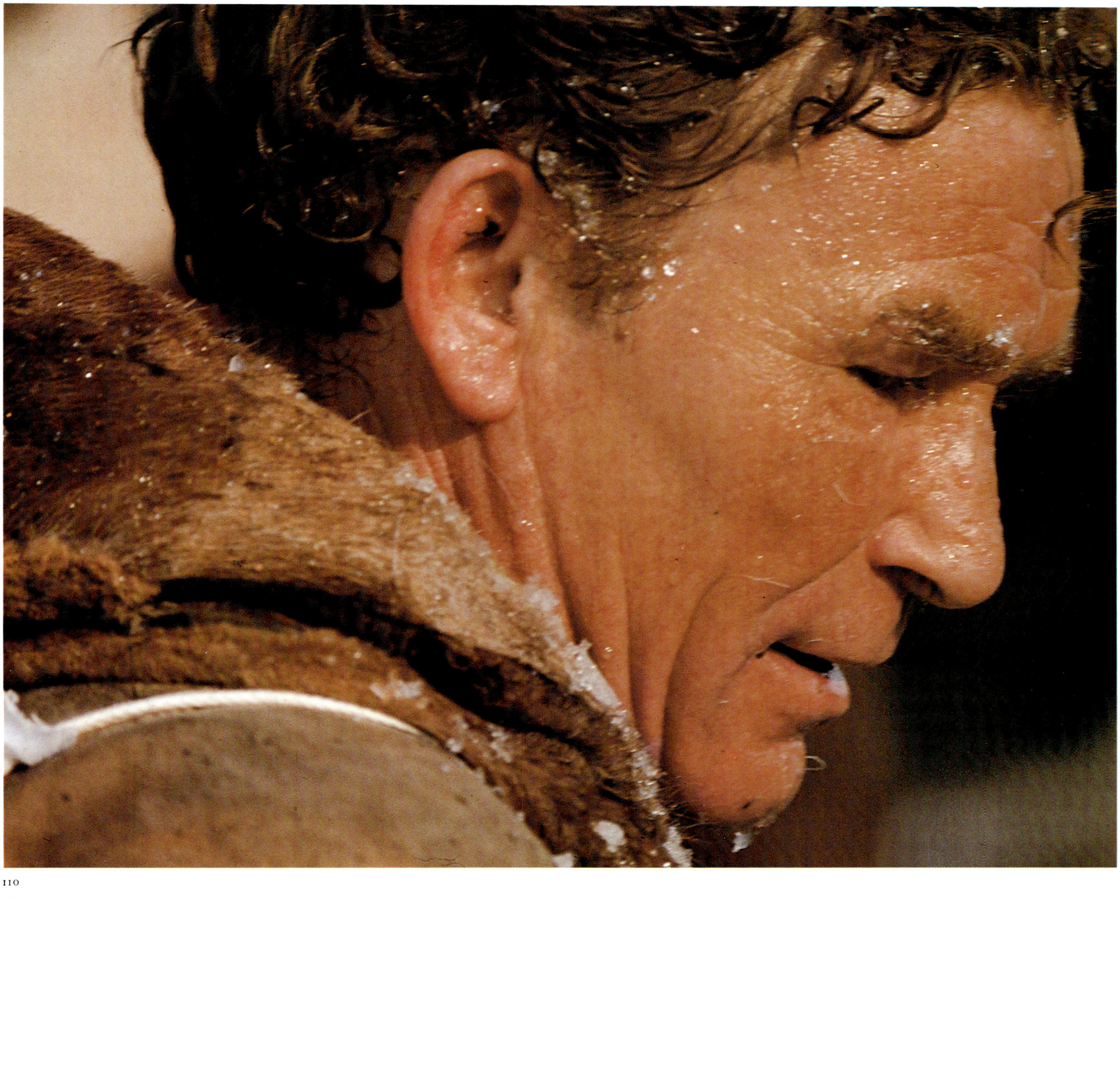

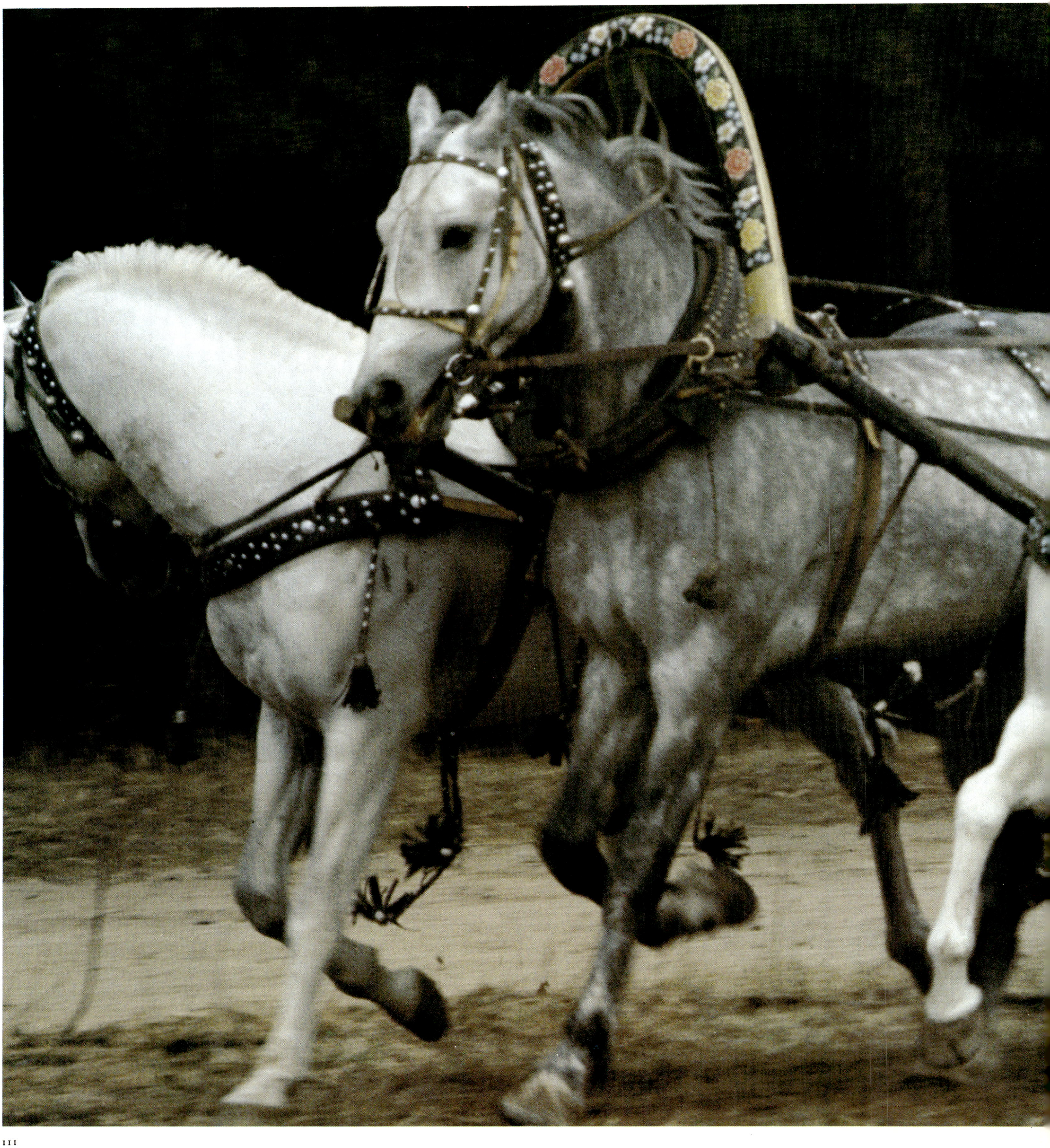

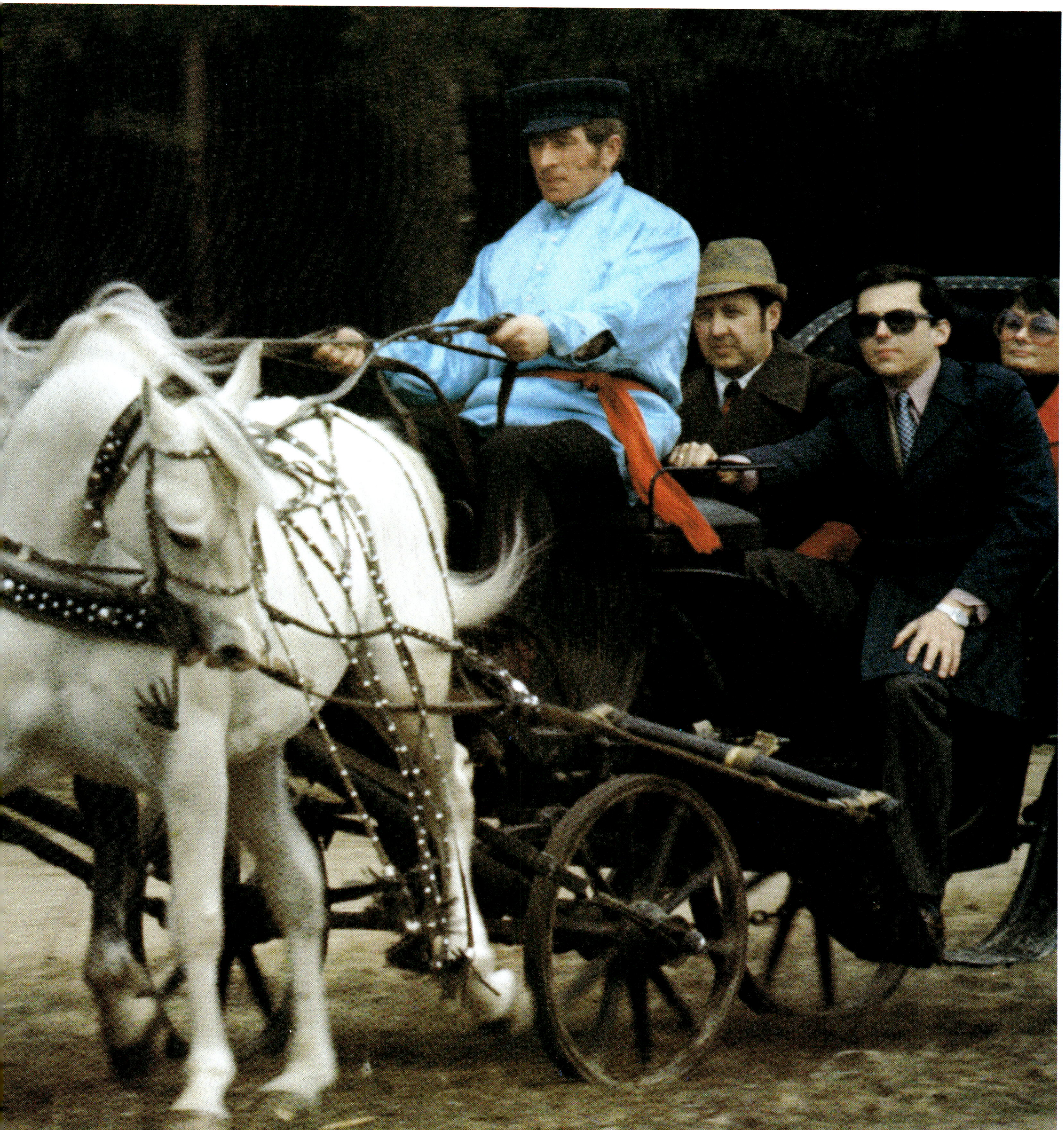

112

113

114

115

116

117

5. Kunst, Kultur und Brauchtum

Wenn man auf einer Karte mit verschiedenen Farben Kulturniveau und -charakter der Völker darstellen würde, die das Russische Reich bewohnten, so sähe sie den Flickendecken ähnlich, die arme Bauernfamilien damals besaßen.
Die Städte der westlichen Provinzen entwickelten sich in der Richtung des europäischen kulturellen Lebens. In den russischen Dörfern vollzog sich der Bruch mit der jahrhundertealten Tradition der sich selbstverwaltenden Bauerngemeinde. Die mittelasiatischen Khanate waren Inseln feudaler muselmanischer Kultur. In den Steppen bewahrten Nomandenvölker ihre uralte Lebensweise. Und in den Tiefen Sibiriens und des Nordens herrschten noch Bräuche, die sich im Neolithikum herausgebildet hatten.
Die Beziehung zwischen den Menschen unterschiedlicher Kulturen waren im Zarenreich durch Kriege und Zwistigkeiten, durch religiösen Fanatismus und schroffe soziale und wirtschaftliche Ungleichheit getrübt. Während der Zarismus die gewaltige Mehrheit des russischen Volkes zur Unwissenheit verurteilte, russifizierte er Fremde und Andersgläubige auf gewaltsame Art.
Die Kultur ist – unabhängig von ihrem Entwicklungsniveau – der Spiegel der Volksseele. Die Kultur zu beseitigen, heißt, das Volk selbst zu vernichten. Deshalb war die Unterdrückung der Nationalkultur einer der Gründe für die revolutionäre Explosion. Abermillionen von Menschen folgten den Bolschewiken in der Hoffnung, nicht nur soziale Gerechtigkeit, sondern auch eine nationale Wiedergeburt zu finden.
Nach der Revolution 1917 ging die Kunst auf die Straßen: Maler schmückten Hauswände mit Monumentalgemälden, auf den Plätzen wuchsen avantgardistische Skulpturen empor, wurden Theatervorstellungen über aktuelle Themen abgehalten, und Dichter deklamierten bis zur Heiserkeit ihre Verse vor der Menge. In den schwierigen Tagen der Revolution und des Bürgerkriegs wurden neue Studiobühnen eröffnet, Ausstellungen organisiert, Massenbibliotheken eingerichtet und wissenschaftliche Zentren geschaffen. Auf Einwickelpapier wurden die Meisterwerke der Weltliteratur gedruckt.
Der neue Staat hatte zwei Hauptaufgaben zu lösen. Während er die alte Ordnung zerschlug und die alte Kultur neu einschätzte, mußte alles Wertvolle, das die Menschheit in der Vergangenheit geschaffen hatte, bewahrt werden. Nachdem man die Türen zur Entwicklung der Nationalkulturen geöffnet hatte, mußte deren Harmonie und Einheit gesichert werden.
Die erste Aufgabe wurde über die Demokratisierung der Kultur gelöst. Die Beseitigung des Analphabetentums war ein schöpferischer Prozeß, in dem sich die Massen die Errungenschaften der menschlichen Zivilisation aneignen konnten. Durch die Nationalisierung der wichtigsten Denkmäler und Kulturinstitutionen bewahrte sie der Staat nicht nur, sondern machte sie auch den breiten Kreisen zugänglich. Arbeiter und Bauern betraten die Säle der Eremitage, die früher nur für die aristokratische Elite geöffnet worden waren. Das Parterre und die Logen des Bolschoi-Theaters füllte ein schlecht gekleidetes, doch entzücktes Publikum.
Die zweite Aufgabe begann, als die Gleichheit aller nationalen Kulturen und Sprachen des Sowjetlandes bestätigt wurde. 48 Völker, die bisher nur eine mündliche Überlieferung besaßen, hatten nun ihr eigenes Schrifttum. Zeitungen, Zeitschriften und Bücher erschienen in den Nationalsprachen. In den Schulen wurden sie gesprochen, und in Moskau und Leningrad gab es Universitäten speziell für die Völker des Nordens und Ostens.
Das Ergebnis war erstaunlich. Die Völker, die seit Jahrtausenden geschwiegen hatten, begannen zu sprechen; durch ihr neues Schrifttum konnten sie der ganzen Welt ihre Geschichte erzählen. Heute kennen die ausländischen Leser die Namen solcher Schriftsteller wie des Kasachen Muchtar Auesow, des Kirgisen Tschingis Ajtmatow, des Tad-

schiken Mirso Tursunsade, des Tschuktschen Jurij Rytcheu und anderer. Der Professionalismus nationaler Musikervereinigungen und der Solisten begeistert viele Menschen. Die unverwechselbar originelle Kunst nationaler Maler zieht Scharen von Bewunderern in die Ausstellungen.

Wenn an Feiertagen die Künstler aus den Unionsrepubliken in Moskau zusammenkommen, dann wird auf der Bühne des Kreml-Kongreßpalastes ein Bilderbogen lebendig. Die Nationen und Nationalitäten zeigen ihre Tänze: Russische Reigen, kaukasische Lesginki, ukrainischen Hopak, usbekische Ronden, bedächtige Schreittänze aus den baltischen Ländern, schwindelerregende von der Moldau, symbolreiche aus Sibirien, Kriegertänze der Grusinier – alle spiegeln das Leben in seiner Vielfalt wider.

Als Mittel des innerstaatlichen Umgangs und der inneren Zusammenarbeit wählten alle Nationen und Völkerschaften der UdSSR die russische Sprache.

Ihr hat es der vielsprachige sowjetische Leser zu verdanken, daß ihm die Schätze der Weltliteratur zugänglich sind, die bisher noch nicht in die jeweiligen Nationalsprachen übersetzt werden konnten. Gleichzeitig öffnen Übersetzungen ins Russische den anderen Völkern der UdSSR und der Welt die Wege zu den Nationalliteraturen, so daß eine gegenseitige geistige Bereicherung stattfinden kann.

Man nennt die Sowjetunion »das belesenste Land« der Erde. Möglicherweise ist das keine Übertreibung. Von Jahr zu Jahr wachsen die Auflagen der in der UdSSR erscheinenden Bücher, allerdings wächst der Bedarf noch schneller. Man braucht nur in eine Buchhandlung zu gehen, wenn neue Ausgaben der Klassiker, Gedichtbände, neue Romane moderner Schriftsteller erschienen sind. Buchstäblich an Ort und Stelle ist alles im Handumdrehen weg, vergriffen. Der sowjetische Leser hat großes Interesse an der ausländischen Literatur. Nach Angaben der UNESCO nimmt die Sowjetunion, was die Herausgabe übersetzter Literatur betrifft, den ersten Platz ein. Es ist gewissermaßen ein Paradoxon, daß die Auflage der sowjetischen Ausgaben vieler Klassiker der Weltliteratur die Auflage in ihrer Heimat erheblich überschreitet. Besonderen Erfolg hatten bei den sowjetischen Lesern in den letzten Jahren die 200 Bände der »Bibliothek der Weltliteratur«, darunter 137 Werke ausländischer Autoren. Die Gesamtauflage dieser sorgfältig geplanten und schön ausgestatteten Ausgabe beträgt 60 Millionen Exemplare. In der Serie »Poesie Europas«, die fünf Bände mit jeweils 500 bis 800 Seiten umfaßt, werden die Werke in Russisch und im Original dargeboten.

Die Weltliteratur des 20. Jahrhunderts kann man sich ohne Maxim Gorki, Wladimir Majakowskij oder Michail Scholochow nicht vorstellen, die zeitgenössische Musik nicht ohne Dmitrij Schostakowitsch, Sergej Prokofjew und Aram Chatschaturjan. Die Filmkunst verschiedenster Richtungen wurde und wird noch immer von »Panzerkreuzer Potjomkin«, dem unvergeßlichen Werk Sergej Eisensteins, inspiriert. Martiros Sarjan, Nikolaj Rerich, Pawel Korin, Sergej Konenkow bereicherten die bildende Kunst der Welt. Millionen Zuschauer in vielen Ländern der Erde applaudierten der Kunst der großen Virtuosen Antonina Neschdanowas, Galina Ulanowas, Swjatoslav Richters und David Oistrachs.

In den letzten Jahrzehnten tauchten in der Sowjetunion Namen auf, die nicht nur im eigenen Land, sondern auch jenseits der Grenzen Anerkennung erwarben. Die Dichter Jewgenij Jewtuschenko, Rasul Gamsatow, Eduardos Meschelajtis. Robert Roschdestwenskij schrieben über Denken und Fühlen ihrer Zeitgenossen. Das tragische Erlebnis des Krieges ist Thema der Prosa Jurij Bondarews, Wassilij Bykows und Alexander Tschakowskijs. Die Sibirier Georgij Markow, Wassilij Schukschin und Valentin Rasputin erzählten vom Leben ihrer Heimat.

Im sowjetischen Theater wetteifern die unterschiedlichsten Stilarten – vom Akademismus des kleinen und künstlerischen Theaters zu den keineswegs unumstrittenen Experimenten der jungen Kollektive. Vielleicht noch nie in seiner mehr als zweihundertjährigen Geschichte sind auf der Bühne des Bolschoi-Theaters gleichzeitig so viele glänzende Schauspieler, Sänger und Tänzer aufgetreten. Maja Plisezkaja und Jekaterina Maximowa, Vladimir Wassiljew und Maris Lijepa verkörperten in den Stücken von Jurij Grigorowitsch Gestalten, die in der Geschichte der internationalen Ballettkunst völlig neu waren. Das wichtigste Kennzeichen der sowjetischen Kunst ist der Humanismus.

In der Lieblingskunst des Volkes, dem Zirkus, verkörpert er sich in der Gestalt des berühmten sowjetischen Clowns Oleg Popow. Eines seiner Meisterstücke heißt »Sonnenflecke«. In ihm will er jedes Fünkchen Sonne und Licht für die Menschheit sammeln und bewahren.

Die sowjetische Kultur ist voller Neuerungen. Gleichzeitig jedoch bewahrt sie die Traditionen und die künstlerischen Werte der Vergangenheit. Dies sieht man an der Arbeit der Restauratoren und den vielen Tausenden ihrer freiwilligen Helfer. Von neuem strahlen die goldenen Kuppeln der Kirchen von Nowgorod, Rostow Welikij, Susdal und vielen anderen alten russischen Städten. Peterhof, Pawlowsk und Puschkin bei Leningrad, im Krieg zerstört, erstanden aus den Ruinen. Hell glänzt das farbige Parkett und spiegelt die herrliche Innenausstattung der Paläste in Archangelsk und Ostankino, einmaliger Werke des russischen Klassizismus, wider. Buchstäblich Handvoll um Handvoll wurde die Erde durchgesiebt, die sich in fünf Jahrhunderten am Gemäuer altertümlicher Minarette angehäuft hatte. – So »wuchsen« sie drei Meter in die Höhe. Expeditionen von Schülern, Studenten und professionellen Ethnographen suchen in fernen Dörfern nach Gebrauchsgegenständen einer halbvergessenen Lebensweise. In der Umgebung moderner Städte entstehen ethnographische Museen. Die Jugend macht sich die Geheimnisse uralter Handwerke wieder zu eigen: Teppichwirkerei, Schnitzerei aus Seehundknochen, Kachelbrennerei, Ziselieren, Lackmalerei und Emaillearbeit.

Als Michail Scholochow 1965 den Nobelpreis für Literatur entgegennahm, sagte er: »Die Kunst hat gewaltigen Einfluß auf Geist und Herz des Menschen. Ich meine, daß derjenige das Recht hat, sich Künstler zu nennen, der diesen Einfluß auf die Erschaffung des Schönen in den Seelen der Menschen und auf das Wohl der Menschheit richtet.«

Jedes Jahr erscheint am 7. November genau um 10 Uhr an den Toren des Spasskij-Turms des Moskauer Kremls ein offener Kraftwagen. Der Verteidigungsminister der UdSSR fährt zum Mittelpunkt des Roten Platzes, wo ihn der Kommandeur der Militärparade erwartet, um Meldung zu machen. Zusammen fahren sie an den aufgestellten Truppen der Moskauer Garnison vorbei und gratulieren ihnen zum Feiertag. Die Stille wird von einem tausendstimmigen dreimaligen »Hurra!« unterbrochen.

Fanfaren erklingen: »Alles herhören!« Der Verteidigungsminister hält von der Tribüne des Lenin-Mausoleums die Feiertagsrede. Die Nationalhymne der Sowjetunion erklingt, und die Truppenparade beginnt. Mit abgezirkelten Schritten marschieren die Studenten der Militärakademien in Formation über den Hauptplatz des Landes. Die moderne Militärtechnik zieht vorüber. Den Abschluß bilden die Musiker der vereinigten Militärorchester, die Märsche spielend über den Platz ziehen.

Einige Minuten später betreten Tausende von Jungen und Mädchen in bunter Sportkleidung den leer gewordenen Platz. Synchron vollführen sie im Takt der Musik gymnastische Übungen und bilden einen farbenfrohen Teppich mit ständig wechselndem Muster.

Die Parade der Turner geht zu Ende, und schon erscheinen unter Orchesterklängen die Moskauer auf dem Roten Platz. Kolonne um Kolonne ziehen die Vertreter von Betrieben, Institutionen und Lehranstalten vorbei. Lieder und Gelächter ertönen. Über den Köpfen der Menschen schweben Fahnen, Losungen, Transparente, Blumen und Luftballons. Entzückt betrachten Kinder auf den Schultern ihrer Eltern das Leben und Treiben auf dem Platz.

So verläuft der wichtigste Feiertag des Landes, der Jahrestag der Großen Sozialistischen Oktoberrevolution. Abends setzt sich die Feier fort. Auf den Zentralstraßen der Städte wird der Autoverkehr eingestellt. Dort bummelt und flaniert die Bevölkerung. Adrett gekleidete Menschen gehen mit der ganzen Familie auf die Straße, um sich an der Festbeleuchtung zu erfreuen und die Künstler auf den

Feiertage, Tradition und Bräuche

offenen Bühnen zu bewundern. Hier und dort sieht man Kreise, in denen irgend jemand, von den Zuschauern ermuntert, fröhlich tanzt. Der Kreis wächst allmählich, immer mehr Menschen tanzen mit. Lieder ertönen, die nur während des Feuerwerks verstummen, der den Himmel mit Myriaden bunter Sterne erhellt. Manchmal bringt der Spätherbst feuchte Überraschungen, doch weder Kälte noch Regen können die gute Stimmung beeinträchtigen.
Auch die anderen Staats- und Revolutionsfeiertage werden in der Sowjetunion festlich begangen.
Der 1. Mai ist der Tag der internationalen Solidarität aller Werktätigen. Er ist der Feiertag der Arbeit und des Frühlings. In allen Städten des Landes finden Demonstrationen, Sportwettkämpfe und gemeinsame Spaziergänge statt. Am nächsten Tag fährt die Mehrzahl der Stadtbewohner traditionsgemäß ins Grüne, in die Frühlingswälder.
Am 9. Mai feiert das ganze sowjetische Volk den Tag des Sieges. Mit tiefer innerer Anteilnahme und Trauer legen die Menschen zum Zeichen des ewigen Gedenkens an die gefallenen Verteidiger der Heimat Blumen nieder. Ehrenwache stehen Pioniere und Schüler, die nie die Schrecken des Krieges erlebt haben. Aber die Erinnerung an die Tage, in denen das ganze Volk für die Freiheit kämpfte, an die 20 Millionen, die im Zweiten Weltkrieg umkamen, das Streben zum Frieden wird von Generation zu Generation weitergegeben.
Am 22. April wird in der Sowjetunion der Geburtstag Wladimir Iljitsch Lenins gefeiert, des Begründers des sowjetischen Staates. Am Vorabend des Lenin-Jubiläums finden im ganzen Land Versammlungen der Werktätigen statt, und am nächsten arbeitsfreien Tag nimmt das gesamte Volk am kommunistischen Subbotnik, das heißt an unbezahlter freiwilliger Arbeit, teil.
Als die 13 Arbeiter des Moskauer Rangierbahnhofs am 12. April 1919 abends in den Werkstätten blieben, um ohne Bezahlung drei Lokomotiven zur Beförderung von Fronttruppen zu reparieren, dachten sie wohl am wenigsten daran, daß ihre Tat in die Geschichte eingehen würde. W. I. Lenin sah in ihrer Initiative das Beispiel einer neuen Einstellung zur Arbeit. Auf seinen Aufruf hin reagierten Millionen Menschen. Nach dem Tode W. I. Lenins wurde der allgemeine Volksfeiertag der Arbeit dem Gedenken des Revolutionsführers gewidmet.
Die Achtung vor der Arbeit kommt auch in einer Vielzahl anderer Traditionen zum Ausdruck, die sich in der sowjetischen Gesellschaft herausgebildet haben. Jedes Jahr werden im Lande Berufsfeiertage begangen: der Tag des Eisenbahners, der Tag des Bergmannes, der Tag des Metallarbeiters usw. In den Betrieben wird die »Aufnahme in die Arbeiterklasse« durchgeführt, der feierliche Eintritt junger Arbeiter in das neue Kollektiv. Voll Dankbarkeit und Verehrung geleiten die Arbeiter ihre altgewordenen Kollegen und Freunde in den verdienten Ruhestand.
Am 7. Oktober 1977 wurde vom Obersten Sowjet der UdSSR das neue Grundgesetz des Landes, die Verfassung der UdSSR, angenommen, welche die Leistungen des sowjetischen Volkes in den 60 Jahren des sozialistischen Aufbaus widerspiegelt. Zu Ehren dieses Ereignisses erklärte man den 7. Oktober zum allgemeinen Volksfeiertag.
Nicht gearbeitet wird in der UdSSR am 8. März, dem Internationalen Tag der Frau. Am Vortag gratulieren die Arbeitskollegen den Frauen in den Kollektiven herzlich. Und am 8. März bringen die Männer Blumen und Geschenke für die mit ihnen verwandten und die ihnen nahestehenden Frauen, um ihnen Glück und Erfolg zu wünschen.
Auch das neue Jahr wird fröhlich im Familienkreis gefeiert. Jeder deckt sich rechtzeitig mit Neujahrsgeschenken ein. Die einen legen sie nach altem Brauch unter den Weihnachtsbaum, die anderen lassen sie von einem rotbäckigen, bärtigen Weihnachtsmann bringen.
Am Silvesterabend sind in jedem Haus die Fernsehgeräte und Radios eingeschaltet. Die Menschen lauschen der traditionellen Ansprache der führenden Persönlichkeiten des Staates an das Volk. »Viel Glück und ein frohes neues Jahr!« – Diese Worte ertönen zur gleichen Zeit wie das Schlagen der Kreml-Turmuhr. Genau um Mitternacht werden die Champagnergläser erhoben.
An vielen Orten Rußlands, der Ukraine und Weißrußlands ist ein alter Brauch erhalten geblieben: Maskierte Märchengestalten, Weihnachtsmänner

oder Tiere, ziehen singend von Haus zu Haus und wünschen allen ein frohes neues Jahr. Man schenkt ihnen Süßigkeiten, Obst und Nüsse.

In fast allen Gebieten des Landes wird in den letzten Märztagen der »Abschied vom Winter« gefeiert. In der sonnigen Frühlingstundra findet von Murmansk bis zur Tschukotka das Fest des Nordens statt. Rentierzüchter legen Dutzende von Kilometern zurück, um an den traditionellen Wettkämpfen von Rentier- und Hundegespannen, dem Staffellauf über die verharschte Schneekruste und dem Weitsprung über die Schlitten teilzunehmen. Jagdbeile werden von geschickter Hand über erstaunliche Entfernungen geschleudert. Bis zum Gürtel entblößt und in eine Dampfwolke eingehüllt, kämpfen Ringer im Schnee. Und nebenan lärmt der Frühlingsjahrmarkt, wo der Rentierzüchter sich mit allem versehen kann, was er bei der schwierigen Sommerwanderung benötigt.

Bei den slawischen Völkern der UdSSR wird der »Abschied vom Winter« von einer Fahrt auf russischen Dreigespannen begleitet. Zu Volksfesten werden phantasievolle Holztürme errichtet und Ladenreihen aufgebaut. Man führt Theaterstücke auf, in denen die russischen Feiertage vom 15. bis zum 17. Jahrhundert bildhaft wiedererstehen.

Bis heute werden die Häuser in russischen, ukrainischen und weißrussischen Dörfern zur Sonnenwende mit Birkenzweigen geschmückt.

In der Sommermitte werden in Estland, Lettland und Litauen die Feiertage des Liedes abgehalten, welche die alte Tradition der Volkskunst weiterführen. Dieser eindrucksvolle Feiertag beginnt mit einer festlichen Prozession. Vertreter aller sowjetischen Republiken ziehen im Nationalkostüm vorbei, Tanz- und Chorkollektive treten mit Liedern auf, alte Musikinstrumente erklingen.

Im Mai senken sich die Weißen Nächte auf Leningrad hinab. Sie gaben den traditionellen Feiertagen ihren Namen. An diesen großartigen Sommertagen kommen Gäste – Verehrer der Musikkunst – aus allen Teilen der Welt in der Stadt zusammen. Hervorragende Künstler treten in den Konzertsälen und in der Philharmonie auf. Und nachts erfreuen sich die Menschenmengen an der Schönheit der Stadt selbst, an den hochgezogenen Brücken und den über die Newa gleitenden weißen Dampfern.

Das poetische Tulpenfest in Usbekistan und Tadschikistan heißt »Lola«. An diesem Tag wandern Männer und Frauen in die Felder, bereiten dort Speise und Trank zur Bewirtung vor und pflücken – Lieder singend – Blumen.

Ganz anders verlaufen der tatarische Sabantuj und die Sommerfeiertage bei Kirgisen und Kasachen. Junge Reiter führen atemberaubende Tricks vor. Unter dem Gelächter der Versammelten werden Wettkämpfe abgehalten: Stockziehen, Sackkämpfe auf einem Balken, ein Wettlauf mit vollen Wassereimern am Schulterjoch.

Der Herbst ist die beste Jahreszeit für die Landbevölkerung; er ist die Zeit der Ernte. In Rußland gibt es einen Feiertag des Korns, in Mittelasien einen Feiertag der Baumwolle, in der Moldau und Grusinien einen Feiertag der Weintraubenlese.

Das glücklichste Ereignis im Leben eines Menschen ist die Eheschließung. Wer will, kann sich in der Kirche trauen lassen, doch tun dies nur wenige Paare. Die Gründung einer neuen Familie ist in der Regel mit einer schönen Feier in den Eheschließungspalästen verbunden. Die Hochzeitszüge – Autos, die mit Bändern, Blumen und Luftballons geschmückt sind – fahren zum Stadtzentrum, zu den Denkmälern derer, die ihr Leben für die Freiheit der Heimat gaben. Zu jeder Jahreszeit und bei jedem Wetter kann man junge Paare sehen, die am glücklichsten Tag ihres Lebens am Fuß der Denkmäler Blumen niederlegen und jenen danken, die auf Leben und Liebe verzichten mußten, die sich für das Glück künftiger Generationen opferten.

Das Hochzeitsmahl wird in Stadtwohnungen und Nomadenzelten, in den Klubs von Betrieben und im Schatten jahrhundertealter Platanen, auf dem weichen Boden russischer Wiesen und in den steinigen Gärten der Pamir-Vorgebirge bereitet. Der Bräutigam und die Braut, die Eltern der Jungvermählten und die Gäste tragen moderne Kleidung oder die alte traditionelle Tracht. Man singt Lieder in verschiedenen Sprachen und tanzt unterschiedliche Tänze. Die Glückwünsche werden in vielen Sprachen dargebracht, doch ist ihr Sinn immer der gleiche: Harmonie, Glück und Frieden.

Bilderläuterungen zu Kapitel 5

118 Maja Plisezkaja, eine wunderbare, einzigartige Ballerina, die eine glänzende Technik mit der Gabe der Improvisation so leidenschaftlich verbindet, daß ihr die ganze Welt zujubelt.

119 Ballett »Legende von der Liebe« von Arif Melikow im Nowosibirsker Opern- und Balletttheater, das als eines der besten in der Sowjetunion den kompliziertesten Inszenierungen gewachsen ist.

120/121 »Spartacus«, Ballett von Aram Chatschaturjan, in der Inszenierung von Jurij Grigorowitsch im Bolschoi-Theater, Moskau. In den Rollen der Frigija und des Spartacus die Solisten des Nowosibirsker Opern- und Balletttheaters, Ludmila Kondraschowa und Alexander Balabanow.

122 Alexander Kopylow hebt den Taktstock; der Saal wird still. Für 2155 Zuschauer beginnt ein unvergeßlicher Abend im Bolschoi-Theater.

123 Maja Plisezkaja im Ballett »Carmen-Suite« von George Bizet und R. Schtschedrin in der Inszenierung von Ballettmeister Alberto Alonso, Kuba.

124 Solisten des Kinderensembles »Frühling« aus Batumi führen grusinische Volkstänze vor. Es besteht unter der Leitung von Tamas Beschanidse schon seit 25 Jahren.

125 Das Polesser Staatliche Volkstanzensemble »Ljonok« zeigt leidenschaftliche belorussische Tänze.

126 Artistinnen im berühmten Moskauer Staatszirkus.

127 Der international bekannte sowjetische Clown Popow, der von Kindern und Erwachsenen geliebt wird.
Staatliche Zirkuslehranstalten und Clown-Studios bilden für die 64 Zirkusse des Landes den Nachwuchs aus. Sechstausend Artisten betreten jeden Abend in der Sowjetunion die Manegen.

128, 129, 130, 131 Feiertage auf dem Roten Platz in Moskau: Fahnen flattern, Spruchbänder, Blumen, Luftballons werden von festlich gekleideten Menschen getragen. Über der Menschenmenge schwebt Mischka, der Olympiabär, das Maskottchen für 1980.

132 Parade auf dem Roten Platz.

133 Nach dem Vorbeimarsch des Militärs folgen die Sportverbände in ihrer bunten Kleidung.

134/135 Ablösung der Ehrenwache am Monument des Ruhms in Nowosibirsk. Die junge Generation bewahrt das Andenken an die Sibirier, die ihr Leben für die Freiheit der Heimat opferten.

136 Der Kreml von Rostow. Rostow Welikij ist eine Stadt mit einer großen Vergangenheit. Erstmals 862 erwähnt, wurde sie im 11. Jahrhundert Hauptstadt des Reiches von Rostow und Susdal. Nach dem Anschluß an den Moskauer Staat verlor die Stadt ihre politische Bedeutung. Die Mehrzahl der noch erhaltenen historischen Denkmäler stammt aus dem 16. und 17. Jahrhundert. Für den Bau des Kremls von Rostow benötigte man dreißig Jahre (1660–1690). Am Ufer des Nero-Sees, zwischen grünen Hügeln und Wiesen gelegen, bildet er mit der Natur ein einheitliches Ganzes. Das architektonische Bild – vom Hubschrauber aus gesehen – beeindruckt durch die schönen Kuppeln der Johann-Bogoslow-Kirche, das Weiß der Mauern und die silberschimmernden hölzernen Dachschindeln.

137, 138, 139 Inneres der Roschdestwenskij-Kathedrale, des ältesten Architekturdenkmals aus dem Reich von Wladimir und Susdal, das zu den mächtigsten Fürstentümern der Alten Rus gehörte. Das Innere der Kathedrale stammt aus dem 13. und dem 17. Jahrhundert. Die byzantinisch strengen Antlitze des Pankrators und der Heiligen werden von Ornamenten naiver Volkskunst umrahmt. Die Aufschriften aus der Vormongolenzeit, die sich noch an den Wänden erhalten haben, sind eine wichtige Quelle zur Erforschung des altrussischen Schrifttums und der altrussischen Sprache.

140 Rubenssaal in der Staatlichen Eremitage in Leningrad. Wenn man nur die staatlichen Museen berücksichtigt, so hat die Sowjetunion über 1400 Museen, die ständig gut besucht werden, da das Interesse an der Vergangenheit sehr groß ist.

141 Das W. I. Lenin-Museum in Moskau wird alljährlich von einer halben Million Menschen besucht. Das Haus ist ganz dem Gedenken an den Begründer des sowjetischen Staates gewidmet.

142 Die prachtvollen Säle der Eremitage mit ihren Kunstschätzen rufen immer wieder Entzücken und Bewunderung bei den zahlreichen Besuchern hervor.

143 Aus dem bescheidenen Gehöft »Peterhof« des Zaren Peter I. entwickelte sich das Bau-Ensemble von Petrodworez. Der Zar entwarf selbst den Plan für seine Sommerresidenz in der Nähe Leningrads. Mehrere Generationen russischer und westeuropäischer Architekten, Künstler und Bildhauer ar-

beiteten an der Verwirklichung dieses grandiosen Vorhabens. Petrodworez besteht aus sieben terrassenförmig vom Meer her ansteigenden Parks, aus mehr als zwanzig Palästen und Pavillons sowie 144 schönen Springbrunnen.
Wenn die Fontänen angestellt werden, kommen Tausende von Menschen hierher, denn dieses Ereignis ist der Beginn des kurzen nordischen Sommers. Petrodworez wurde im Zweiten Weltkrieg vollkommen zerstört. Fünfunddreißig Jahre waren für seinen Wiederaufbau erforderlich.

144 Statuen und Fontänen von Petrodworez während der Weißen Nächte.

145 Das Winterpalais in Leningrad, erbaut von Bartolomeo Rastrelli, war das Symbol des Reichtums und der Macht der Romanow-Dynastie. Es hat 1050 Zimmer, rund 2000 Fenster und 120 Treppen. Auf dem Dach stehen 175 Statuen. In den Prunksälen des Palais herrscht ein wahrhaft atemberaubender Luxus.

146 In gerader Linie zur Newa steht das größte Museum der UdSSR, die Staatliche Eremitage in Leningrad. Ihre Ausstellungsräume beherbergen mehr als zweieinhalb Millionen Exponate, darunter unschätzbare Kunstwerke von Leonardo da Vinci, Raffael, Tizian, Rubens, Velazquez und den französischen Impressionisten.

147 Die Kunst der Metallziselierung knüpft an die Traditionen der alten orientalischen Meister an. In der Altstadt von Buchara liegt eine Werkstatt, in der junge Künstler die alten Ornamente auf Gefäßen und Krügen, den eleganten »Kumgans«, sorgfältig wiedererstehen lassen.

148 Inmitten von Wiesen und flachen, welligen Hügeln des russischen Hochlandes bemühen sich junge Maler, die ferne Silhouette von Susdal im Bild festzuhalten.

149/152 Die unruhige Zeit der Weißen Nächte lockt die Menschen auf Straßen und Plätze; vor allem die Jugend flaniert, denn für sie ist in diesen Tagen die Schulzeit vorbei.

150 Der dreizehnjährige Sergej Wassilenko, Sohn eines Arbeiters in Odessa, besucht eine Musikschule für begabte Kinder. Sie trägt den Namen von Pjotr Stoljarskij, der in den zwanziger Jahren talentierte Kinder suchte und sie unterrichtete. Aus seiner Schule gingen viele berühmte Musiker hervor, darunter auch der Geiger David Oistrach.
In der Sowjetunion gibt es für begabte Kinder mehr als 6000 Musik-, Kunst- und Choreographieschulen, die für die Ausbildung des Nachwuchses sorgen.

151 Der älteste estnische Dirigent, Gustav Ernesaks, dirigiert einen vieltausendköpfigen Chor auf dem Sängerfeld beim »Festival des Liedes« in Tallin.

153 Usbekische Meisterschaft im Bogenschießen.

154/155 Reiter in der Nähe von Uspenskoje. Dieses Moskauer Gestüt ist den Liebhabern von Sportpferden aus Italien, der Bundesrepublik Deutschland, Holland und anderen Ländern von internationalen Auktionen gut bekannt. Die sowjetische Außenhandelsorganisation »PRODINTORG« hält selbst alljährlich fünf Auktionen ab.

156 Zum »Festival des Liedes« in Tallin reisen Gäste aus allen fünfzehn Sowjetrepubliken an. Während des Umzuges durch die Straßen der Stadt wird getanzt und musiziert.

157 Im Hochzeitspalast in Irkutsk haben gerade zwei Studenten, die neunzehnjährige Maria Neretins und der zweiundzwanzigjährige Gennadij Filippow den Bund fürs Leben geschlossen. Zärtlich küßt der junge Mann nach der Trauungszeremonie seiner Frau die Hand.

118 Maja Plisezkaja, die Primaballerina des Bolschoi-Theaters bei Fernsehaufnahmen.
Um dieses Bild machen zu können, mußte ich unter das Dach des Studios klettern und durch die Jupiterlampen hindurchfotografieren. Für die Aufnahme verwandte ich das 80-mm-Objektiv an der Contax und den Agfacolor CN 400.

119 Im Theater von Nowosibirsk, dessen Künstler denen des Bolschoi-Theaters kaum nachstehen.
Ich fotografierte mit dem 180 mm/1:2,8 und dem hochgepuschten Ektachrome 400.

120/121 Diese beiden Aufnahmen entstanden während der Ballettaufführung »Spartacus« im Bolschoi-Theater. Ich setzte das 90-mm-Objektiv und das 180-mm-Objektiv ein.

122 Zuschauerraum des Bolschoi-Theaters in Moskau.
Die Vorarbeiten für diese Aufnahme dauerten fast ein Dreivierteljahr. Wir brauchten dazu eine Genehmigung direkt vom Innenminister selbst, da wir unmittelbar vor Beginn der Vorstellung fotografieren wollten. Bei eingeschalteter Beleuchtung konnte ich dann schließlich von einem vorher festgelegten Platz fünf Aufnahmen machen. Damit der Betrachter auch tief in diesen schönen Raum hineinblicken kann, mußte ich das 15 mm Zeiss-Objektiv an der Contax benutzen. Für den Film nahm ich den Ektachrome 200, den ich auf 27 DIN steigern mußte.

Technische Angaben zu Kapitel 5

123 Maja Plisezkaja nochmals bei Fernsehaufnahmen.

124 Kinderballett in Batumi.

125 Volkstanzgruppe aus Kiew.
Alle drei Bilder wurden mit dem 90-mm-Objektiv von Leitz und dem Farbnegativfilm von Agfa aufgenommen.

126/127 Der Moskauer Staatszirkus und sein Clown Popow sind weltbekannt. Die Bilder gelangen mit Hilfe des Farbnegativfilms von Agfa.

128, 129, 130, 131 Moskauer Feiertage.
Der Rote Platz ist Mittelpunkt aller Festzüge am 1. Mai oder am 7. November. Nach der Militärparade ziehen Tausende von Arbeitern, Sportlern, Folkloregruppen, Jungen und Mädchen an den Führern der Partei und des Staates vorüber. Am 1. Mai 1979 wurde am Schluß des Zuges das russische Olympiamaskottchen, Mischka der Bär, über den Platz getragen.
Mein Standort war für diese Aufnahmen nicht sehr günstig, da ich eingezwängt auf der ersten Tribüne stand und die Möglichkeit eines Ortswechsels nicht gegeben war.
Die Bewegungsphasen hielt ich mit Hilfe einer längeren Belichtungszeit fest: 1/15 sec. Als Filme verwandte ich den Kodachrome 64, den Agfachrome 50 S und den Ektachrome 200.

132/133 Die Parade am Jahrestag der Oktoberrevolution fotografierte ich mit dem 400 mm Telyt der Leicaflex SL 2.

134/135 Der Gefallenen des Zweiten Weltkrieges wird überall in der Sowjetunion gedacht. Diese Bilder fotografierte ich vor dem Ewigen Feuer und dem Mahnmal der Millionenstadt Nowosibirsk, einmal mit dem 400 mm Telyt und einmal mit dem 35-mm-Objektiv.

136 Luftaufnahme des Kreml in Rostow Welikij, einer sehr schönen alten Stadt, die in ihrem Kern erhalten blieb wie auch Susdal. Diese Städte bilden den sogenannten »Goldenen Ring« um Moskau. Ihre Befestigungsanlagen entsprechen in ihrer Bauanordnung der des Moskauer Kreml.
Die Aufnahme entstand mit dem neuen Zoom von Leitz, auf 75 mm eingestellt. Als Film verwandte ich den Kodachrome 64, 1/250 sec bei offener Blende.

137, 138, 139 Die herrlichen Freskomalereien und die wundervollen Ikonen von Susdal.
Diese Aufnahmen entstanden mit dem 35-mm-Objektiv und dem 21-mm-Objektiv zur Leica R 3.
Die Deckengemälde fotografierte ich, indem ich die Kamera auf den Boden legte; nur so konnte bei dem auf 11 abgeblendeten Objektiv eine Belichtung von 2 sec ruhig gehalten werden.

140/142 Die Bilder links und unten rechts entstanden in der Eremitage in Leningrad.
Für diese Aufnahmen ist eine lichtstarke Optik Voraussetzung, d. h. 1:1,4 und 2,0 bei Objektiven von 35, 50 und 80 mm. Ganz besonders wichtig ist auch, daß der Farbnegativfilm die Mischlichtverhältnisse richtig wiedergibt.

141 Im Lenin-Museum in Moskau, das dem Gründer der Sowjetunion gewidmet ist.

143 Schloß Petrodworez in Leningrad aus dem Hubschrauber heraus fotografiert. Die Aufnahme entstand mit dem Zoom an der Leicaflex.

144 Frischvergoldete Statuen vor Schloß Petrodworez mit dem 15-mm-Objektiv der Contax aufgenommen.
Für beide Aufnahmen setzte ich den Kodachrome 64 ein.

145/146 Die Eremitage in Leningrad, links vom Dach, rechts von der Straße aus fotografiert, in den Weißen Nächten.

149/152 Das kalte Licht der Weißen Nächte in Leningrad bringt für das Fotografieren Probleme mit sich. Beide Aufnahmen wurden mit dem Objektiv 1:1,4 gemacht. Der Ektachrome 24 DIN mußte auf 30 DIN gesteigert werden.

153 Mit dem 400-mm-Objektiv wurde die Aufnahme der Bogenschützen in Taschkent gemacht.

154/155 Die Reiterbilder entstanden in einem Gestüt in der Nähe Moskaus, dessen Pferde auch in die Bundesrepublik und die USA verkauft werden. Fotografiert wurde mit 1/60 sec und dem Zoom an der Leica R 3.

156 Am Sängerfest in Tallin nehmen Chöre und Gruppen aus allen Gebieten der Sowjetunion teil. Als dieses Mädchen einen Soldaten zum Mittanzen aufforderte, stand ich dicht daneben, so daß ich mit 1/125 sec, dem 50-mm-Objektiv und dem Kodachrome 64 dieses fröhliche Bild schießen konnte.

157 Hochzeit in Irkutsk. Nach der Trauungszeremonie im Hochzeitspalast der Stadt küßt der junge Ehemann seiner Frau die Hand. Diese liebevolle Geste hielt ich mit dem 50-mm-Objektiv und dem Agfacolor CN 400 fest.

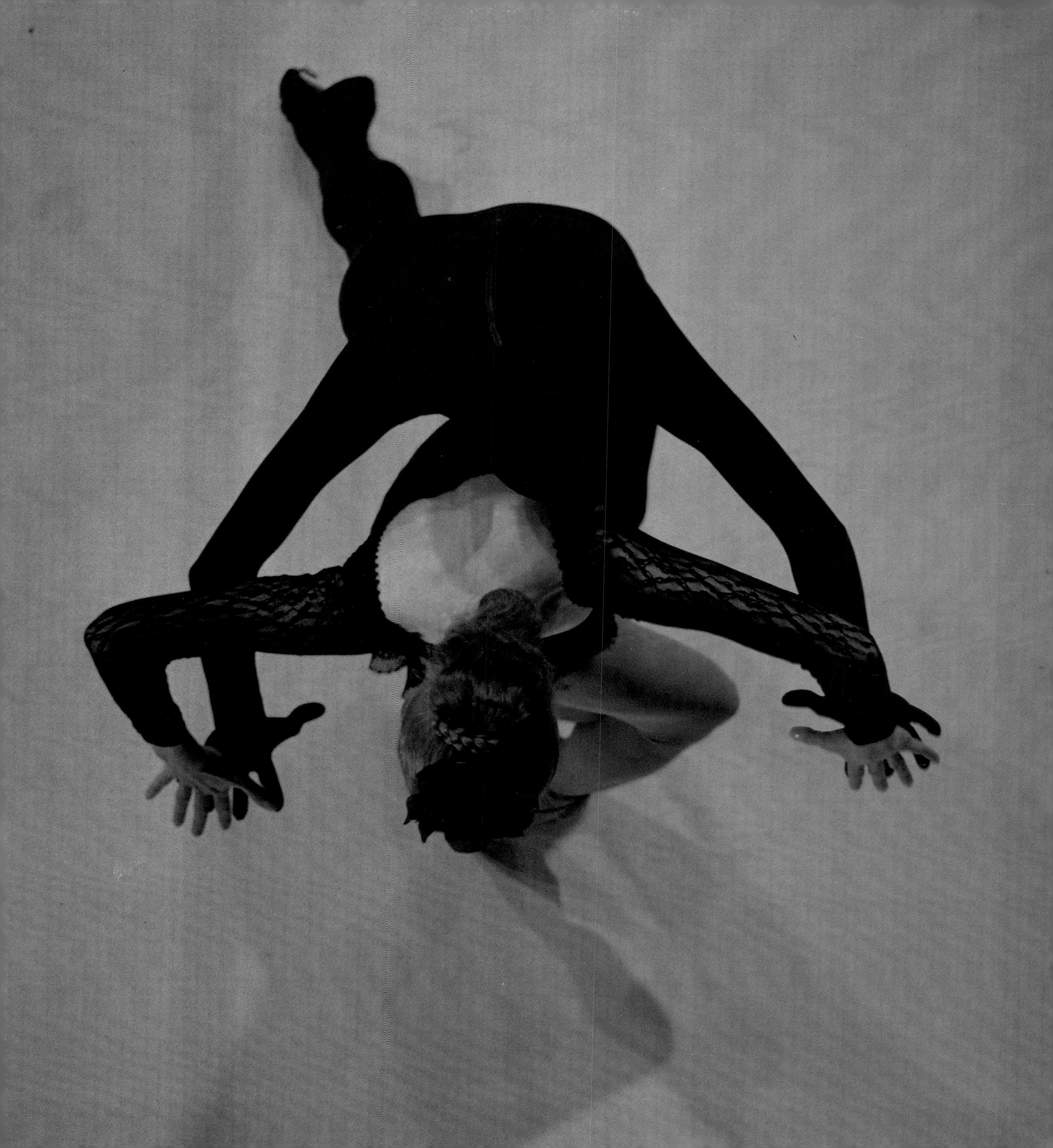

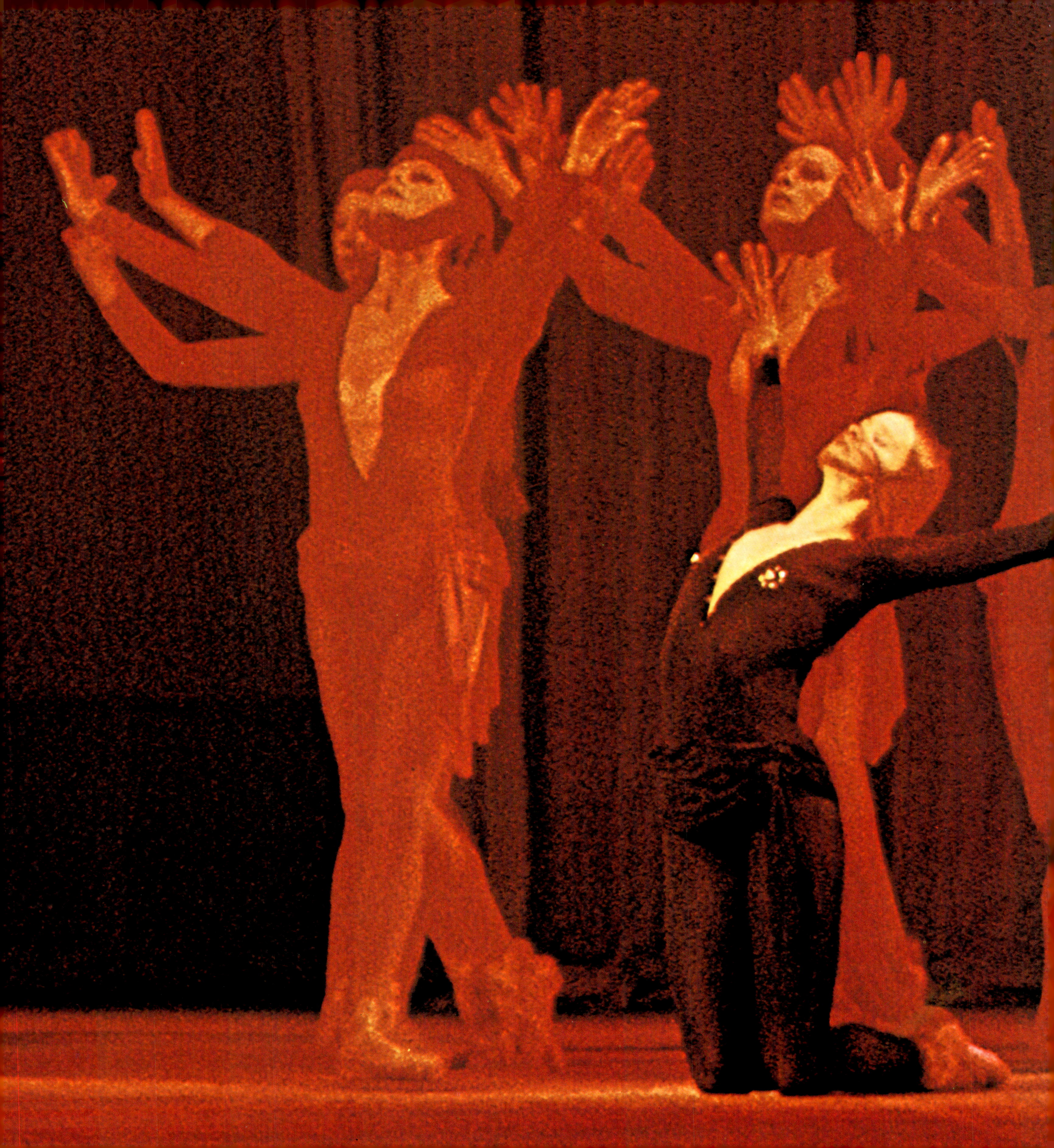

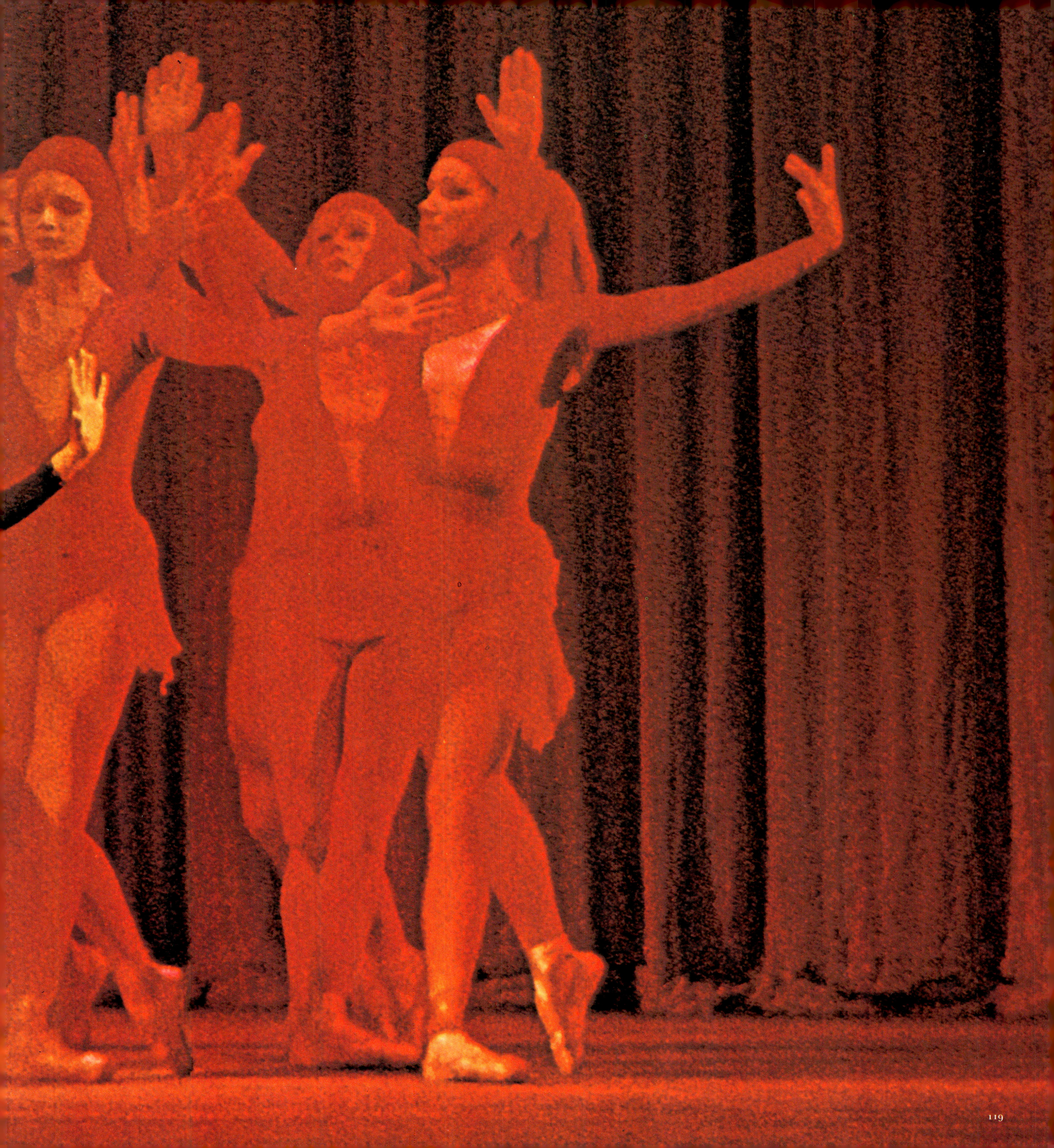

120 121▶

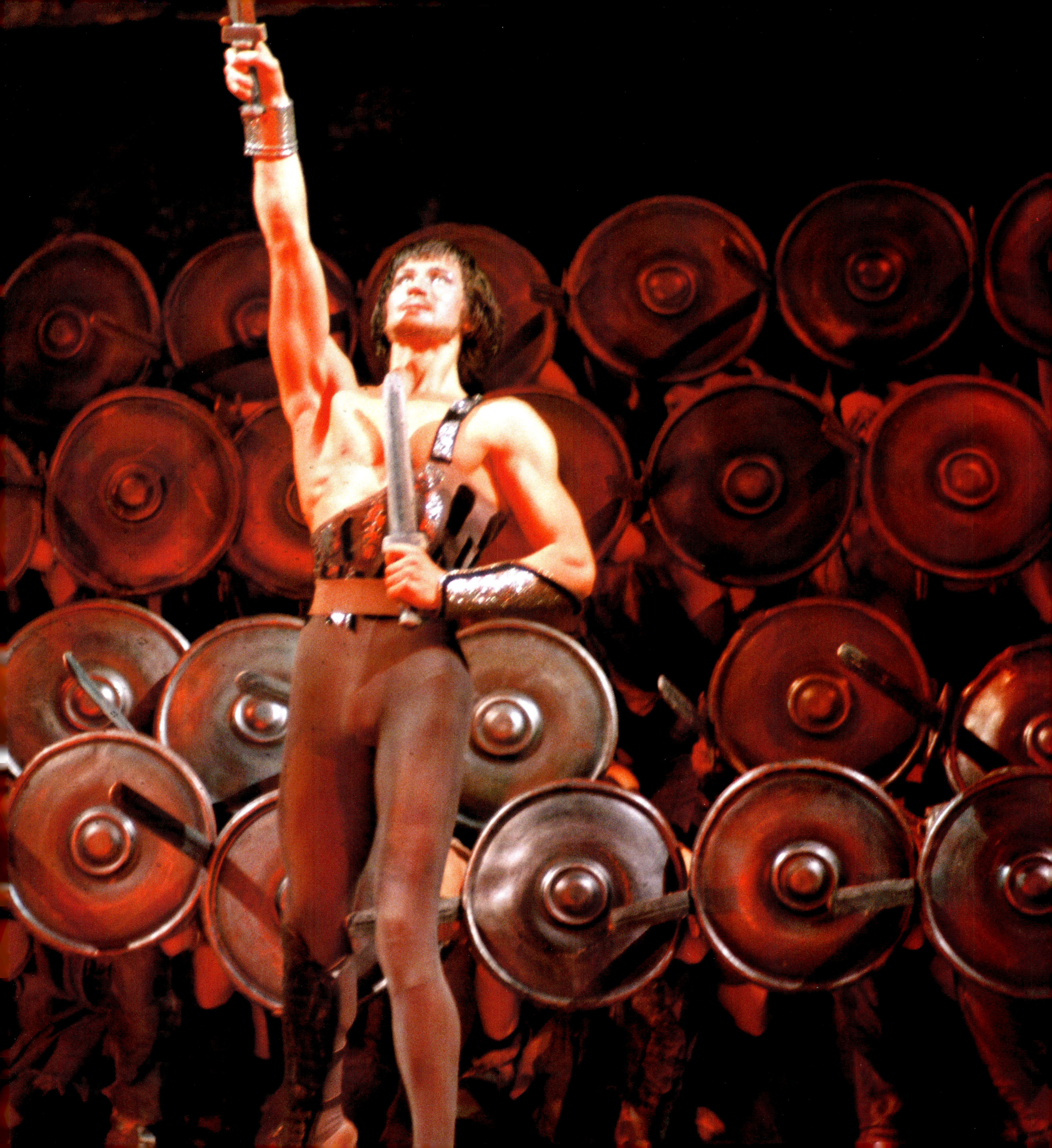

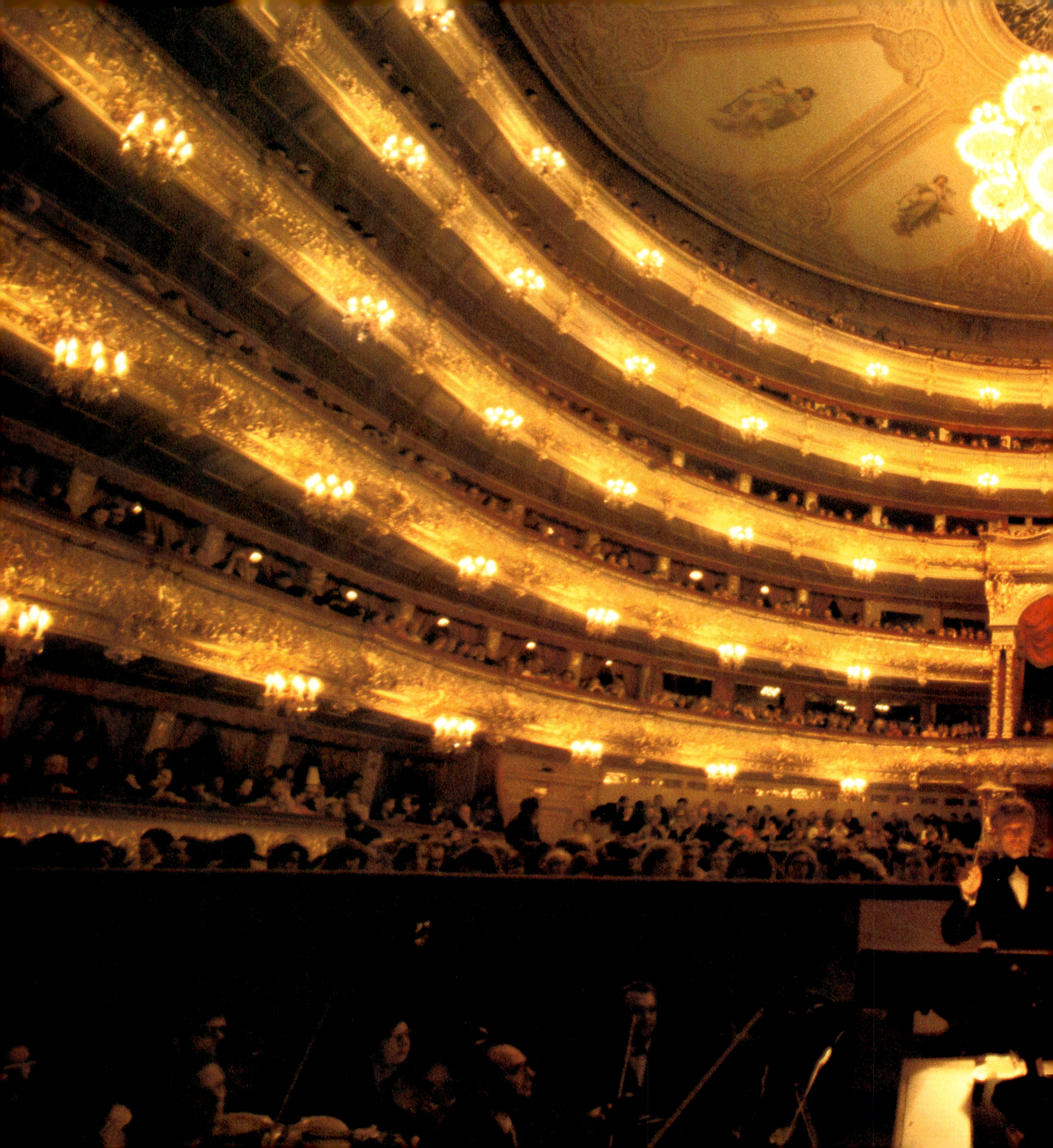

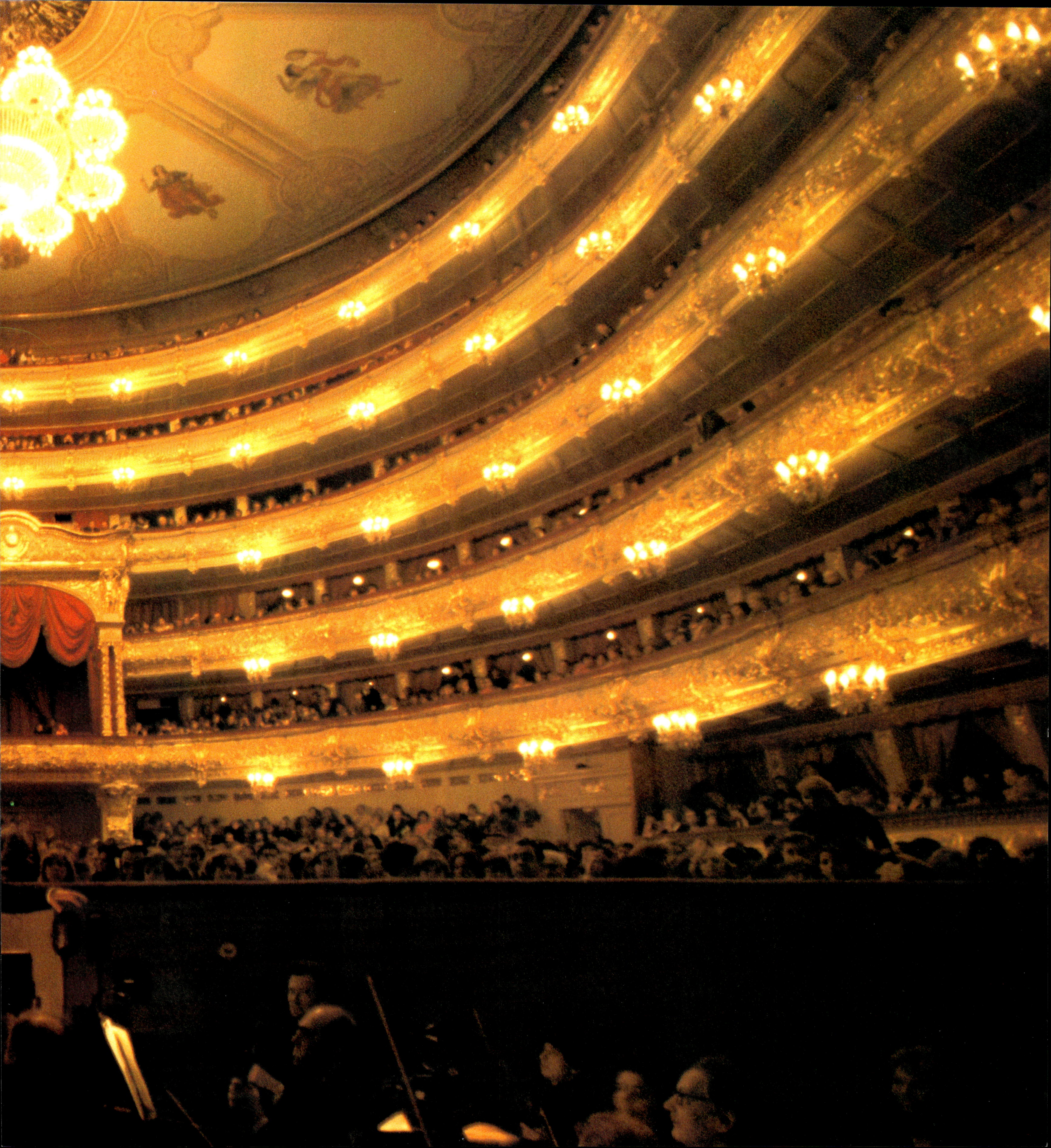

122 123

124

125

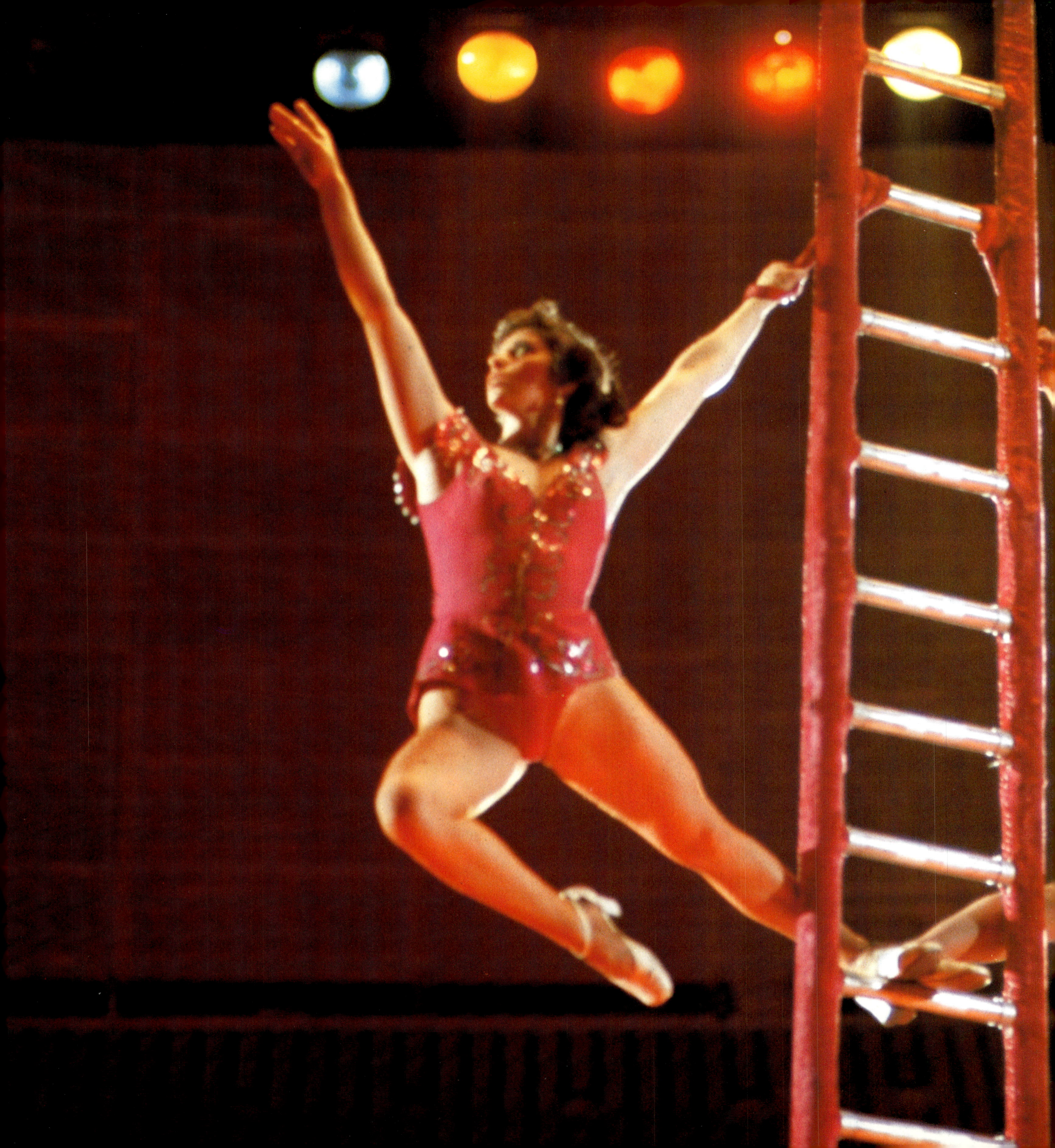

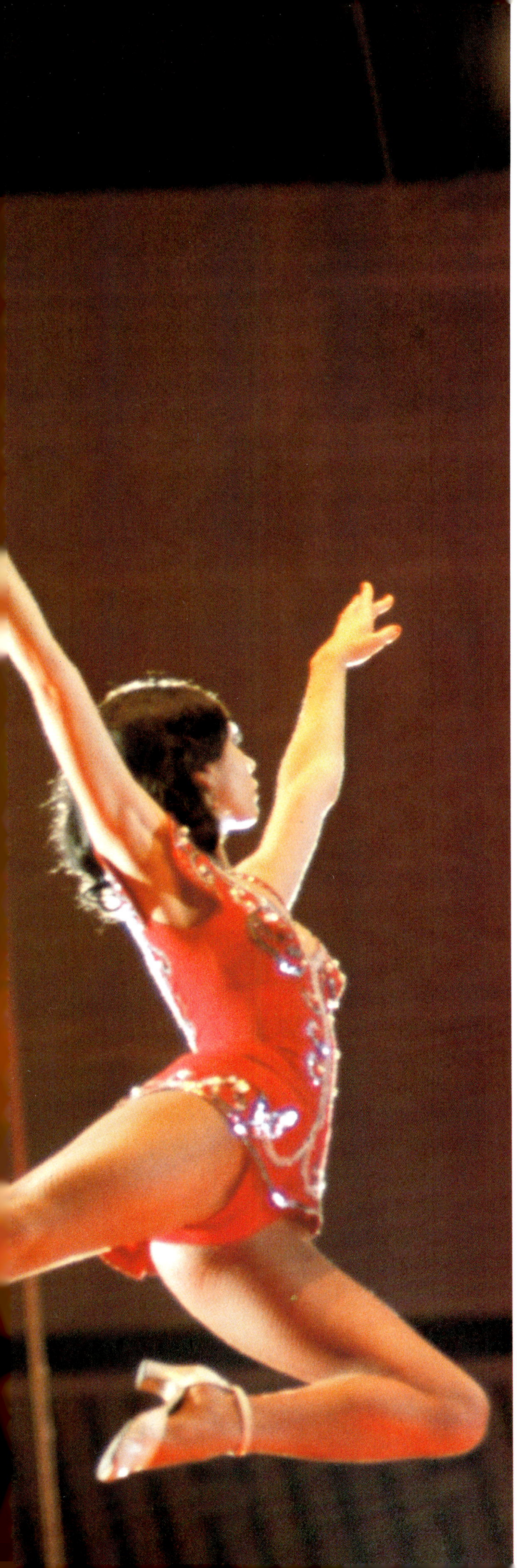

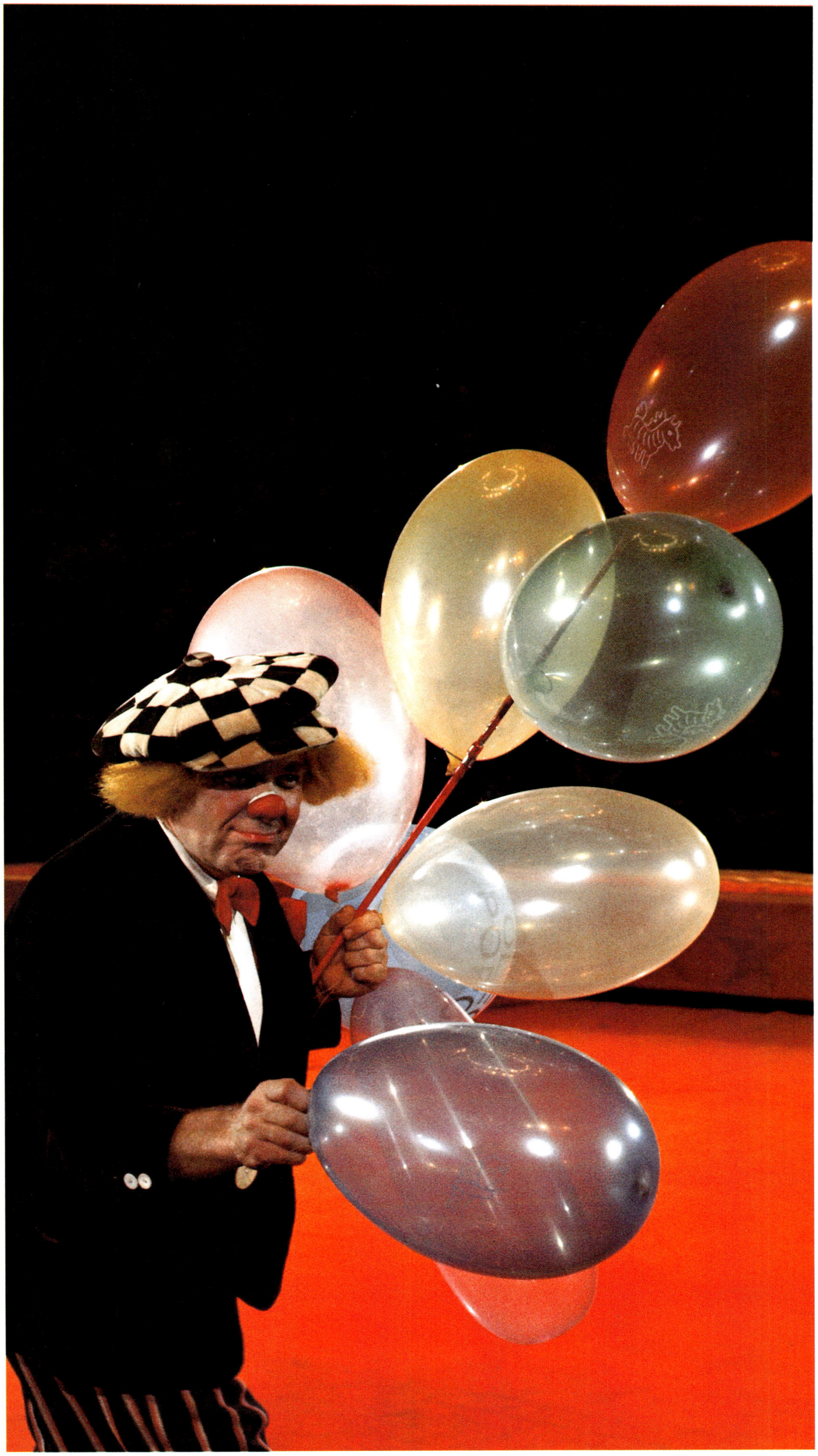

128

129

130

131▶

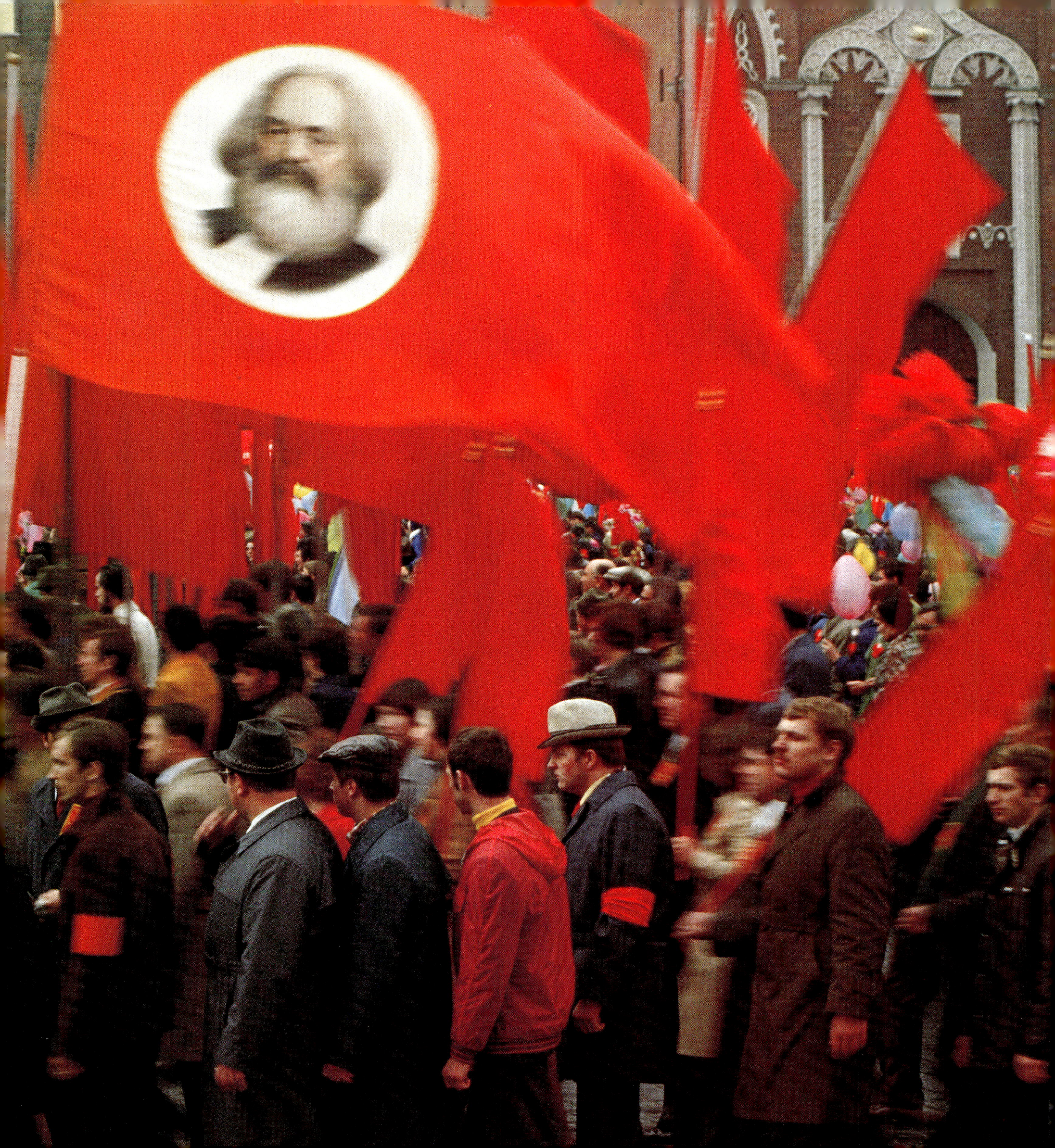

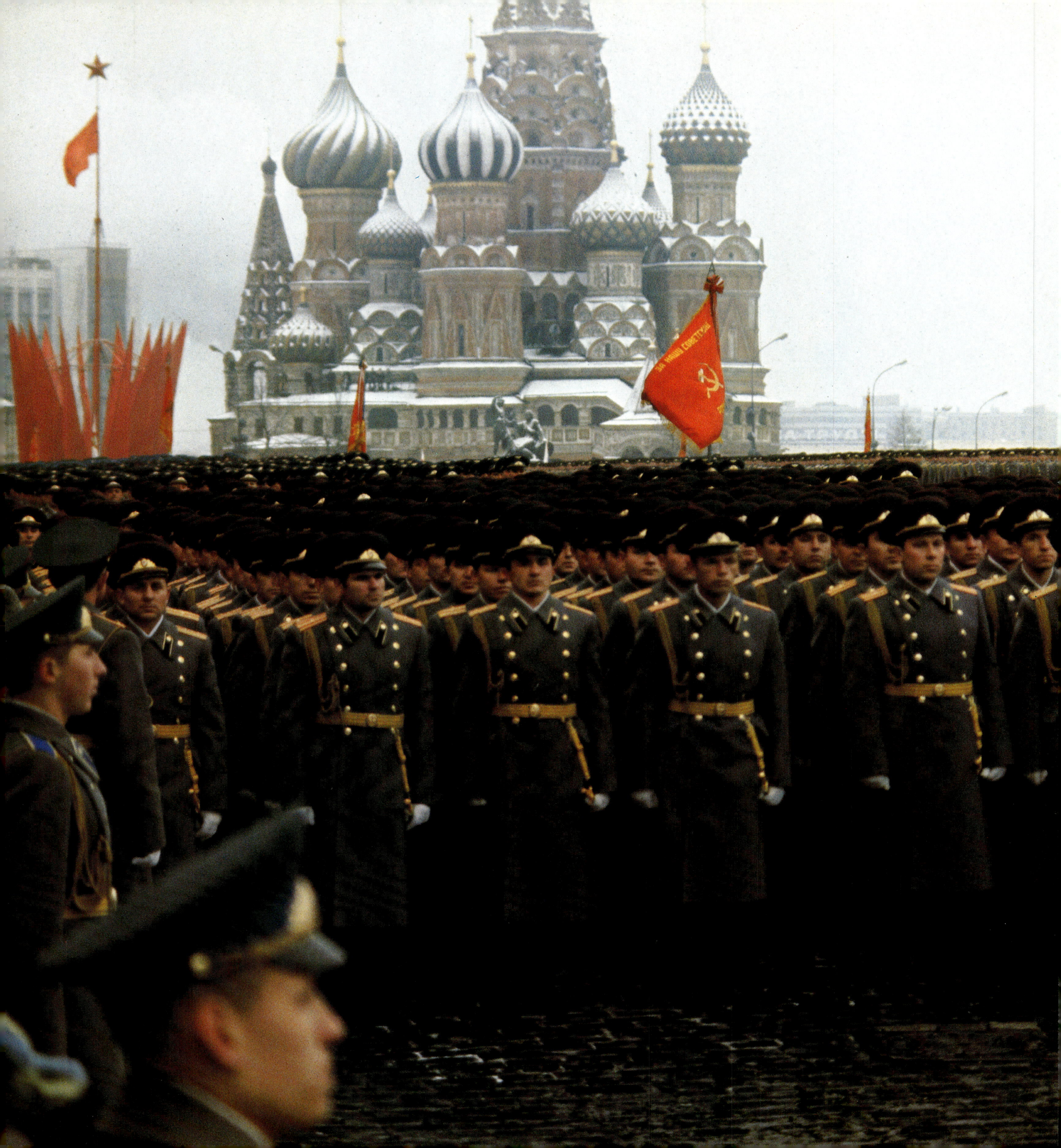

132 133

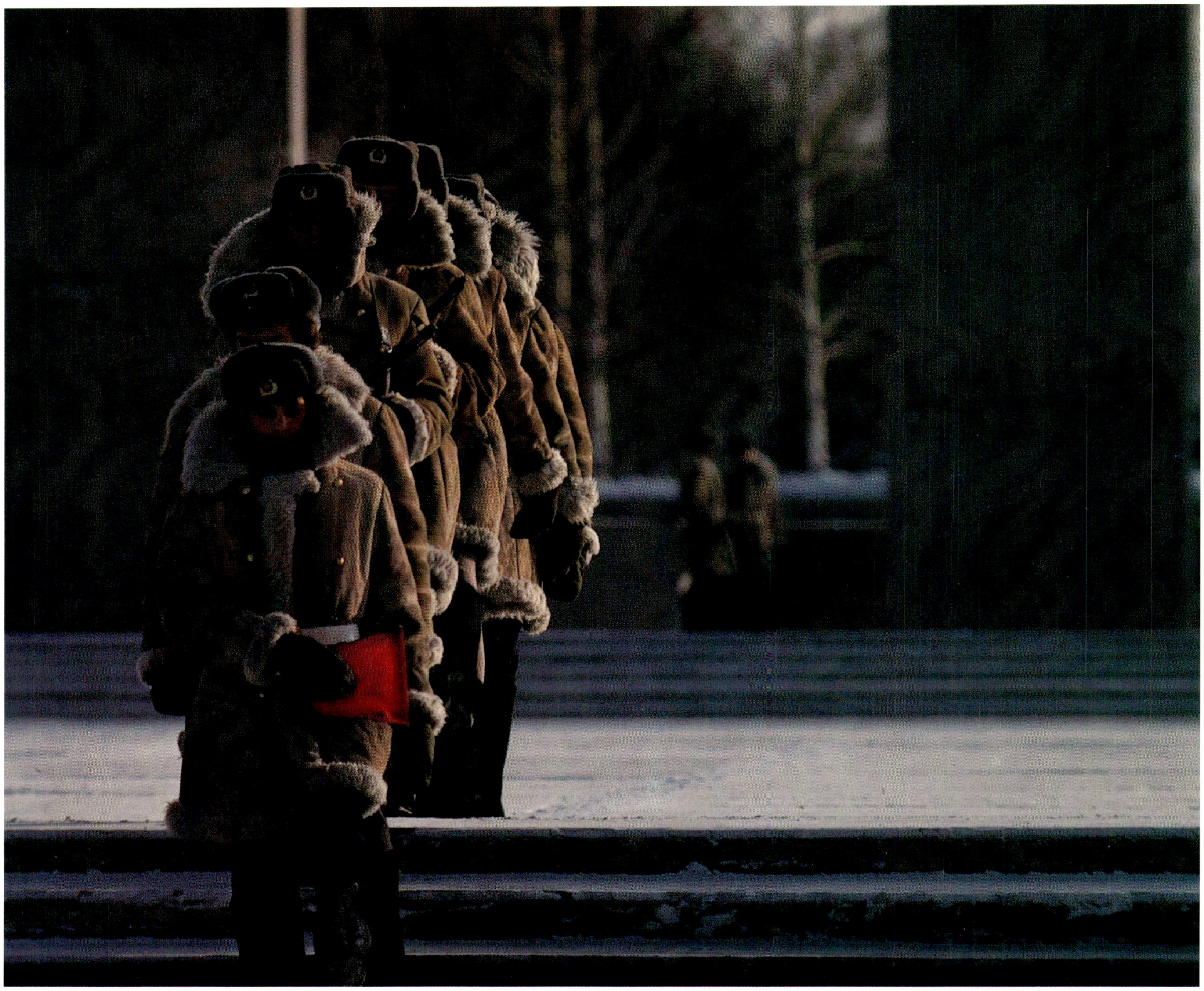

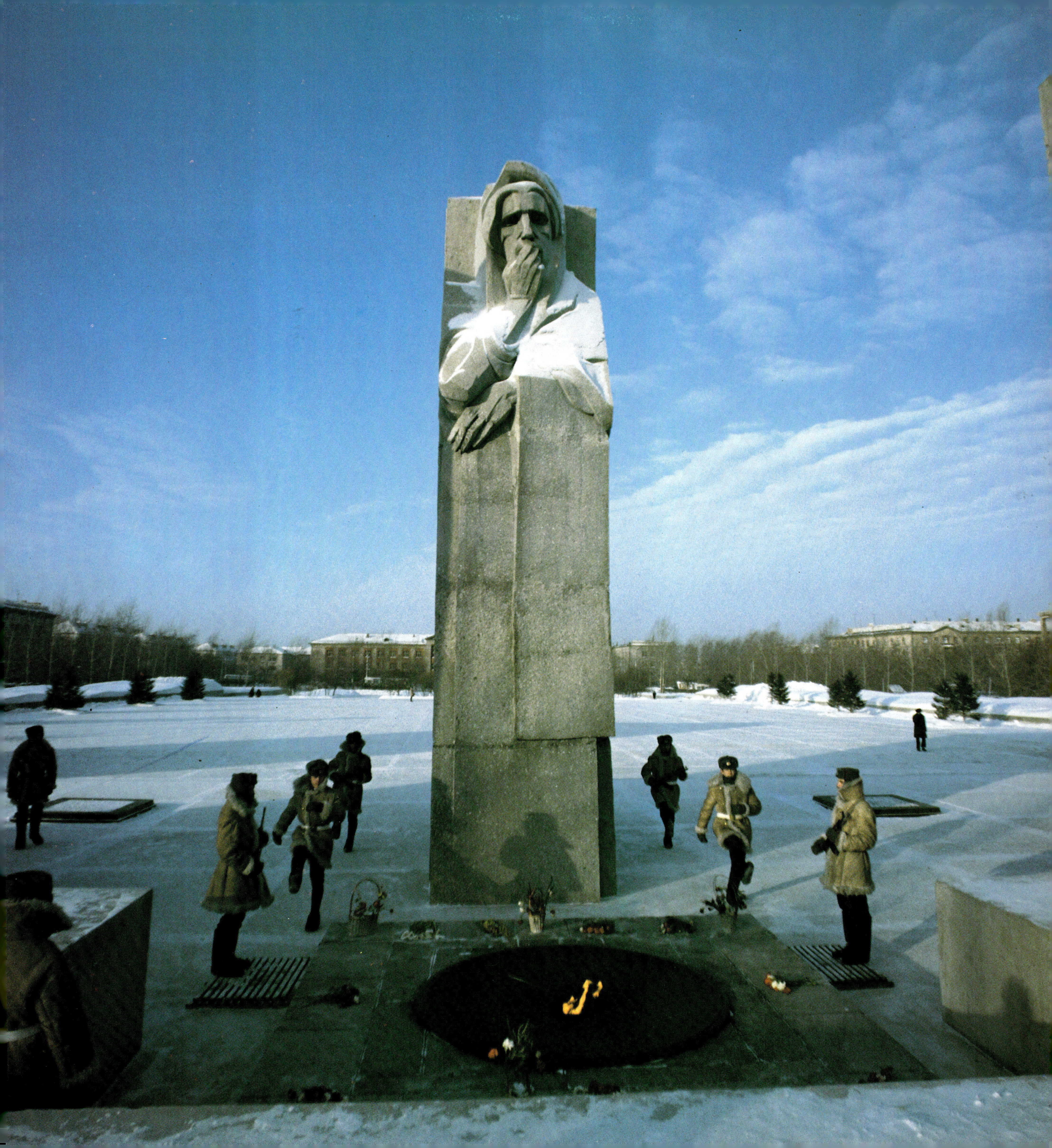

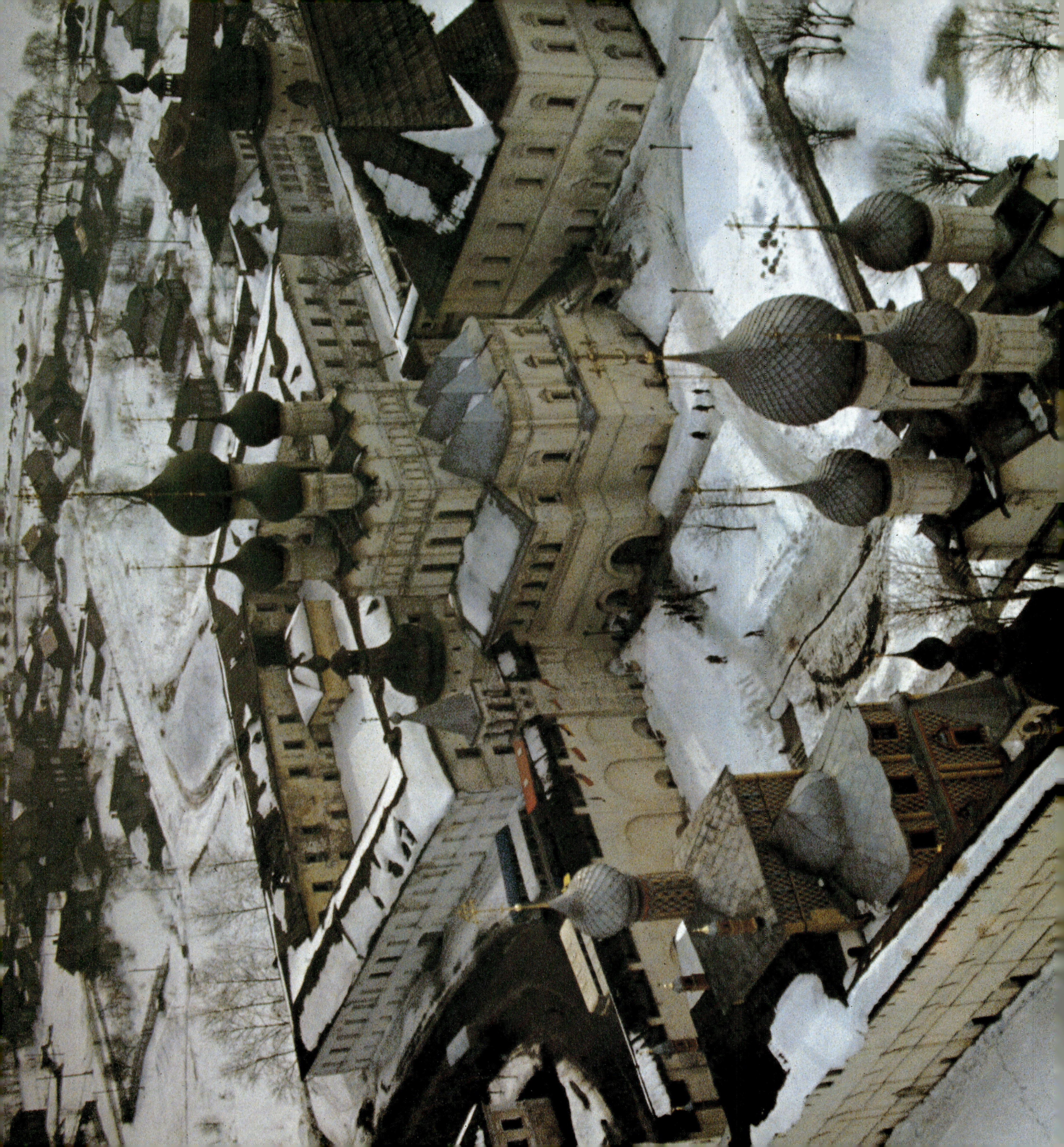

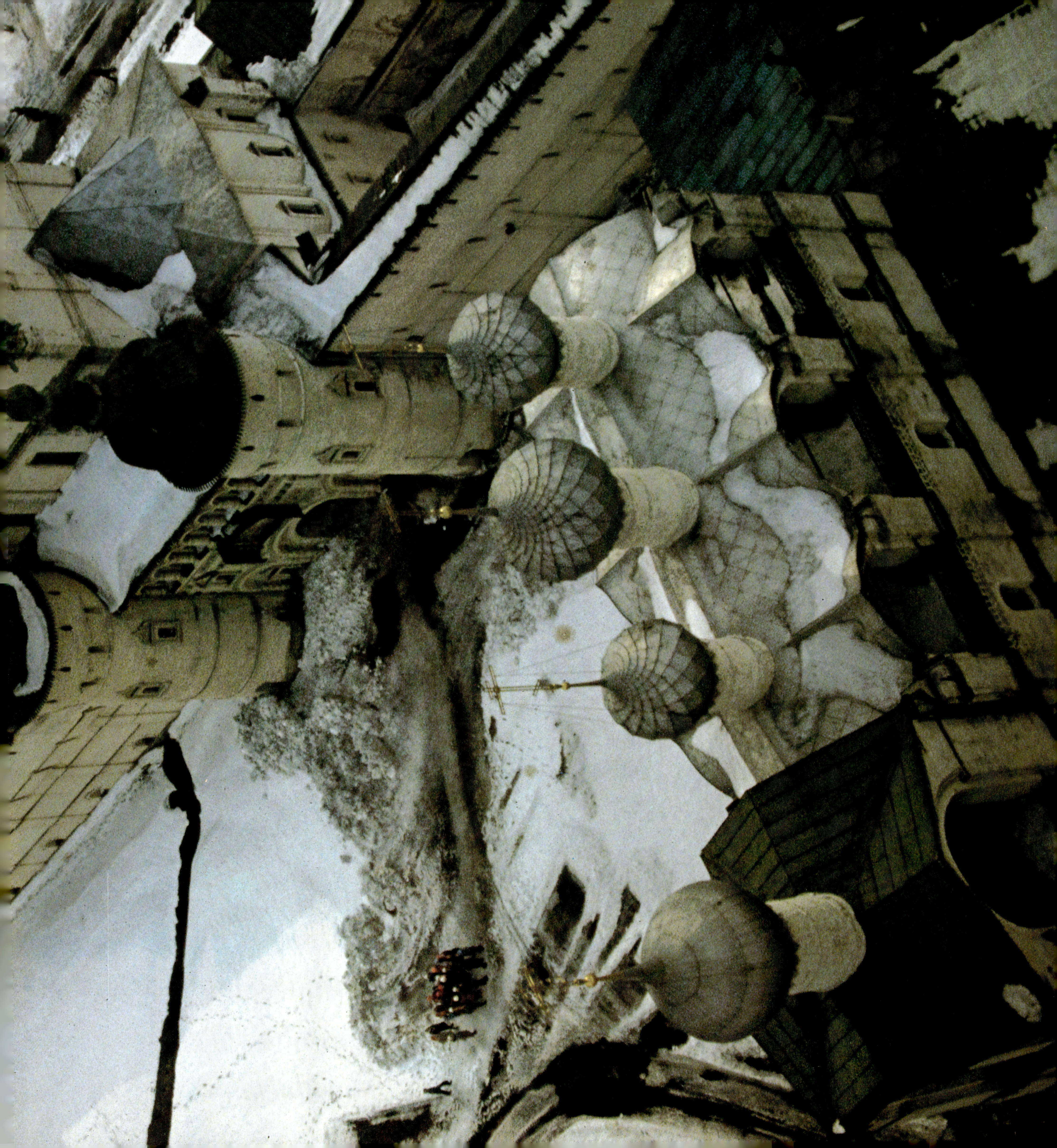

137

138

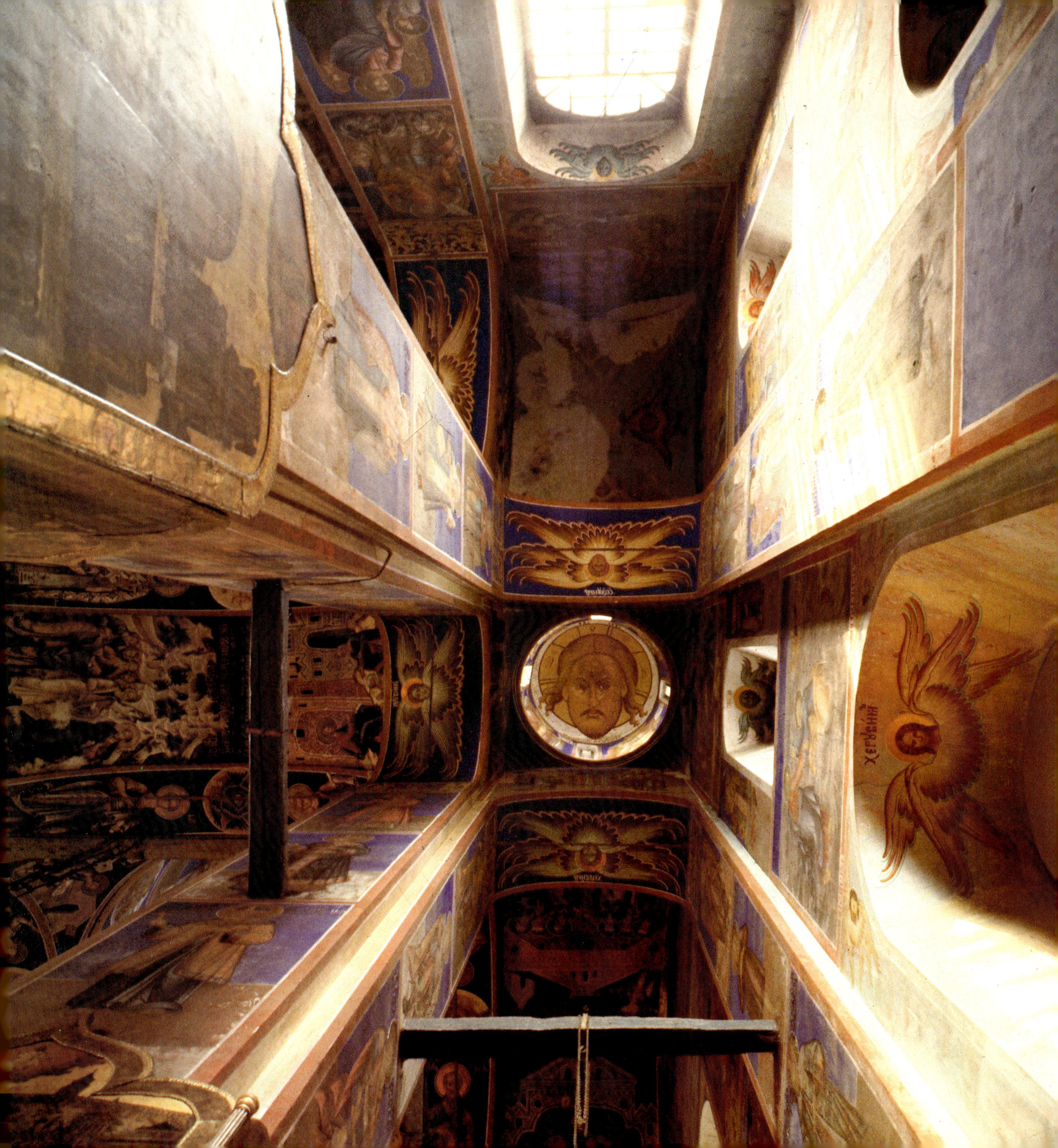

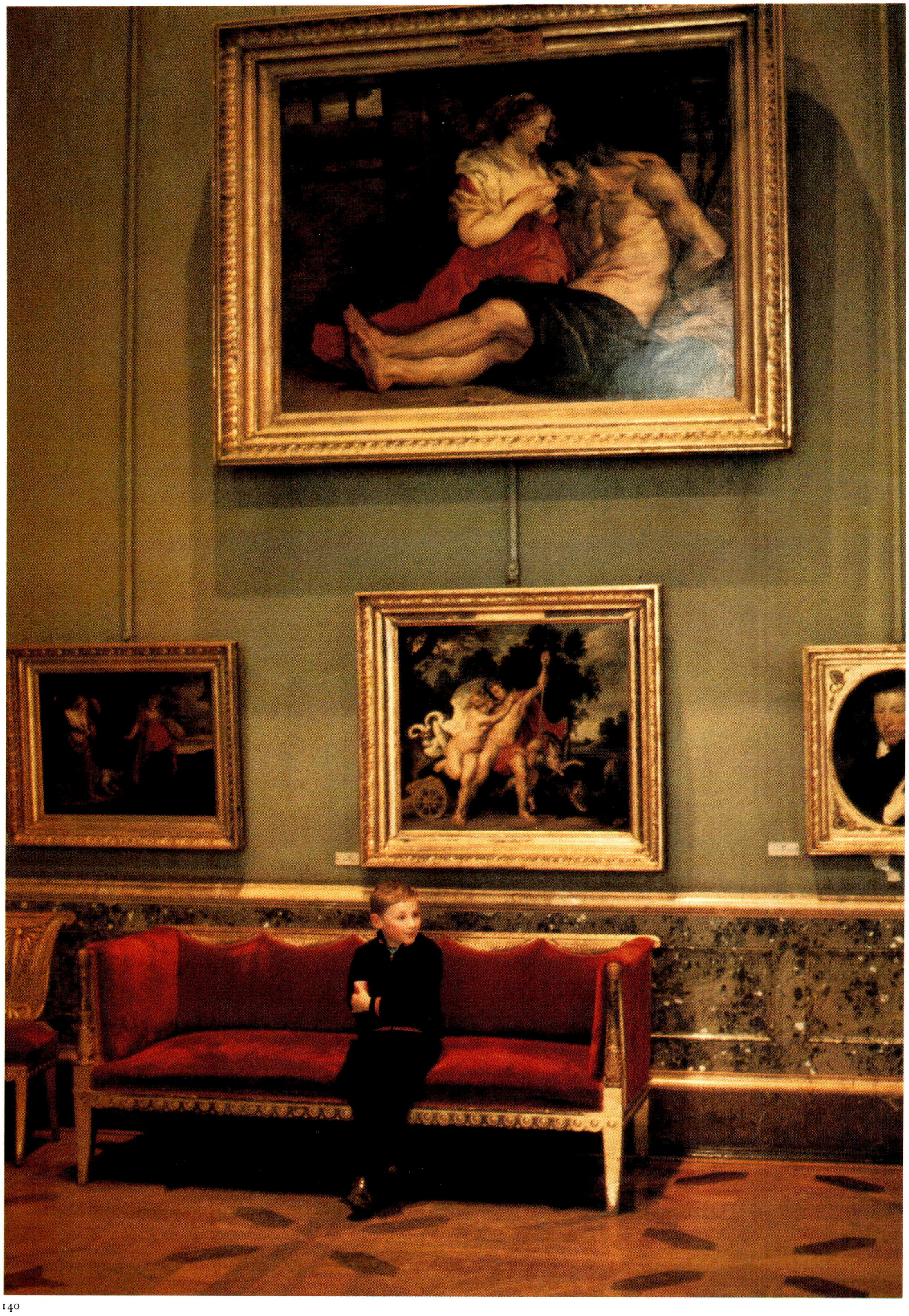

141

142

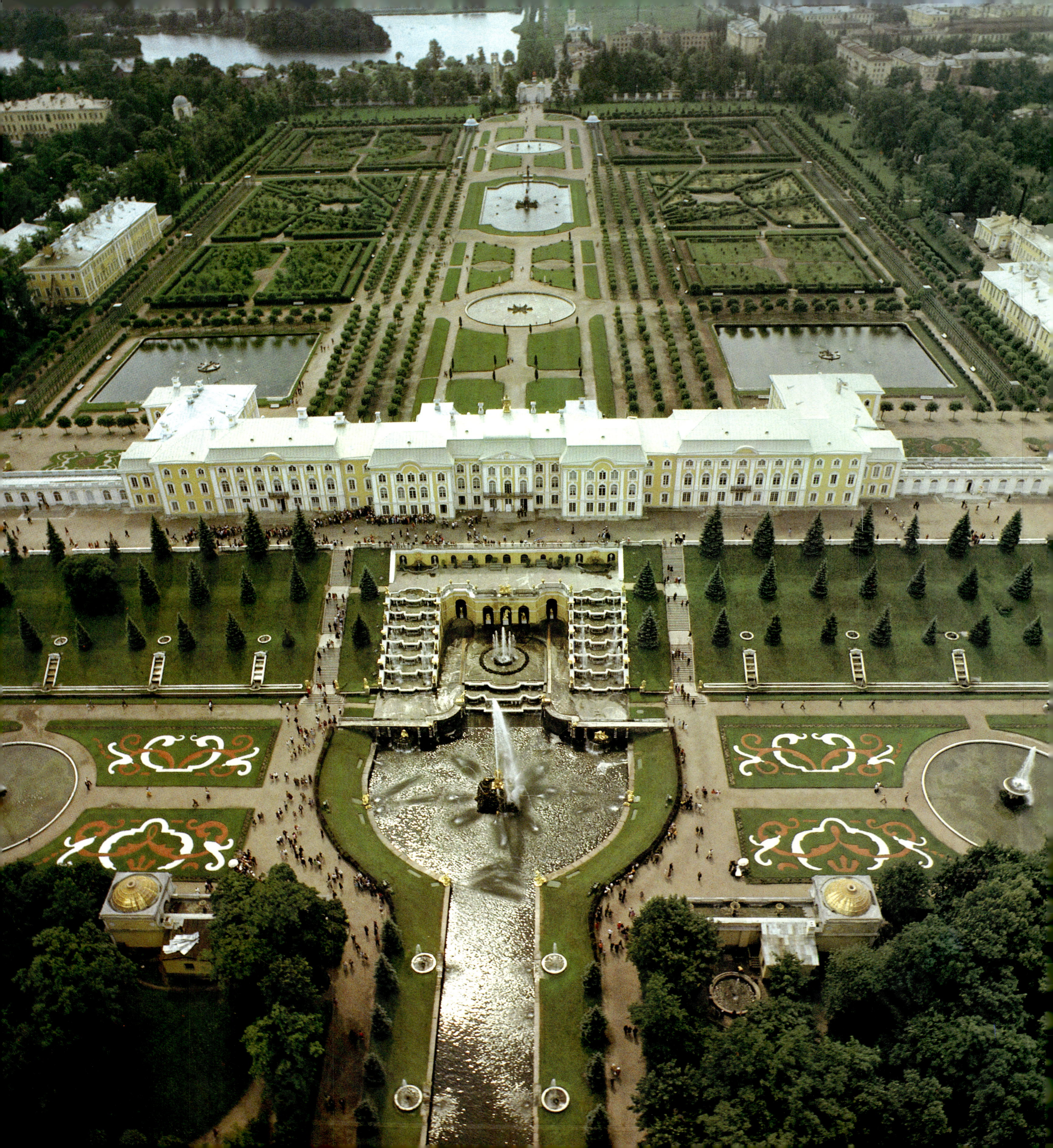

143
144

145

146▶

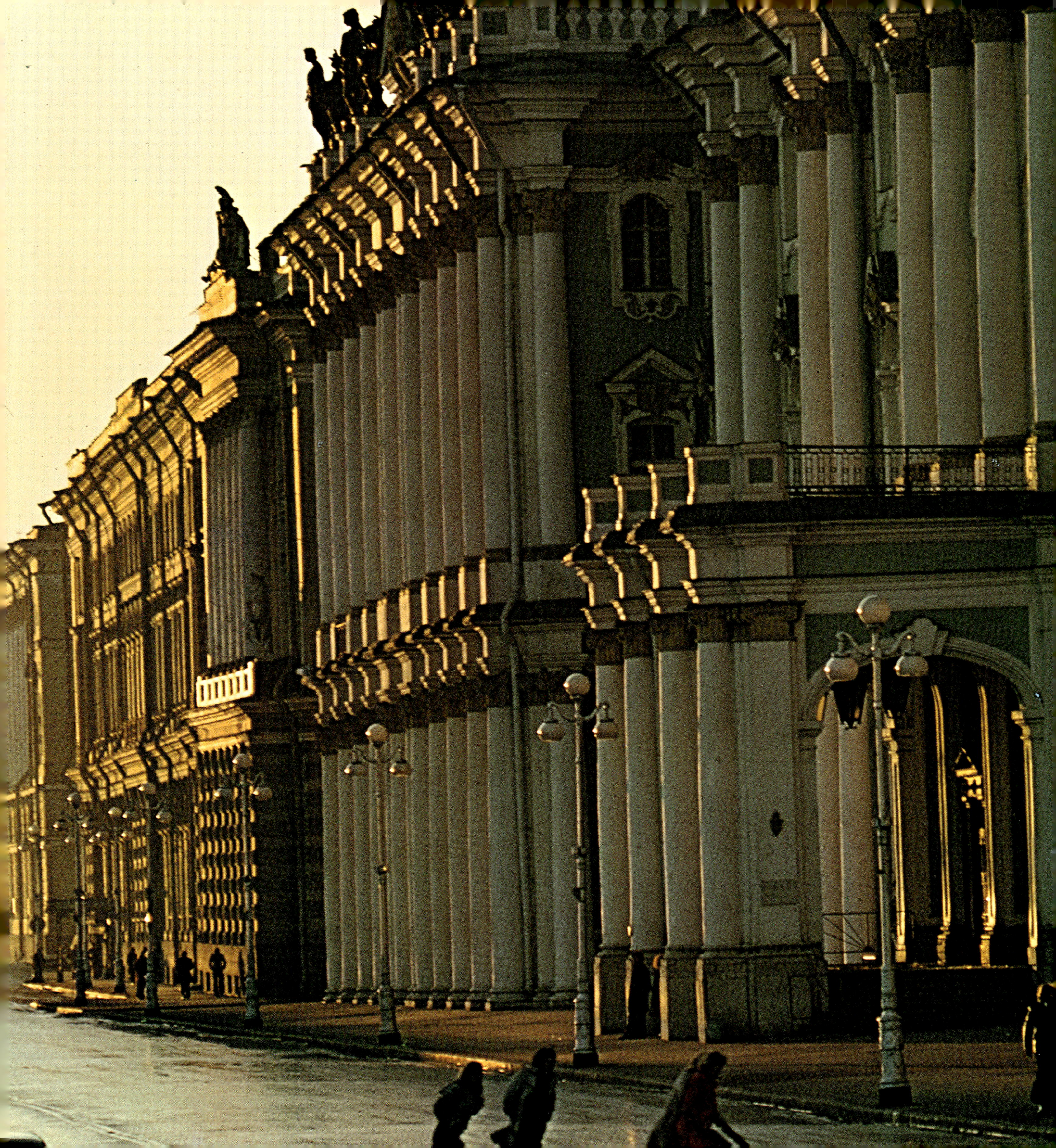

147

148

149

150

151

152

153

154

155▶

156

157

Nachwort und technische Angaben

Die Idee zu diesem Buch wurde 1976 auf der Frankfurter Buchmesse beim Mittagessen geboren. Verwirklicht wurde sie durch eine bisher beispiellose Coproduktion eines sowjetischen, eines deutschen und eines amerikanischen Verlages. Dank der Zusammenarbeit von Agentstwo Petshati Nowosti (APN) in Moskau, der Econ Verlag GmbH in Düsseldorf und der Harry N. Abrams, Inc., in New York, war es möglich, diesen umfangreichen Bildband herauszubringen.

Die Aufnahmen zu diesem Buch entstanden während eines Zeitraumes von zwei Jahren und drei Monaten. Von 1977 bis 1979 reiste ich neunmal durch die Sowjetunion, vom äußersten Westen zum fernsten Osten, vom tiefen Süden zum hohen Norden. Ich war in Odessa und in Chabarowsk, in Alma-Ata und in Murmansk. Mit Auto, Eisenbahn, Schiff, Flugzeug und Hubschrauber legte ich mehr als 125000 km zurück und lernte dabei dieses riesige Land und seine Menschen unmittelbar kennen. Ich kann daher mit Fug und Recht sagen, daß dieser Bildband ein repräsentativer Querschnitt aller Lebensbereiche in der Sowjetunion ist.

Meine Möglichkeiten, in diesem Riesenland zu fotografieren, waren größer als die jedes anderen westlichen Fotografen vorher. Ich erhielt vor allem die Erlaubnis, Luftaufnahmen zu machen, ohne die die ungeheure Weite dieses Landes gar nicht gezeigt werden kann. Alle meine Reisen wurden nach eigenen Vorschlägen detailliert in Moskau ausgearbeitet, doch ihre praktische Durchführung verlangte sehr viel Flexibilität. Lokale Behörden setzten Schranken, es gab Organisationsschwierigkeiten, Meinungsverschiedenheiten, Änderungen im Reiseverlauf und sehr viel Eigeninitiative der sowjetischen Mitarbeiter, Freunde und Helfer. Das Kaleidoskop meiner Erfahrungen setzt sich aus einer Unzahl bunter Splitter zusammen, die in ihrer Vielfalt jedoch ein harmonisches Ganzes bilden.

Auf allen neun Reisen waren mir drei Leicaflex SL Kameras durch ihre Qualität, Stabilität, Robustheit und vor allem ihre Unempfindlichkeit gegen die Kälte unentbehrliche Begleiter. Zur Leicaflex SL 2 kam die neue Leica R 3 hinzu, die ein wesentlich höheres Maß an Komfort in bezug auf schnelle Schußbereitschaft durch ihre elektronische Messung bot. Die solide Konstruktion beider Kameratypen bewährte sich auch bei Belastung durch Stöße oder Schock. Daß die Qualität der Leitz-Optik hervorragend ist, habe ich bereits in meinem Afrika-Bildband erwähnt.

Zu den beiden Kameratypen kam noch die Contax, die vor allem das neue 15 mm Zeiss-Objektiv anbietet, das keine Fischeye-Wirkung, sondern einen extremen Weitwinkel hat, der manchmal unerläßlich ist.

Bei den Kameras verwandte ich Brennweiten von 15 mm bis 800 mm. An Farbfilmen benutzte ich den Kodachrome 64, den Ektachrome 200 und 400, den Agfachrome 50 S und den Agfacolor 400 Negativ-Farbfilm. Bei der Entwicklung mußten die hochempfindlichen Filme manchmal gepuscht werden, weil ich – um zu einigermaßen anständigen Ergebnissen zu kommen – Empfindlichkeiten von 30, 33 und sogar 36 DIN verwenden mußte.

Der größte Teil meiner Aufnahmen für das Buch wurde von Dias reproduziert, der Rest entweder über Farbnegativ oder Internegativ vom Agfacolor PE-Kunststoffpapier. Von allen Aufnahmen lagen Colorprints von mir vor, damit die Druckerei Anhaltspunkte für die Abstimmung hatte.

Die Reproduktion und der Druck erfolgten im Offsetverfahren.

Dieter Blum

Danksagung

Allen, die mittelbar und unmittelbar Anteil am Gelingen dieses Buches hatten, Personen, staatlichen Institutionen, Verlagen und Firmen möchte ich herzlich danken.
Stellvertretend für viele seien einige wenige genannt:
Meine Frau Gabriele
Valentin Falin, bis 1979 Botschafter der UdSSR in der Bundesrepublik Deutschland
Erwin Barth von Wehrenalp, Verleger der Econ Verlag GmbH, Düsseldorf
Nikolai Jefimow, Direktor von Agentstwo Petshati Nowosti (APN), Moskau
Andrew Stewart, President and Chief Executive Officer von Harry N. Abrams, Inc., New York
Natalja Shemjatenkowa, Journalistin im Hause APN, Moskau
Wladimir Miljutenko, Chefredakteur von »Sowjetunion heute«, Köln
Vera-Christine Schröder, Lektorin, Econ Verlag GmbH, Düsseldorf
Ingeborg von Laar und meine Mitarbeiter

Ernst Leitz GmbH
Lufthansa

Ganz besonders aber möchte ich meinen drei Dolmetschern, German Alexejew, Victor Baum und Igor Below danken, die mir halfen, die sprachlichen Barrieren zu überwinden.

Zum Autor

Dieter Blum, 1936 in Esslingen/Neckar geboren, ist seit 1964 als Bildjournalist und freier Fotograf für führende deutsche und internationale Zeitschriften und Illustrierte tätig (Stern, Epoca, ZEITmagazin, Paris Match u. a.). Außerdem fotografiert er seit vielen Jahren für nationale und multinationale Industrieunternehmen (Agfa-Gevaert, Bilfinger + Berger – Fru-Con, Bosch, IBM, ITT/SEL, MTU = Motoren- und Turbinen-Union, MBB = Messerschmidt-Blohm-Bölkow, Panavia, Deminex, Festo-Maschinenfabrik G. Stoll, Lufthansa, Neckarwerke Elektrizitätswerke, IZE = Informationszentrale der Elektrizitätswerke, Kreissparkasse Esslingen-Nürtingen u. a.) Bildreportagen, Kalender und Dokumentationen.
Er besitzt in Esslingen/Neckar, ein eigenes Farblabor für Berufsfotografie.
Auf der photokina 1972 in Köln wurde eine Sonderausstellung seiner Fotos – zusammen mit Aufnahmen von Ernst Haas, dessen Bildbände ebenso bei Econ erscheinen – gezeigt. Im gleichen Jahr wurde ihm für eines seiner Fotos (abgebildet im Afrika-Bildband unter Ostafrika = Spitzlippen-Nashörner) vom damaligen Bundespräsidenten Dr. Walter Scheel der Preis »Die goldene Blende« für das beste Farbfoto des Jahres überreicht. Auf internationalen Fotoausstellungen erhielt er zahlreiche Preise und Ehrungen.
Dieter Blum ist berufenes Mitglied der Deutschen Gesellschaft für Photographie (DGPh), des Bundes Freischaffender Foto-Designer (BFF) und der Gesellschaft Deutscher Lichtbildner (GDL). Außerdem ist er Mitglied des Deutschen Journalistenverbandes (DJV) und der Zoologischen Gesellschaft Frankfurt/Main.